中華現代學術名著叢書

佛道散論

蒙文通 著

商務印書館
The Commercial Press
创于1897

2016年·北京

圖書在版編目(CIP)數據

佛道散論/蒙文通著．—北京：商務印書館，2011(2016.8 重印)
(中華現代學術名著叢書)
ISBN 978-7-100-08604-2

Ⅰ．①佛…　Ⅱ．①蒙…　Ⅲ．①佛教—文集②道教—文集　Ⅳ．①B948-53②B958-53

中國版本圖書館 CIP 數據核字(2011)第 191892 號

中華現代學術名著叢書
佛道散論
蒙文通　著

商務印書館出版
(北京王府井大街36號　郵政編碼 100710)
商務印書館發行
北京冠中印刷廠印刷
ISBN 978-7-100-08604-2

2011 年 12 月第 1 版　　開本 880×1240　1/32
2016 年 8 月北京第 2 次印刷　　印張 8¼　插頁 2
定價：25.00 元

蒙 文 通

(1894—1968)

一九六五年春蒙文通先生（右）与青城山常道觀方丈易心瑩（左）、成都二仙菴方丈周叔夜（中）攝於成都文化公園（即原二仙菴）前園。

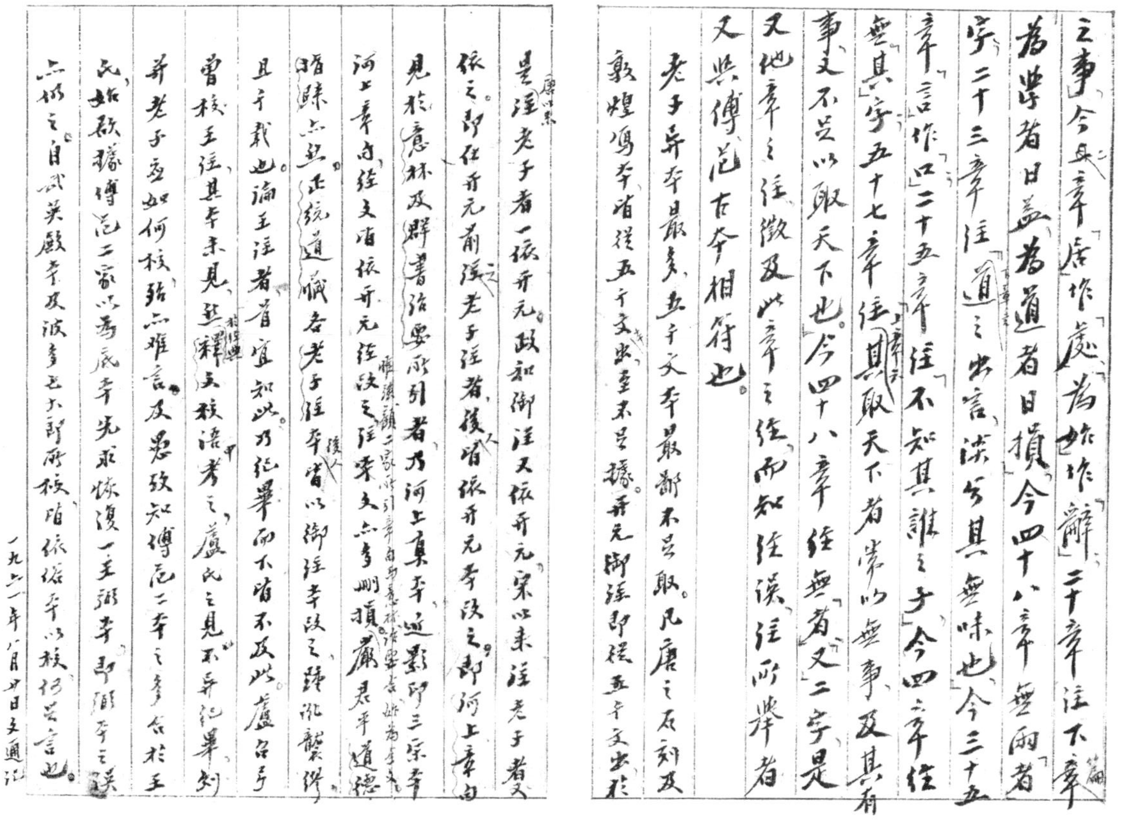

作者手迹

出版説明

百年前，張之洞嘗勸學曰："世運之明晦，人才之盛衰，其表在政，其裏在學。"是時，國勢頽危，列强環伺，傳統頻遭質疑，西學新知亟亟而入。一時間，中西學并立，文史哲分家，經濟、政治、社會等新學科勃興，令國人亂花迷眼。然而，淆亂之中，自有元氣淋漓之象。中華現代學術之轉型正是完成於這一混沌時期，於切磋琢磨、交鋒碰撞中不斷前行，涌現了一大批學術名家與經典之作。而學術與思想之新變，亦帶動了社會各領域的全面轉型，爲中華復興奠定了堅實基礎。

時至今日，中華現代學術已走過百餘年，其間百家林立、論辯蜂起，沉浮消長瞬息萬變，情勢之複雜自不待言。温故而知新，述往事而思來者。"中華現代學術名著叢書"之編纂，其意正在於此，冀辨章學術，考鏡源流，收納各學科學派名家名作，以展現中華傳統文化之新變，探求中華現代學術之根基。

"中華現代學術名著叢書"收録上自晚清下至二十世紀八十年代末中國大陸及港澳臺地區、海外華人學者的原創學術名著（包括外文著作），以人文社會科學爲主體兼及其他，涵蓋文學、歷史、哲學、政治、經濟、法律和社會學等衆多學科。

出版“中華現代學術名著叢書”，爲本館一大夙願。自一八九七年始創起，本館以“昌明教育，開啓民智”爲己任，有幸首刊了中華現代學術史上諸多開山之著、扛鼎之作；於中華現代學術之建立與變遷而言，既爲參與者，也是見證者。作爲對前人出版成績與文化理念的承續，本館傾力謀劃，經學界通人擘畫，并得國家出版基金支持，終以此叢書呈現於讀者面前。唯望無論多少年，皆能傲立於書架，并希冀其能與“漢譯世界學術名著叢書”共相輝映。如此宏願，難免汲深綆短之憂，誠盼專家學者和廣大讀者共襄助之。

商務印書館編輯部

二〇一〇年十二月

凡　　例

一、"中華現代學術名著叢書"收録晚清以迄二十世紀八十年代末,爲中華學人所著,成就斐然、澤被學林之學術著作。入選著作以名著爲主,酌量選録名篇合集。

二、入選著作内容、編次一仍其舊,唯各書卷首冠以作者照片、手迹等。卷末附作者學術年表和題解文章,誠邀專家學者撰寫而成,意在介紹作者學術成就,著作成書背景、學術價值及版本流變等情況。

三、入選著作率以原刊或作者修訂、校閲本爲底本,參校他本,正其訛誤。前人引書,時有省略更改,倘不失原意,則不以原書文字改動引文;如確需校改,則出脚注説明版本依據,以"編者注"或"校者注"形式説明。

四、作者自有其文字風格,各時代均有其語言習慣,故不按現行用法、寫法及表現手法改動原文;原書專名(人名、地名、術語)及譯名與今不統一者,亦不作改動。如確係作者筆誤、排印舛誤、數據計算與外文拼寫錯誤等,則予徑改。

五、原書爲直(横)排繁體者,除個别特殊情況,均改作横排簡體。其中原書無標點或僅有簡單斷句者,一律改爲新式標點,專名號從略。

六、除特殊情況外,原書篇後注移作脚注,雙行夾注改爲單行夾注。文獻著録則從其原貌,稍加統一。

七、原書因年代久遠而字迹模糊或紙頁殘缺者,據所缺字數用"□"表示;字數難以確定者,則用"(下缺)"表示。

目　　録

前　言

先君子文通公宿治經史，此學林所知，然先生早年曾研習佛典，五十以後又嘗浸漬於道經者數年，并皆有所撰述，此亦學林所見。經史爲傳統文化之所匯萃，其研習之也固不足異，然其研習佛道則皆事出偶然，此世所鮮知，今既結集先生佛道之論爲一編，則略述其踐履二氏之軌迹，或於讀者有所裨益也。

1922 年，先生時任教於重慶聯中及省立二女師，嘗應友人之約作《近二十年來漢學之平議》，載於重慶《友聲》雜誌雙十增刊，友人楊叔明先生 1923 年春節返蓉度假，讀呈廖季平先生，廖先不以其或違己意爲忤，且盛贊先生識力。時廖先已偏癱，猶左手書意見二紙，末言："蒙文通文如桶底脱，佩服佩服，將來必成大家，謹獻所疑，以待評定。"然該文稍長，載數期後，餘稿竟在編輯部丢失，此文係先生全面講論經學之處女作，頗多獨到之見，友人咸以未睹全文爲憾。先生既受廖先之獎飾，更以友朋之促勉，於是就草稿重行整理，以舊稿多述己意而少评論，與"平議"之名不切，乃更易其名而改寫爲《經學導言》，并自印若干册以爲友朋交流之用。

是年秋，先生"南走吴越，博求幽異，期觀同光以來經學之流變，而戎馬生郊，故老潛遁，群凶塞路，講論奚由"。原爲經學重鎮之江浙地區學風早已大變，六經之道已不爲學林所重，使先生大失所望。適宜黄歐陽竟無大師上年正式成立支那内學院於金陵，講論唯識法相之學,學界名流梁啟超、梁漱溟并自北京南來聽講,本年又開辦“研究部試學”(“试學”猶今言“试讀”),於友人處得此信息,遂前往報名。據先生回憶,報考時,大師問:爲何前來學佛? 答以“受用”。及既入學,始悉大師最不樂聞“學佛受用”之言,答此者常遭喝斥,而先生當時竟未受斥責,以爲異事。然此亦未必足異,蓋大師青壯時嘗受經於皮錫瑞,且又嘗用功於陸王之學;先君子則學於廖季平,廖學爲皮氏所承;先君又受理學於皂江曾習之先生(學傳),曾亦主象山學者,皆與大師宿學相契,未受喝斥,固其宜也。其足異者,翻爲先生於次年四月内學院第四次研究會上提出研究論文《中國禪學考》,爲時入學甫五月,竟有成果。且内學院爲講論唯識法相之所,而先生竟以禪學爲題,斯則頗足爲奇者。緣先君1916年卒業於四川國學學校後,曾受學於鄉人楊太虛先生,楊早年出入釋老,多得秘術,先君所學雖爲儒術,當亦側聞二氏之事,或不誣也。且家舊藏有《指月録》一部,朱墨圈點,幾於滿紙,顯爲多次籀讀之迹,疑先君未去内院前即嘗讀此書,而此書適又備載西天二十八祖事略,并及初祖達磨來華下傳各代。以所載各祖卒年核之:西天一祖迦葉爲釋迦弟子,《録》載釋迦卒於周穆王五十二年,而達磨卒於東魏天平間,其間略爲千四百年。《録》載六祖一世至十六世略爲四百年,下至三十五世略爲九百年,則是東土諸祖世均爲二十五年,而西天諸祖世均爲五十三年,爲東土諸祖世均二倍以上,豈東土諸祖并皆命短,而西天諸祖盡皆長壽,是顯不合情理。(即以《中國大百科全書》所説一般認爲佛滅於公元前544年衡之,下至達磨卒略爲一千一百年,亦即世均三十八年,仍遠較東土諸祖世均長十三年,略爲東土諸祖世均之一倍半,仍不合情理。)此等年代世系之事爲舊日治史者之習慣思維,先君文中雖未揭出,而問題之提出或當由此則無疑也。惟此事不爲一般治禪學者所重，且當時蜀中文化初開，佛典匱乏，不便考論，乃姑置之。比至内院，實正當時，故於聆聽唯識講論之餘暇，從事此問題之考論，乃決二十八祖之説終爲誕辭；天寶《祖圖》所引宜可信據。核以他典，菩提達磨實乃西天五十四祖，則是西天諸祖世均二十年，以近世印度人均壽命較我中華爲短衡之，則此世均略少五年之數可信。此篇於考論世系外，并論東土禪學有古禪、今禪之異趣，謂"今禪自六祖（慧能）創之，其實無所從受"。六祖系於市邸聞客誦《金剛經》至"應無所住而生其心"，遂豁然開悟，從而開出頓教一派，遂改變自達磨至五祖以坐禪爲主之道，并改變誦《楞伽》爲習《金剛》，提出不定不亂不坐不禪是如來禪之説，主張道由心悟，直指人心，見性成佛，遂爲東土獨有之禪，而與西土所付授差辨曉然矣。文中論此雖至簡略，然竟與近世學者之論禪宗多以六祖爲中國禪宗真正創始者之説相合。此文深得歐陽大師贊賞，即以刊於是年《内學》（内學院院刊）第一輯。

先君住内學院一年，仍返重慶任二女師教職。爲時雖僅一年，然獲交湯用彤（錫予）、王恩洋、熊十力等佛界人士，而吕澂（秋逸）則師友之間，誼皆篤厚，終生不渝，而受竟無大師之感染則尤爲深刻，不僅學得唯識義旨，且於德業并皆受用終生。

任教重慶一年後，應成都佛學院聘返蓉。所教不得其詳。宜既有佛學，亦兼文史。默於 1962 年嘗侍先君往訪寄住大慈寺之王恩洋先生，於寺内茶肆閒話間，忽來一半百僧人，自稱係先君教佛學院時學生，法號普超，時任峨眉山報國寺方丈，遂共交談，法師邀先君子游峨眉，先子漫應之，然不果行。約當 1946 年左右，先君時任華西大學哲學歷史系教授，曾應安排講授"佛學概論"一課，未編講義，惟據《成唯識論》略説之。後又曾講授"中國哲學史"一課，其中顯包括佛道二氏之學，亦未編寫講義，惟以所寫有關論文爲教材。此愚所知先君子在大學課堂講授佛道學之僅有情況。

先君任教成都佛學院二年間，余及弟敏先後出生是時，先君小字默曰惕生，小字敏曰果生，宜先君是時正研治佛法，故有是命，因疑先君之《唯識新羅學》一文即肇始於此時。此文雖刊布於1937年，而其寫作顯當更早。蓋於内院研習唯識時，已見圓測之説偶與窺基不合；圓測所著皆已并佚，而其遺説則偶見於諸書，析其意旨，亦迭見勝義，於是勾稽其遺文與基師所述相對勘，較比其異同，兼考其淵源，乃見二師雖同爲奘公弟子，所言亦并據奘公，然基師所述多奘公初説，測師所述則奘公後義（如三性與七如相攝）；或亦同據護法，基師述護法第一釋，測師所述則第二釋（異熟心心所是否能熏）；或同出護法弟子，基師所宗爲調伏光，導源護月，測師則宗最勝子，而勝子則導源難陀（論種子來源）。而二師諸異説中，奘公又或朋比測義，而基旨至或有違奘説（惡業與異熟果應否成因緣）。類此者多，并見文中，此不贅述。是測説雖迭異基師，而未必不符奘公、基師之異測説，又未必皆合奘義，其所以如此，殆有深故焉。唯識之説雖遠肇釋迦、彌勒，而實創自無著、世親，尤以《唯識三十論》最爲典要，爲世親晚年傑作，然尚未及親自注解遽爾謝世，是後釋者紛紛，其最著者，稱十大論師：一親勝、二火辯、三難陀、四德慧、五安慧、六淨月、七護法、八勝友、九勝子、十智月。雖對世親之説皆有闡發，并亦各有勝義，然咸各抒己見，異解孔多。十家著作，東土未譯，無由得見其全，竟無大師據《成唯識論述記》所載，稽其異同，勒爲二十一目，可窺異説之衆。秋逸先生謂無著《大乘莊嚴經論》“獨能存無著世親立説之本真，堪爲唯識古今學之衡量”。因以唯識有古、今學之别，“祖述二家（無著、世親）學説而推闡之者是爲古學,演變二家之學而推闡之者是爲今學。”“于印度十論師求之,親勝、火辯、難陀三家,古學也;護法,今學也(安慧則折衷二者之間)。於東土唯識譯家求之,則真諦,古學也;玄奘,今學也。”先生又言:“夫唯識之有古、今學,實行解之差别致之,其間先後精粗,容可作比較,然而是非未易言也。奘門盛傳今學,遂將古學概歸諸舊譯而非之。……今謂無著、世親之學,存於難陀及真諦所傳者更多,尋繹真諦等譯籍更易得其實在,此不關譯文之精當與否,彼此各有學説淵源,實不容輕相是非也。”(《論莊嚴經論與唯識古學》)故古學未必皆過時,今學未必盡勝義。奘公之游印度,於那爛陀寺從戒賢學時間最長(五年),又從勝軍學二年,受二人影響最大,戒賢乃護法弟子,勝軍雖戒賢之徒,又承難陀、安慧之説,故奘公之學可説雖以護法所傳爲主,然而其氣度恢宏,包舉諸家,擇善而從,并傳衆説。是基、測,皆有所受,而溯其源,則基師多取調伏光、護月之新説,而測師則篤守難陀、勝子之舊義。難陀、勝子名在十大論師,而調伏光、護月不與焉;似又未可以基師之説并皆正義、而測師所説并不正義也。以基師力主之五種姓説論之,此爲慈恩宗之根本義,實則深受印度古代社會喀斯特制度(種姓制度)之嚴重影響,釋迦普度衆生,豈容有無性者在;其爲説又與中土“人皆可以爲堯舜”之義顯相悖謬,而西土大德亦有不主五性永别者,故奘公本意亦不同五種姓之説,而不擬傳之東土,唯爲戒賢所厲責而不得不從,斯實顯違奘公初衷,此亦窺基、慧沼所明知,然慧沼猶著論以駁法寶、圓測,名爲簡料異説,實則孟子所説“今之君子,過則順之,豈徒順之,又從而爲之辭”者也。是測師之不接受五種姓説,不僅情有可原,且亦其義可欽!然測門諸書多已遺佚,後世學人不得見測之全,而但見基門片面誣斥之詞,遂以測師所論多出私義而擯斥之，此顯有失偏頗。先君此文蓋欲揭櫫測師所説并皆有據，基師之説翻多别義，布之學林，以求公是。且二師并奘公所傳，如車二輪，不可偏廢，苟若進而理其統緒，明其宗趣，不僅可爲往聖繼絶學，且使唯識之學得不宥於窺基一家，更可另啓新途以發揚光大之，豈不盛哉！此竟無大師之所以甚贊也耶！圓測，新羅王子，其徒亦多新羅人，故名《唯識新羅學》焉。

任教佛學院二年後，受張瀾先生之聘改教國立成都大學，與吴虞（又陵）先生同任中國文學系教授。據《吴虞日記》載，後内院同學劉定權（衡如）亦來成大，二人皆向吴言佛學，而又陵後遂多讀内典。又陵亦詢及竟無大師及内院情况，先君對吴言：大師於佛學外，於經學、宋學皆有研究，宋人語録皆能上口，是先君在内院時固嘗與大師共論經學、宋學也。言間，先君透露有重返内院之意，其意或在續研測師之學也，又陵亟嘆爲有志之士。1929 年秋，先君踐師門五年之約，再至金陵，留住内院，後遂改任中央大學歷史系教授，雖課事較忙，而猶時時就教於歐、吕二師則又意中事也。《唯識新羅學》文或即成於是時。此後，先君曾多次至金陵，并多寄寓内院。

唯識之學係一思辨精微、析理深邃、議論圓融、組織嚴整之思想體系，通過研習唯識，先君思維能力得到極大鍛煉，特以在竟無大師指導下常作儒佛相通互解之思，所獲尤深。其文雖僅見於晚年所作《理學札記》，而此種理論之思考則當肇始研習唯識時也。故唯識之學於先君心性義理之日益深入蓋大有助益焉。先生嘗憶 1933 年春陪同餘杭章太炎先生游無錫，小住三數日，幾於無所不論。“一日談次，先生論及孔佛優劣，謂：孔子不過八地菩薩耳，未易與釋迦齊量。余請其所以，先生曰：孔子不解阿賴耶識。余舉慈湖之言以問：慈湖謂目之出色，耳之出聲，鼻之出香，舌之出味，心之出物，因問慈湖解前六識否？先生曰然。但宋時佛家書未盡亡佚，楊氏殆猶及見。余復舉陽明事以問：弟子有問天地萬物一體義者，陽明指道旁冢曰：此人既死，此人之天地萬物安在？陽明解第八識否？先生曰然。余復舉象山言，'宇宙即是吾心，吾心即是宇宙'，此是第八識？先生曰然。余曰：孟子言'萬物皆備於我'，宜亦第八識也。先生慨然曰：孔子固解阿賴耶識也。余请益於先輩者多矣，毋固毋我，未有如餘杭先生之可感者也。"太炎，竟無大師贄友，著名國學大師，兼明佛典，嘗以唯識義釋莊生《齊物論》，受稱於世，然於儒佛互通之精微猶折衷於先子，是先君子斯時儒佛之學固未可以等閒視之也。

先君雖屢住内學院，亦極尊竟無大師之教，然終無矢志於佛之願，此亦大師所知，嘗致先君書云："吾弟能以所學會友，孔門生趣將自發動，昔以洙泗之傳期诸漱溟與弟，果不負所期哉！"大師晚年大好儒學，1937 年夏，大師召諸弟子講晚年定論，提無餘涅槃三德相應之義，融《瑜伽》《中觀》於一境，且以攝《學》、《庸》格物诚明，佛學究竟洞然，而孔家真面目亦畢見矣（吕澂《親教師歐陽先生事略》），先君子與梁漱溟、湯錫予二先生并自北平南下金陵，柳翼謀、李證剛二先生亦每日必至，甫講畢而日寇挑釁蘆溝，道場遂成抗日會場，诸先生皆厲谴日寇，而三老則主張尤烈。及寇日深，大師率院衆運所刻經板遷蜀之江津，建支那内學院蜀院，一仍舊貫，講學以刻經。翌年初春，召诸弟子爲人日大會，先君子與彭雲生、韓文畦、劉衡如、曾義甫諸先生并赴會，大師甚爲欣悦，以爲"雖那爛陀不是過也。奚論鵝湖鹿洞哉"！并提出"儒佛之焦點都在涅槃"，大師孔佛通之義日益成熟矣。1940 年大師著《中庸傳》，即以涅槃之義釋《中庸》，書初成，爲油印本，即以寄先君，并附函云："孔佛通，通於此册，漸非七十之年不能説是，幸毋忽之，一字一句皆有根本，孔書本孔，不牽於佛，解經家法，法尔如是，唯我文通始足與談。孔學聊發其端，大事無量。甚望我弟繼志述事，奈何經年不遺我一字。”次年，《中庸傳》板刻出版，大師又再寄并附書云：“《中庸傳》改好刻竣，先寄此，此唯我弟能知，个中人谈个中事，欲其速達也。數年不見，又改就蓉事，何日西窗燭，共作刻入谈，余老矣，風燭龍鍾，半空霹靂，精神肌肉與境奪盡，全持觀行一絲九鼎，繼續大難，德孤鄰寡，亦可悲矣！”是見大師暮年鍾情於闡明孔佛通之際，其思念期望先君子殷切之情溢於言表。蓋欲講明孔佛通之義，不僅應有妙解佛法之資，且更應深明孔孟儒學之義，大師諸弟子中“始足與谈”者，殆舍先君子或無其人也。尤其在自覺“風燭龍鍾”大事無量之時，更盼能繼志述事有人也。1943 年 2 月，大師臨終前二十日復先君子書，提出振興孔學最勝極最勝三事：第一道定於一尊，第二學得其根本，第三所學必革命。“根本者，性道文章”，禮爲文章之幹，《易》《庸》乃性道之本。并指出：“禮須囊括宇宙，《易》則必超於六合之外，禮唯集中國之大成，《易》則必契《般若》《瑜伽》之妙而得不可思議之神。”“自來説經唯《易》采道语，而猶未能融佛氏理，發菩提心超祖越佛者，干雲直上唯見徧周沙界真幻一味，則必不遺《易》與《瑜伽》之參究。”最後説道：“《中庸》之素隱不已與修道，語語皆與涅槃寂静相符，漸既揭之矣，而《易》之契《般若》《瑜伽》者，留待賢者可乎！”此誠可謂大師之學術遺囑矣！豈人之將死其言固既善且亦哀乎?！然先君子雖時作儒佛互解相通之思，而終以儒與耶、佛迥殊(《致張表方書》)，且謂“宋明儒者雖持論各别，然其囿於先天論則一”。“此皆印度之論、禪宗之説誤之耳。”(《致酈衡叔書》、《致張表方書》)從而提出應以陳乾初、王船山所講論之發展論以挽救之(《答洪建彦》)。即不能"徒言性善",而應"曉然於孟子擴充之説","聖人爲發展其本然之性"(《致張表方書》)。於董子、韓生以禾米、繭絲、卵雛之喻論性,獨许韓生"夫人性善,不纳之以道,則不成君子"之說。張志强先生認爲先君此説係得竟無大師唯識種子説之啓發,更證以先世儒者之確論,將儒家舊説之"性善"發明爲"善根",從而構建起一批判性儒學。張先生之説頗中肯綮,讀者欲知其詳,請參張君原文(《經、史、儒關係的重構與批判儒學之建立》,載《中國哲學史》2009 年第 1 期)。先君雖未能秉承竟無大師之囑托完成其儒佛會通之事業,然在大師唯識思想啓發下竟亦構建一具有新意之批判儒學,則亦可謂佛法無邊终生受用矣。

熊十力先生亦内院之友,唯何時初識則不詳。蓋先君 1923 年入内院時,熊已於年前去北大,次年先君即離金陵返蜀,似未能相值。1929 年,先君再至金陵,適熊南下養疴,相識或在是時也。後先君亦至北大,相見日多,議論上下者亦繁,錢賓四先生《師友雜憶》蓋記之也。先君於熊氏批世親之論,初亦不慊於心,後明其本非講論唯識,乃以佛氏名相講論一己之學,則宜無可苛責者矣。時熊在北大哲學系講唯識,一日因采薪而欲小休,擬請先君代課,事雖未果,是先君唯識之學乃至熊氏新唯識之論,并皆爲熊氏所首肯則無疑也。抗戰軍興,熊氏嘗講學於馬一浮復性書院,時先君撰《從社會制度及政治制度論〈周官〉成書年代》(載《圖書集刊》創刊號),謂《周官》所載乃徹助并行、國野異制、貴賤之级嚴之制度,野不立學,亦不得爲甲士、亦不得參選士,爲周公之所以處置殷人,事至卑陋不足觀、慘刻不足取。熊氏見之,馳書相難,先君接書,不爲隻字之釋,全文載於《圖書集刊》第二輯。默嘗以問爲何不辨,先君謂：吾以《周官》爲一古史資料，用之以講周史，熊先生則以爲聖人之經，乃治國平天下之道，意趣相去太遠，無法辨，亦毋庸辨。抗戰八年，二老皆在蜀中，除論《周官》一事外似未通音訊。建國後熊老返北庠，1950、1951、1958三年曾各致先君一函，皆言寄書事并訴遲暮孤寂無人相面之苦。1951年函云："吾已衰年，際荄兹之佳會，念平寡交游，而式好無尤，文通要爲二三知己中之最。别來忽忽十餘年，再見焉知何日！上京孤寄，暮境無談心之侣，風辰月夕，一旦悲來，願挾慧日以西沈，何戀浮生於刹頃，然先聖之靈，若警余夢寐中，厭捨非大乘之根器，天下有道，丘不與棄也。……"此信將孤寂鬱悶思念之情透露尤深。然先君皆未作覆，非疏之也，蓋熊老有一怪習，其作書常順手拈用他人來信翻面書寫。此函亦然，先君慮其疏忽或將引出不幸也。此函許先君爲"二三知己中之最"一語，其意頗重，默嘗以問先子，熊老何所據而云然，先子曰，其意殆謂吾能懂其學問耳，然吾之學亦與彼不盡同。蓋學者間學問之能互通即心靈之能互通，是爲最大快事。錢氏《雜憶》所記但言二老之相争，而於"相視而笑莫逆於心"則忽之也。而熊老則深銘於心而未忘也。1963年冬，先君赴京出席中科院哲社學部擴大會議，住民族飯店，會畢出飯店之日，適全國政協次日開幕，熊老亦來京出席政協，二老竟在飯店大堂不期而遇，相别已二十餘年矣，然正值飯店送往迎來之際，熙熙攘攘，不可久留，二老話語匆匆，輕捋長髯，互道平安，噙淚而别。殊料此别竟成永訣，1968年二老竟同年逝世。

湯錫予先生亦内院聽講舊友，抗戰前住北平時，經常在茶館談天，無所不言，最爲相契。亦見錢氏《雜憶》。先君嘗讀譯本《法住記及十六阿羅漢考》，深嘆其一縱一横條理井然，有合中國家法條例之説，胡今人之言科學方法者與之不類。嘗與湯先生言及，湯謂西人之具此識力者但數人耳，其他則亦僅辨一枝一節之文字而已。先君因深嘆古人云：賢者識其大者，不賢者識其小者，古今一揆，中西皆然。抗戰軍興，湯先生隨北大移居昆明，先子則還蜀中，長期未能謀面。新中國成立以後，先君數次赴京，皆必抽暇至北大看望老友，學術之交固以談學爲最快事，雖湯老當時已是風後卧床休養，然每至必作竟日晤谈，蓋谈鋒既起則萬事皆忘也。二老别後，先子最愜意事莫過於新開拓之道家研究，而湯老亦於《漢魏南北朝佛教史》完成後，繼作大量魏晉玄學研究，此必爲二老交谈中心话題。先君 1957 年夏嘗致書湯老云："讀大著《魏晉玄學論稿》，體大思精，分析入微，實魏晉以後之奇書。論诸家異同，如辨淄澠，於古人思想體系和造詣，論之極深，於各家學術問題，所論亦廣，如此艱深之思，而後知兄病有必然者……。"此顯爲最難得之知心之論。而湯老於 1956 年亦嘗面告蕭萐父先生："蒙文通先生有先秦道家分爲南北兩派之说，甚精。"（蕭文《秦漢之際學術思潮簡論》，載《燕園論學集》）嗣於 1957 年，湯老在中科院哲社學部委員會作書面發言稱："現在很多人知道蒙文通先生是个中國史學家，并且是个上古史學家，但很少人知道蒙先生在中國思想史方面也有特長，……他對唐宋思想的發展極有研究，特别注意了過去向未被人注意的那些思想家。"此顯爲先君嘗對湯老言及其對道教學者成玄英、李榮、司馬承禎、陳搏、張無夢、陳景元等所作研究之故。當湯老此言見報（《光明日報》1957 年 5 月 24 日），友朋中竟有人稱，湯蒙係内院同學，故其言爲此。苟言者能試讀先子之書，則其然，豈其然乎？是作此言者既不知湯老之爲人，亦不知蒙老之爲學，固可慨嘆也。1960 年後，湯老病體漸有好轉，於是恢復科研工作，寫有《康復札记四則》及《讀〈道藏〉札记》，皆研究道家之作，豈先君之過訪有以誘引之耶！惟憾湯老道教所究甫啓端绪，年僅七十又一，竟溘然謝世，先君對此不勝悲嘆。

先君子晚年之傾心於道家、道教，其事亦發自偶然，蓋1945年春夏间，先君子《儒學五論》編校既畢，受友人之托主修《營山縣志》，於是有營山之行。然是時成都至營山间尚無直達公路，僅至南充而止，南充以上須乘肩輿（蜀中稱“滑桿”，與“轎”有别），先君思此一日静坐肩輿上，豈不虚擲，乃攜《抱朴子》一部，可便中翻閲。緣舊日讀葛書，但讀其《外編》，以其關涉史事，而《内編》則盡言仙道方術，未嘗用心，今可一觀所記究説何事？讀至《微旨》，分方術之事爲玄素、房中，吐納、行氣，導引，藥餌四類，頓憶其皆見於先秦兩漢諸書中，於是歸而核之，因見古之仙道亦可别之爲三：行氣（含導引、吐納）爲南方之道，藥餌爲東方之道，而玄素乃秦中之道也，與舊論古民族、古文化分南、東、北三系之说於此又得一證，因作《晚周仙道分三派考》。

先子以考晚周仙道而重讀諸子幾遍，乃見“陽生貴己”實乃“楊子爲我”之異辭，而全生、重生、貴生、尊生、自貴、重己亦皆爲一義之異说，苟不拘於師承授受，以“貴己”、“重生”爲核心論之，則詹何、子華、它囂、魏牟、陳仲、史鰌、田駢、慎到并皆楊朱之徒，是“楊墨之言盈天下”并非虚語，於是作《楊朱考》；又以重生者流可以“縱情性”與“忍情性”分爲二派，其徒實衆。又據《史記》、《漢志》并言田駢、慎到、尹文、宋鈃、環淵、接予、申子、韓非皆“本於黄老”，據諸書論之，其學以静因之道爲根荄，因性任物，因時爲業，聖人行其所行而百姓被其利；而老莊但言以虚無爲本，順應自然，否定一切認識與作爲。莊生之《齊物論》以取消萬物之差别是非、主相對主義之詭辯以爲齊；田、慎之“齊萬物以爲首”則因萬物之不齊以各得其宜爲齊。楊朱、田、慎并不廢仁義，而老莊則絶仁棄義。是田、慎者正司馬談《六家要旨》所言道家“以虚無爲本，以因循爲用，有法無法，因時爲業，有度無度，因物與合”，“因陰陽之大順，采儒墨之善，撮名法之要，與時遷移，應物變化”之流其人并在稷下，相激相盪，融合爲一，漢人并以黄老稱之；非先有黄老之道而後諸人學之。黄老諸家多爲齊人，而老、莊并皆楚人，是此道家當爲南、北二派。惟晉後莊學大盛，田、慎之書并佚，莊書遂以庶孽而爲冢嗣，則後師不察之過也，於是作《黄老考》。二文初載於《靈巖學報》創刊號。後以陽子所立“全性葆真，不以物累形”，與田、慎所主“因性任物，而莫不宜當，彭祖以壽，三代以昌”全相契合，以田、慎實源出楊朱而術益進，故合爲一篇題爲《楊朱學派考》，以載《圖書集刊》第八輯。二文之載《靈巖學報》也，同刊亦載唐君毅先生《佛學時代之來臨》，是唐君必見二文，唐君《中國哲學原論》之論楊朱、陳仲、史鰌、它囂、魏牟、田駢、彭蒙、慎到諸家，雖論斷或與二文不盡同，而其受二文之影響，則不可誣也。

1961 年，《新建设》（略當今《中國社會科學》）來函約稿，先君因有《略論黄老學》之作，於論田、慎“静因之道”及“齊萬物以爲首”，并皆有所發展，且更論黄老除源於楊朱，更有源於墨翟。宋鈃、尹文本皆墨徒，《尚賢》言“可使治國者使治國，可使長官者使長官，可使治邑者使治邑”，此即田、慎“因萬物之不齊而以各得其宜爲齊”之所本。宋、尹“聖人任道以通嶮，立法以理其差，使賢愚不相棄、能鄙不相遺，能鄙不相遺則能鄙齊功，賢愚不相棄則賢愚等慮，此至治之術也”，亦顯來自墨子。至《淮南》則所論又更進，其言曰：“愚者有所修，智者有所不足，馬不可以服重，牛不可以追遠……各用之於其所適，施之於其所宜，即萬物一齊而無由過。”又言:"使各便於性,安其居,處其宜,爲其能。"此《淮南》之齊物也。而"各便其性"則以率性爲説,是於理爲更進,而推齊物之論於至精。田、慎之言齊物也固有倚於"静因之道",然不可如《天下》篇之呰田、慎"人不倡不和,天不始不隨","是非生人之行,而至死人之理",以爲皆呆板被動之論。《吕覽》固以"因病之萬變而藥亦萬變"以言變法,七十一代之法不同,蓋皆因時而變也。是自其"因"言,似若有呆板被動之嫌,然自其"變"言之,則固又極主動靈活也。且自《管子》"能若夫風與波乎,唯其所欲適"言之,則更不可以呆板被動視之,而此"所欲適"又正接予"若或使之"(或使)之謂,而即今言"主觀能動性"也。此爲静因之道之發展與補充。若但見其"因"而不見其"變",則傎矣。變之與因固相即而不可離,是静因之道亦於此而至於至精也。故此篇所論皆較舊作文有發展而所見益深。然此應約之作竟未能發表,亦未退稿,僅寄回排印稿一帙,斯不審何故。豈文中於戰國諸子多所評騭,其是非好惡之準有與時風未能相洽者存乎其间耶!此則素非先君子撰文時思慮所及者也。此篇後全文刊於《道家文化研究》第十四輯。

"楊朱""黄老"二考所用材料并出衆人常讀之書,是先子於諸家義理發掘之深透,辯析之精微,識見之邃密,迥非常人可及,所論亦多前人所未發;而時賢或以楊朱即莊周,或以《莊子·齊物論》爲田、慎所造,誠可謂於楊朱、莊周何所道,田駢、慎到何所説,并皆夢囈,其相去遠矣。故先君於二文之成,頗感欣慰。於是擬進而求之《道藏》,欲以探道論之究竟。於時蜀中無《道藏》,僅有涵芬樓影印之《道藏輯要》,因取而讀之,讀至强思齊《道德經玄德纂疏》及顧歡《道德經疏》,見所引有稱成玄英者,義高詞美,時以釋氏爲説,及所讀漸多,乃見其義有符《中觀》之旨,而説出羅什。成釋"玄之又玄”曰:“有慾之人,唯滯於有,無慾之人,又滯於無,故説一玄以遣雙執。又恐行者滯於此玄,今説又玄,更祛後病,既而非但不滯於滯,亦乃不滯於不滯,此則遣之又遣,故曰玄之又玄。”此顯爲釋氏二邊雙遣、非有非無之義。因其以“玄之又玄”爲宗致,故被稱爲重玄宗。此一理論適與先君論孫盛“超有無以立論”之旨相契,以爲最符老氏古義,亦最與儒學相近,然而書佚道絶,至足慨嘆。於是决意鈎輯之,殊知竟得全籍,後得羅振玉影敦煌《古籍叢殘》,中有羅氏疑爲梁道士孟智周《老子義疏》者,以之相校,乃知實成氏書,起六十章盡八十一章,并見所輯竟能不佚一字,而唐寫本翻奪誤累累也。錢賓四先生見而嘆曰:“有清二三百年间,所輯佚書率多殘帙,何意今日竟得全編,非治學精勤者惡能獲此!”輯校既畢,1946 年獲當局專款由四川省圖書館用連史紙石印,印紙通高三十一公分,每頁八行,行十七字,全書由先大父君弼公泐蘗紙漬石,彭雲生先生署簽,謝無量太夫子書内封面,次以揚正芳先生摩繪宋公麟《〈九歌·國殤〉圖》,背面篆書:“抗日戰役期中,校輯老子成疏,竣工之日,適逢勝利,唯兵不祥,羣生芻狗,拳願國殤毅魄早證三清,并禱永弭甲兵,天下安泰。”蓋以此書奉獻抗日英豪,祈祝烈士英魂早證三清,并禱從此天下太平。此書用深灰紙扣皮,雙白絲綫裝訂,分订六卷,其裝幀之精緻,爲當時所罕見。然此精美幀幅,於整理再印時皆以印刷不便被删除,而先君之高致孤懷遂亦沉薶。惜夫!

輯成《疏》時,得見有李榮《老子注》,多與成同被徵引,亦宗重玄道之錚錚者,因并輯出。李書較幸,《道藏》尚存其上经,可資校補;後又得巴黎國民圖書館藏敦煌寫本膠片及北平圖書館鈔寄敦煌寫本,故亦校得完書,亦於 1948 年石印面市,格式一如成《疏》。

校事畢，先君寫有《跋》文，於校事及李榮籍貫生平考之綦详，然漏引《古今佛道論衡》所載李事，是爲不足。《論衡》雖對李多貶辭，然於貶辭中結合李書究之，或亦可見其深義，然必佛、道皆有相當功力者乃克爲之，故以爲憾耳，豈先君以李書思想已見於《成疏叙録》，遂忽之耶！《跋》文又以所見敦煌寫本不全，因謂："於李注輯校，致力尚勤，猶覺有未當者，當於再版時竭力精校。"故愚於整理先君《道書輯校十種》時，遂遵遺意據敦煌完本及遂州、易州本，敦煌成《疏》殘本，進行再校，又稍有改易，其詳并載《整理後记》中，以不敢必其皆有當也。

嚴君平《道德指歸論》，《正统藏》存其後半，文高義奥，唐宋道家頗取爲説。先君因輯校其佚文，并辨明後學者以之不得爲舊籍之誤。先君初以其爲晉時人作，後以爲漢末蜀之隱君子所作，托名君平，近人有谓《指歸》中多漢人用语，宜君平自作。然《指歸》中每引《莊子》，此當爲後之人稱君平语，托爲君平之説當更可能。此輯文嘗載1948年《圖書集刊》第八輯，近年中華書局印《指歸論》時取以補《道藏》之缺。

輯校成、李諸書時，見六朝之注《老》者實衆，雖多殘篇斷简，而其義旨亦略可見，杜光庭《廣聖義》别爲六宗，然多不越重玄之軌，而王、何虚無之流，張、葛仙道之屬則微矣，故先君亦并輯之以爲《晉唐〈老子〉古注四十家輯存》，可以概見六朝老學大勢及探考重玄源流。然輯補之方數易其旨，故迄未成書，余近年整理先君遺著乃補輯完稿，并略考諸家著録及作者事略，又作遺文索引，以便檢閲。河公、王弼二注，自來爲學者所研習，流傳亦多，然無善本，異文奪訛亦甚，近世頗有校者，然以未見《道藏》，多有漏失，先君亦校其經、注，以存古説。然而不幸，除《道德經》王弼本校稿尚存外，餘皆失之"浩劫"中。惟其校理简議二紙尚存,有意校事者不妨參照也。

唐代道家頗重成、李,宋人則重陳景元,於徵引之多可以見之。陳景元亦羽流,號碧虛子,其《老子序》言:“此經以重玄爲宗,自然爲體,道德爲用。”是碧虛亦宗重玄學者,而其義旨則又更近於儒。陳於《老》《莊》皆嘗作注,《老》有二書,詳略不同,後定更爲精约,名之曰《注》。《莊》似爲未完之作,有“章句”,有“總章”,有“餘事”,今存《藏》中,且稍有缺佚。於是先君子自褚伯秀《義海纂微》中録出,并會劉(惟永)、彭(耜)、李(霖)、薛(致玄)四家引文校之,合“章句”、“總章”、“餘事”爲一,而整理重編《莊注》,使碧虛之書萃於一編,以便讀者,倘抑碧虛之意耶! 及考碧虛爲學淵源,乃知碧虛學於天台鸿濛子張無夢,而無夢又與劉海蟾、种放具師事陳希夷,於是乃知碧虛之學實出陳摶。然碧虛之書不言圖書象數,而“其所常用之詞語,所常引之經傳文句,及其思想旨要,全同於二程而與周邵不類。”碧虛少周敦頤七歲,長於二程七八歲,大致同時而年輩相若,先君以爲碧虛、二程之學皆當出於希夷,則希夷之學固非如世人所知盡爲圖書象數而已也。先子谓:“以碧虛《注》校之理學而究之,於其同處可以見陳摶之精髓,於其異處亦可見儒道之終有辨,分析其同異而批判其得失,此道教史一大事也。”愚案此豈止道教史一大事,於儒學史亦一大事也。然此一大事先君則未究言,實先君子未竟之業也。碧虛《老》、《莊》二《注》雖整理畢而未能印出,2001 年巴蜀版先君《道書輯校十種》始初次刊布,然默不學不敢有所論列,苟學林有能注意及之者,則幸矣。

先君校理道書雖有多種,皆非爲校理而校理,并皆有其學術價值,故咸别撰專文以述其學術意義,而以《校理〈老子成玄疏〉叙録》最爲特出。此文長幾二萬言,爲先君少有之長文之一。於詳論輯校成《疏》經、疏之甘苦外，更多言道家學術。成《疏》之輯蓋因重玄之論，而重玄學之興起、發展及其衰微，則不可見於《疏》中，因據他書考之，乃知重玄肇始於東晉孫登，蓋受其叔孫盛《疑問反訊》論有無之啓發，而杜光庭以爲魏文、明二帝時人，誤矣。而用二邊雙遣之義以釋《老》，則始於羅什，羅什之注《老子》"損之又損，以至於無爲，無爲而無不爲"曰："損之者無粗而不遣，遣之至乎忘惡；然後無細而不去，去之至乎忘善。惡者非也，善者是也，既損其非，又損其是，故曰損之又損。是非俱忘，情慾既斷，德與道合，至於無爲，己雖無爲，任物之自爲，故無不爲也。"顯爲成、李立説之先導。羅什系東晉晚期始至長安，譯經宏法，影響皆大，住十餘年，晉義熙九年卒。其《老注》宋前不見著録，是否什公作不可必，然其遺文與羅什所至畢竟空義相契，則又不可必其非什公之作。然孫登宜不得見此書也。什公卒後，關中争戰頻繁，於是學士僧人多有南下者，什公之學遂亦南傳，釋氏之解入於羽流，殆在齊梁之世乃漸盛，故杜光庭言明重玄之道者雖多達十一家，而其較早者爲"梁朝道士孟智周、臧玄静，陳朝道士褚糅，隋朝道士劉進喜"。及至唐初乃有成玄英、蔡子晃、黄玄賾、李榮、車玄弼、張惠超、黎元興，故先子谓重玄之興始於梁陳，而其盛在唐初。諸書又或言有"以道德爲宗"，"以非有非無爲宗"，又或并有無以爲宗，"以三一爲歸"者，其論皆與重玄之義相通，是其爲朋亦衆也。先君又考其傳承授受，所涉人士亦多。當先君究論道家之時，完《藏》尚未翻印，敦煌逸書亦未結集，所見資料有限，故其所言多略，唯揭其大概而已；後有見其端緒而繼之者，首爲日本人，後乃有大陸學人，而近年則更漸興盛矣。

先君之究論道家學，重玄而外更及"坐忘"之論，嘗作《坐忘論考》。據諸書所載，唐世作《坐忘論》者，有司馬承禎（子微）、趙堅、正一、吴筠四家，正一、吴筠之文已不可考，司馬承禎書存《正统藏》，其言略谓"夫欲修道，先去邪僻，端坐内觀，但滅動心，不滅照心，定而生慧，此真慧也。"（其《真觀》一篇大意亦同。）《玉澗雜書》谓："此言（指上引）與智者所論止觀實相表裏。""道釋二氏，本相矛盾，子微乃全本釋氏。""子微隱天臺山玉霄峰，蓋智者所居，知其源流有自。"《道藏》有趙志堅《道德真經疏義》六卷，杜光庭言有法師趙堅《講疏》六卷，是趙志堅顯即趙堅，其《坐忘論》雖亡，而其《疏義》言："觀有多法，今略言三，一者有觀，二者空觀，三者真觀……"云云，亦與智者天臺三觀全合。是"坐忘"一辭雖出《莊子》，而唐人之解説則全取自天臺智者法師。宋張耒言：張至柔有養性之道，"是道也，智者得之爲止觀，司馬子微得之爲坐忘，皆一道也"。范應元書引朱真人桃椎言養氣，其説與張至柔最合；而晁文元之言觀空止念，亦與坐忘説同。斯坐忘之道宋代猶有修持之者。南宋以後，全真教盛，其流裔與張伯端之南宗合而爲一。李道純，元初全真名德，其《中和集》釋"全真者，全其本真也；全精，全氣，全神，方謂之全真"。王世貞《弇州續稿》謂："此書於一切内外丹藥吐納伸經之術，如《黄庭》、《參同》、《悟真》之類，皆以爲傍門小道，而究其大旨，多出禪門。"此言最能道出全真之本質。於是先子總此二教之歷史關係曰："東土大乘之盛，首爲中觀宗（三論宗），繼之者天臺宗（法華宗），後則爲禪宗。余觀道教之發展亦與此有關。重玄一宗擷般若之精，唐世坐忘之説，則昔人顯谓其出於天臺，而金元之全真則禪宗也。"蜀中近世道教祖清初自武當（亦全真派）來之張清夜，著《陰符發秘》，此書舊無刻本，先君得其寫本而校理之，謂其"儼然禪宗之旨"。道教之學，其初止爲求長生之方術，至重玄學興，而後乃有極具思辯性之宗教哲學。其學本來自佛氏，後其學竟亦隨佛氏宗門之盛衰演變而演變，其演變之迹則先君子之數語盡之矣，而世之治道教史者或多仍執長生久視之術以爲説，是仍以長生方術爲道，小矣哉！狹矣哉！

先君之治道家言，於羽流外更亦及於白衣，其輯嚴君平之《指歸》遺文，其校王輔嗣之《老子》經、注皆是。且更以《老子》雖被道教奉爲經典，而實仍爲古賢寶書，然以道教故，一亂於張道陵之係師本，再亂於唐宋御注本，遂致傳世《老》書皆被竄亂，而治《老》乃無可據之古本，傅奕、范應元雖二古本，然與唐前所傳仍有異同，於是集諸書所引唐前故書得千數百條以校補之，章益其句，句益其學，意復其舊，作《老子徵文》二卷。先君棄養，而馬王堆帛書《老子》出，先君所集雖不與同，然其佳處竟或與同，而其異者竟有或勝帛書，蓋漢唐間固有勝於帛書之傳本也，是先君所集至今猶有參考價值也。兩宋之世爲我國學術最發達之時，其注《老》者，北宋洛、新、蜀三家皆有之，而王介甫之《注》最精，承其流者有所謂崇寧五家（或云七家），而介甫之書竟不傳，先君因輯其遺文，刊於《圖書集刊》第八輯。1997 年余整理先君遺著，客有語余曰：容肇祖、嚴靈峰二君皆有王《注》輯本已出版，余因覓二書讀之，見彼等既不明介甫書之體例，亦不明徵引書之體例，不僅文有漏失，且又李冠王戴，并不可取。輯校古籍雖爲學問之餘事，固亦非可掉以輕心草率從事者。又聞日本人有評先君所輯成《疏》六卷之分爲“重大過誤”、謂當分爲五卷者。五卷之説似若有據，然五卷究當如何分判，并皆無據可依，止能以意爲之。且無論五卷、六卷，皆道流開析卷帙以示誇炫，豈足爲據！則五卷之説不過以五十步笑百步而已；翻不若依成《疏》之《序次》及《開題》止言“上下二卷”之可據也。且輯校古籍，固當以文字爲重，先君之輯校諸書，自疏、注以及於經，每一字句,莫不皆求其據,其用心之深細、考論之艱苦,恐難有能與其相匹擬者。苟能虚心細讀先君之書,固知余言之不謬也。

1958年,青城道士易心瑩法師出席北京道教會歸來,因會中以道教史之任委諸蜀道協而來訪,先君因有《道教史瑣談》之作,先君悉其所聞所見以出之,長達萬數千言,冀能於修道教史有所貢獻,然此事終成泡影,所寫亦幾同廢紙。先君嘗言:一人之學,常在而立之年即已大定,後此不過有深細之發展而已,而彼竟在五十以後衰暮之年,猶能開拓此道教研究,且能頗有所獲,積稿逾百萬言,雖出版者尚未及半,然亦頗感自慰。而需作之事尚夥,時以不知何日可以蕆事爲嘆,且孤軍作戰,商討亦乏其人。《道教史瑣談》,默嘗承命整理,而整理稿竟在"大跃進成果展覽會"後丢失,先君嘗莞爾而笑曰:苟斯人誠能讀此,雖取之可也。學人心苦,可以概見。然猶未能料及不數年間"浩劫"來臨,既成之稿竟又爲不能讀者所取,能不悲痛!後此不及二年,先君竟亦含恨辭世矣。幸積稿多數尚存,劫後陸續刊布,亦尚有能讀先君書而紹述之者,雖有"阐述"、"剽竊"之殊,而其有益於學術則一也。而先君亦得學林不棄,榮獲"重玄學研究開創者"、"樹立了利用敦煌道教經卷的崇高典範"、"20世纪中國卓立不苟的國學大師,特有道家風骨的現代學者"之美譽。[①] 使先君子而有知,亮亦欣然於地下也。

蒙　默　謹記

二〇一一年六月於四川大學竹林村時年八十五歲

① 《道家文化的新世紀——道家文化國際學術研討會綜述》,載《中國文化報》1996年9月15日。《道家文化研究》第十三輯《編者寄言》。

中國禪學考

——民國十三年一月内院第四次研究會研究論文

（一）禪學傳承考

我國禪宗祖於達磨。説者謂是教外别傳，自迦葉以來代有授受，至達磨得二十八世，所謂二十八祖也。然此説殊不足信。

唐貞元十二年，始敕皇太子集諸禪師楷定禪門宗旨，搜求傳法傍正。（見《禪門師資承襲圖》）逮宋仁宗又特頒祖師傳法授衣之圖以正其宗祖。契嵩《正宗定祖圖》曰："年世積遠，譜牒差謬，而學者寡識，不能推詳其本真，遂不諒，紛然異論，古今頗爾。"王侍讀劄子亦稱禪門傳法祖宗未甚分明，教門淺學各執傳記，古今多有諍競。又天寶中季常云："會中耆德嘗見祖圖，或引五十餘祖。"此與二十八祖之説已殊。《正宗記》五：契嵩少聞耆宿云，嘗見古祖圖引達磨至梁當普通元年；亦與普通八年之説有異。是知禪宗祖圖非一，而二十八祖之説亦已久有諍論也。

詳宗門史録於今爲最古者，莫如《傳燈》。厥後有《廣燈》，有《續燈》、《聯燈》、《普燈》。至大川萃爲一書成《五燈會元》，而燈史以定，言禪德者據焉。然《傳燈》之作去達磨將五百載，其記録往事何所依據，故書零落，今無可考。《釋門正統》四云："自慧炬撰《寶林傳》稱有二十八祖及此土六祖，厥後《傳燈録》復踵其訛。”是二十八祖肇自《寶林傳》而傳燈踵之也。《佛祖歷代通載》十云：“禹門太守楊衒之《名（本作銘，今依《正宗記》改）系記》（《正宗記》云《名系記集》）云：梁武大同六年，高僧曇（舊作雲，今依《正宗記》改）啓往西域求法，至龜兹國，遇天竺三藏那連耶舍。曇啓曰：佛法未興，且同止此。遂將梵本譯爲華言。那連親將至西魏，入高齊。以齊方受禪，未暇翻譯别經，乃將龜兹與曇啓所譯祖偈因緣傳居士萬天懿。梁簡文帝聞魏有本，遣使劉玄運往彼傳寫，歸建安，流布江表。唐貞元中，金陵沙門惠炬（《寶林傳》作者。或稱慧炬。《通志》云智炬。《人天眼目》云法炬）將此祖偈往曹溪，同西天勝持三藏重共參校，并唐初以來傳法宗師機緣，集成《寶林傳》（《通志》云十卷）。光化中，華嶽玄偉禪師集貞元以來出世宗師機緣，將此祖偈作其基緒，編爲《聖胄集》。開平中，南嶽三生藏惟勁頭陀又録光化以來出世宗師機緣，亦以祖偈爲由，集成《續寶林傳》（依《通載》二十五校改）。宋景德間，東吴僧道源集《傳燈録》云云。”則《傳燈》以前有《續寶林傳》，有《聖胄集》，有《寶林傳》，皆言二十八祖事，而惠炬之作《寶林傳》則依於那連耶舍法偈也。然徵之載籍，其説仍有難置信者。侯景以太清三年（己巳）破臺城而立簡文（庚午），改大寶元年。五月，高齊始受禪。大寶二年（辛未），景又弑簡文自立，稱漢。自齊禪代至景之弑立才數月耳，丁此喪亂方亟，而暇求法北地耶？（嵩明教亦疑之）更考之《續高僧傳》，那連耶舍以天保七年届於鄴京，簡文之弑當天保二年，時那連耶舍尚未東來，劉玄運安所求之耶？則所謂楊衒之《名系記》中云云，乃妄説也，況論其他？《正宗記》謂萬天懿即從耶舍譯其讖語，其後梁簡文帝遣劉玄運取其書歸國，詔沙門寶唱編入《續法記》，自七佛至乎二十八祖菩提達磨，蓋此那連耶舍之所譯也。《廣燈》亦記耶舍所演讖文，簡文編於《續法傳》。然簡文求那連耶舍書明爲妄説，况寶唱所著者乃《續法輪論》而又奉勅成於梁武時乎？《續僧傳》云："又勅唱，自大教東流，道門俗士有叙佛理著作弘義并通鳩聚，號曰《續法輪論》。"則唱之爲書，專蒐東土佛理弘義，體製既殊，何取乎西天傳付之事？其爲苟且牽合，顯然無疑。《正宗記》又云："説者曰，支疆梁樓先作《續法傳》，元有二十五祖；又吉弗煙與曇曜同時，别修爲《五明集》，謂有二十七世。"此所謂説者，蓋即指靈徹、法炬也。《人天眼目》五記穎和尚之言曰：二十四祖師子尊者度婆舍斯多兼出達磨達，其緣具在唐會稽沙門靈徹序金陵沙門法炬所編《寶林傳》，并據前魏天竺三藏支疆梁樓《續法記》具明師子尊者遇難以前傳衣付法之事，云云。此靈徹、法炬謂據支疆梁樓《續法記》之説也。然考《歷代三寶記》、《大唐内典録》，前魏唯有支疆梁接，别無支疆梁樓者。支疆梁接所譯唯《法華三昧經》一部六卷，無《續法記》其書者。是靈徹、法炬之説本無所據也。然《正宗記》又云："夫自七佛至乎二十五祖婆舍斯多者，支疆梁樓之所譯也。"又言支疆梁樓，曹煥之世至洛，舘於白馬寺云。此與《三寶記》、《内典録》言於交州譯經者又異，則亦不稽之説也。又考《傳燈》三，記智本禪師之言曰，魏文成帝令國子博士黄元真與北天竺三藏佛陀扇多吉弗煙等重叙梵文，甄别宗旨，次第師承，得無紕繆云云。此吉弗煙爲《五明集》謂有二十七世之説也。《正宗記》謂吉弗煙即吉迦夜。吉迦夜即共曇曜譯《付法藏因緣傳》者。《付法藏傳》於師子比丘之死，言相付法人於是便絶。乃其爲《五明集》又著二十七世之説，不亦自爲矛盾乎？况《五明集》之吉弗煙者，并衆家目録記傳所不載，則亦作家之臆説也。以是，《寶林》之傳二十八祖荒誕難信，即《正宗記》所云亦無足徵,在昔子昉已辨之審矣。

《寶林傳》,《至元總録》云九卷,《唐書·藝文志》云十卷,與《通志》同。《聖胄集》,《唐書·藝文志》稱《真門聖胄集》五卷。

《續寶林傳》,《傳燈》十九、《宋高僧傳》十七并云録貞元以後禪門相繼源流,而《通載》云録光化以來出世宗師機緣,似謂成書順續《聖胄集》,恐非,當以《傳燈僧傳》爲可信。《傳燈五燈》并云《續寶林傳》四卷。

《寶林傳》記載不實,自昔有人辨之。子昉《辨祖書》云:"宣律師《續高僧傳》載達磨理行二種,固其真法,其後智矩於曹溪門下撰出《寶林傳》,詭説百端,以惑無識。謂隻履西歸,立雪斷臂,傳法讖候語,至於達磨等事迹,皆與《僧傳》不同。由是誇衒《寶林》之憑虚滅没,《僧傳》之紀實,巴人一唱,而和滔滔皆是,如何通,曾未詳省也。"(文取《釋門正統》八、《佛祖統紀》十四及二十九,三處參校,以文要故全録。)是《寶林》爲後附托之辭,昉師辨之詳矣。道宣《二祖傳》云:"可遇賊斫臂,以法御心,初無痛苦。"蜀僧神清亦引其説。則與立雪斷臂之説不同。至諸祖傳法偈以及讖候語,胥不具於《付法傳》。僧自聰復嘗以爲疑,則更足抵《寶林》之隙。其説達磨四十年不受國位以待般若多羅而出家,則合之在西隨師四十餘年,住南天竺行化六十七年,東來在途二年,在魏九年,殆百六十餘歲,又與《續僧》傳紀達磨之年壽不符。其以達磨至梁在普通八年丁未,《傳燈注》云普通八年三月已改天通元年,則達磨九月至不應尚稱普通八年。又謂即其年過魏,當明帝太和十四年。又達磨滅度亦在明帝太和十九年(丙辰)。《正宗記》云:"太和非明帝年號,明帝在位衹十二歲,無十九年。"又以丁未推之,即是明帝末年神獸之歲。其歲明帝已崩。《興隆編年通論》七云:"普通八年即大通元年,孝明以是歲四月癸丑殂,師以十月至梁。蓋師未至魏時孝明已去世矣。"《傳燈注》云:"太和十年乃後魏文帝時。是年即南齊武帝永明四年丙寅歲也。太和十九年即南齊明帝建武二年乙亥歲也。"又曰:"凡此年代之差皆由《寶林》錯誤。"《普燈録》云:"集《傳燈》時以《寶林》爲據,故差之特甚。"則《寶林》誠妄謬之書也。《傳燈》言:"師以九月二十一日至南海,廣州刺史蕭昂表聞武帝,帝遣使迎請。十月一日至金陵。"《注》云:"《南史》蕭昂本傳不言昂爲廣州刺史,但王茂傳有廣州長史蕭昂。"《正宗記》云:"昂傳不爲廣州刺史,唯昂侄蕭勵當時嘗刺此州。"是昂表聞武帝之説爲可疑也。《興隆編年通論》七云:"師以九月二十一至廣州,十月一日至金陵。然自廣州至金陵亡慮三千餘里,將命者往而復,師方啓行,豈以十日之間能歷三千里乎?"《聯燈會要》乃改爲七月二十一至廣州,《五燈會元》乃改爲普通七年至廣州,皆欲彌補其失,吁,誠可笑也!至謂達磨六度被毒乃菩提流支之所致,《正宗記》云,此蓋爲《寶林傳》者未之思也。《編年通論》亦曰:"光統律師法門龍象,詎能爾乎?是皆立言者誤也。"《傳燈》又謂師寂於太和十九年丙辰,後三歲宋雲使西域,迴遇師於葱嶺,手攜隻履,翩翩獨逝。謂雲曰,汝主已厭世。雲聞之茫然。暨複命,明帝已登遐也,而孝莊即位,帝令啓壙,惟空棺一隻,革履存焉。《編年通論》曰:"蓋師未至魏時孝明已去世,立孝莊帝,越三年而孝莊殂。宋雲之還,孝莊去世已五六年,烏有令啓壙之説乎?"《傳燈注》云:"宋雲使西域回時已在魏明帝正光中,宋雲已回而達磨尚未至耳。《寶林》隻履西歸之説可以爲信耶?"至書天竺諸祖入滅之時,合以華夏周秦之歲甲而謬誤益繁,具在《傳燈注》間。而説者托之曇摩迦羅黄初間以告光璨者,又記象白山仙人説師子比丘死之因果。達磨既寂,梁武爲之誄文。《高僧傳》云："佛馱跋陀羅受業於大禪師佛大先。"《寶林》乃曰佛大先乃跋陀之弟子，其言莫非憑虛妄說，所以輒與故書雅記相迕觸。契嵩謂："若《寶林傳》者，雖其文字鄙俗，序致煩亂，不類學者著書，然其事有本末，世數名氏亦有所以，雖欲竊取之，及原其所由，或指世書，則所無有，或指釋部，又非藏經目録所存，余嘗疑其無證，不敢輒論。"又曰："若《寶林傳》，其所載諸祖之傳受相承名氏異同與其所出之國土者，大體與他書同，但其枝細它緣張皇過當，或煩重事理相反，或錯誤差舛，殆不可接，亦禪者樸略，學識不臻，乃輒文之，迕疏倒錯，累乎先聖，真迹不盡信於世，其雖欲張之，而反更弛之。"則《寶林》爲穢妄之書，顯然可知也。《傳燈》統集《寶林》、《聖胄》爲書，景德中詔楊億等同加刊削。億序之曰："其有標録事緣，縷詳軌迹，或辭條之紛糾，或言筌之猥俗，并從刊削；至有儒臣居士之問答、爵位姓氏之著明，校歲歷以愆殊，約史籍而差謬，咸用删去，以資傳信。"又云："逮於序論之作，實非古德之文，亦用簡别《傳燈》之舊稿。"如是，則《寶林》之蕪穢又可知矣。

《釋門正統》七《子昉傳》云："嵩明教作《定祖圖正宗記》，以《付法藏傳》熒惑天下爲可焚，專據達磨《多羅禪經》，黨附智炬《寶林傳》。師援經質論，作《祖説》以救《付法藏》。又三年，嵩度《禪經》有室礙，輒云傳寫有誤，改削遷就，影帶私説，依傍僧祐《出三藏記》律宗名字而作《解誣》。師亦出《止訛》以折之。以圖會《禪經出三藏記》文示之，則嵩窮矣。"蓋《定祖圖序》曰："其始亂吾宗祖熒惑天下學者，莫若乎《付法藏傳》。"《正宗記》一云："隋唐以來，達磨之宗大勸，而義學者疑之，頗執《付法藏傳》以相發難，謂《傳》所列但二十四世，至師子祖而已矣；以達磨所承者非正出於師子尊者，其所謂二十八祖者蓋後人之曲説云云。"嵩所指義學者，蓋即神清。(下文嵩破神清云:而必執《付法藏傳》以辨二十八祖者,謂後世之曲說,與此云義學者同,故知即神清。)《寶林》取《付法藏》爲禪宗祖師,而神清即據《付法藏傳》記師子比丘之死云"相付法人於此便絶"之文以起難,此禪者最難自剖之點,勢必謂《付法藏》爲謬書可焚也。於是有達磨達告支疆梁樓云師子存時預以法付我同學婆舍斯多者之説,有摩迦陀告婆羅芬多云婆舍斯多先難得其付法授衣之説,有智本後魏毁法、曇曜單録諸祖名目、不遑全寫、故致錯佚之説;皆事無徵於故書,文不見諸雅記,其詭爲辭説,欲證師子之有傳以擊法藏之差互,則皆同也。(今以意不在救《付法傳》。故於達磨達、磨迦陀、智本三説之依托文略而不舉。)至嵩謂正其宗祖、斷萬世之諍者,莫若乎《禪經》,《禪經》始終備列二十八祖,已見於晉之世;矯誣殊甚。佛馱跋陀譯《禪經》在晉安帝義熙七八年之間,而菩提達磨以梁武帝普通八年來,時之相後百餘年,謂《禪經》已備列二十八祖可乎?此志磐所謂妄引《禪經》之證,適足以自取其不實也。嵩依《傳燈》之説,以達磨多羅與菩提達磨法俗合名同《禪經》者,蓋出於菩提達磨。然《禪經》固云尊者達磨多羅乃至尊者不若密多羅諸持法者,是達磨多羅先而不若密多羅後。嵩既謂不若密多羅此吾宗之二十七祖,則弟子説法而其師於後傳持之可乎?嵩又云,寫爲達磨多羅者亦字與婆羅多羅相近故也。此當是二十五祖,蓋後世傳寫之誤。則亦自疑弟子而先於其師稱尊者耳,乃反譏神清不能曉達磨多羅是法俗合,以謂非今菩提達磨,此正以不狂爲狂者也。又謂慧觀《修行地不净觀經序》所稱之曇摩多羅菩薩即二十八祖,所稱佛陀斯那即佛大先。然在《僧佑録》曇摩多羅乃薩婆多部五十世,而佛大先其四十九世也。況在慧觀《序》已言曇摩多羅傳與婆陀羅,婆陀羅傳與佛陀斯那,佛陀斯那傳此法流至東州,蓋即沮渠安陽侯所從禀受,《禪要秘密治病經》説號爲人中師子者也。而嵩謂即二十八祖與佛大先,又謂婆陀羅即佛馱跋陀羅,并其《序》後文而不顧,可哉?慧觀《序》稱富若密羅及弟子富若羅二人於罽賓中爲第一教首,富若密羅去世已來五十餘年,弟子去世二十餘年云云。嵩乃謂富若密羅即二十六世祖不如密多,富若羅即二十七世祖般若多羅。然《寶林》謂此二祖盛化東天竺、南天竺,與此云爲罽賓教首者不同,此記富若密羅、富若羅二尊者入滅之年又與《寶林》前後相差也。故子昉作《止訛》以折之。其略謂:"契嵩立二十八祖,妄據《禪經》,熒惑天下,斥《付法藏傳》爲謬書。此由唐智炬作《寶林傳》因《禪經》有九人,其第八名達摩多羅,第九名般若多羅,故智炬見達摩兩字語音相近,遂改爲達磨,而增菩提二字,移居於般若多羅之後,又取他處三名婆舍斯多、不如密多以繼二十四人,總之爲二十八,炬妄陳於前,嵩謬附於後,瀆亂正教,瑕玷禪宗,余嘗面折之,而嵩不知愧。又據僧祐《三藏記》,傳律祖承五十三人,最後名達摩多羅,而智炬取爲梁朝達磨。殊不知僧祐所記乃載小乘弘律之人,炬、嵩既尊禪爲大乘,何得反用小乘律人爲之祖耶?况《禪經》且無二十八祖之名,與《三藏記》并明聲聞小乘禪耳,炬、嵩既無教眼,纔見禪字,認爲己宗,是則反貶梁朝達磨但傳小乘禪法,厚誣先聖,其過非小。"夫智炬譾陋,采録多非雅馴,嵩師必曲爲之護證,子昉非之宜也。《壇經》第十稱:衆問未知從上佛祖應現已來傳授幾代,願垂開示。師云古佛應世已無數量不可計也,今以七佛爲始,遂歷稱西土東州傳法諸祖,始釋迦文佛,云惠能是爲三十三祖。二十八祖既大鑒嘗自言之,而謂爲無據可乎?稽之《傳燈録》二十八卷,慧忠國師論南方知識曰:聚却三五百衆,目視雲漢,云是南方宗旨,把他《壇經》改换,添糅陋譚,削除聖意,惑亂後徒,豈成言教。慧忠乃大鑒之子,目見《壇經》已復如是,其書殆不足信也。《鐔津文集》十一附郎侍郎《六祖法寶記叙》云:"六祖之説,余素敬之,患其爲俗所增損,而文字鄙俚繁雜殆不可考。會沙門契嵩作《壇經贊》,因謂嵩師曰:'若能正之,吾爲出財模印以廣其傳。'嵩果得曹溪古本校之,勒成三卷,粲然皆六祖之言,不復謬妄。"知《壇經》在宋時,俗間流行之本非一,有不勝其鄙雜謬妄者,其與《寶林傳》之不足據殆相同。今本有德異《叙》云:"《壇經》爲後人節略太多,不見六祖大全之旨。德異幼年嘗見古本,自後徧求三十餘載,近得通上人尋到全文。"宗寶之《跋》復云:"見三本不同,互有得失,其板亦已漫滅,因取其本校讎,訛者正之,略者詳之,復增入弟子請益機緣。"雲棲《竹窗三筆》云:"《壇經》皆他人記録,故多訛誤。"憨山刻《法寶壇經》,《序》云:"經本數刻,多有改竄不一,蓋後世君子妄易之耳。予偶得古本,乃爲勘訂,以所記參差者復爲整齊,分爲十品。"是《壇經》訛誤,諸識者皆知,自元迄明尚復訛本錯出。宗寶、德清皆嘗增訂而品次之,即在今日流布者尚復各本不同,孰可信孰不可信?果大鑒而自説二十八祖事,則論者必明以爲據,難者亦無所致疑,尚何假支彊梁樓、那連耶舍爲也?《寶林傳》不列七佛,今《壇經》附入七佛二十八祖於《壇記》,則更《寶林傳》以後事也。《林間録》言:"吴中講師多譏諸祖法偈無譯人,禪者與之辨,失其真適足以重其謗。達觀穎論之曰,此達磨爲二祖言者也,何須譯人耶?"《人天眼目》五:"僧自聰問達觀穎和尚曰,傳法偈無翻譯,暨《付法藏傳》中無此偈,以至諸家多説無據,願垂至誨。答曰,達磨告二祖云,自釋迦聖師至般若多羅以及於吾,皆傳衣表法,傳法留偈,吾今付汝,因引從上諸祖偈一一授之。以此則知達磨付二祖决矣,此乃單傳口授,何假翻譯哉?"達觀之言,不明所據，皆非燈史之所紀也。使嵩明教輩智如達觀，則後人雖疑而無由得問。《壇記》云大鑒自言傳法諸祖，與達觀言達磨爲二祖言其意等也。故今之永嘉《證道歌》云："第一迦葉首傳燈，二十八代西天記。"永嘉果已聞二十八祖説乎？因草菴曰："魏清收遺文總十篇爲一集，答友人書尚附其中，而不收《證道歌》者何耶？"此歌神智有議，草菴有疑。《釋門正統》、《佛祖統紀》并著其説。志磐曰："《證道歌》辭旨乖戾，昔人謂非真作，是誠不足據也。"至裴休撰《圭峯傳法碑》云："自迦葉至達磨，達磨東來至曹溪，凡三十三世。"然《寶林傳》出於貞元，休撰《碑》在會昌，《寶林傳》先出，得據以爲説耳。

二十八祖之説既辨其非，然則禪宗傳承將何所據耶？曰：宜據祖圖。考天寶乙酉，河南尹李常嘗見祖圖，或引五十余祖云云。以是爲斷，達磨應與《寶林傳》二十四祖以後旁出二十二祖同屬薩婆多部。又據《僧傳》，佛陀跋陀羅受業於大禪師佛大先，佛大先薩婆多之五十二世也，則佛陀跋陀羅實薩婆多部之五十三世。依慧觀《序》，曇摩多羅傳婆陀羅，婆陀羅傳佛陀斯羅。曇摩多羅者，佛大先之弟子，當薩婆多部之五十三世，而婆陀羅當薩婆多部之五十四世，佛陀斯羅當薩婆多部之五十五世。《僧傳》弗若多羅於長安中寺誦出《十誦》梵本，羅什譯爲晉文。《十誦》者即薩婆多部之律，可明弗若多羅爲薩婆多部之師，殆即五十一世之不若多羅是也。薩婆多部之弗若多羅以秦弘始六年在關中，五十三世之佛陀跋陀羅以晉義熙十四年在道場寺，安陽侯從五十五世佛陀斯羅於于闐，以宋孝建二年在定林寺。可明晉宋之間自迦葉、阿難以來已傳五十餘世，而達磨以梁普通中至，才二十八世，可乎？故天寶祖圖爲可信也。達摩多羅《禪經》自佛陀跋陀羅譯之。《禪要秘密治病經》自安陽侯譯之。佛大先稱大禪師，佛陀斯羅號明了禪法，是皆薩婆多部之禪師也。達摩多羅《禪經》云:“佛滅度後,尊者大迦葉、尊者阿難、尊者末田地、尊者舍那婆斯、尊者優波崛、尊者婆須密、尊者僧伽羅叉、尊者達摩多羅,乃至尊者不如密多羅,諸持法者以此慧燈次第傳授。”僧叡《關中出禪經序》,後二十偈是馬鳴菩薩之所造也,其中五門是婆須密、僧伽羅叉、漚波崛、僧伽斯那、勒比丘云云。凡此傳禪法諸師又無一而不在薩婆多部,則薩婆多部與禪在在相關可以概見。菩提達磨者固所謂禪宗,其出於薩婆多略可推想。況《寶林》所録二十二祖者皆爲薩婆多,則達磨之同出薩婆多必然無疑。《寶林傳》亦云菩提達磨始學小乘觀於跋陀,又云達磨先在南天竺以小乘法化導若干人。則達磨固學小乘禪觀以教化,是爲實録。跋陀當薩婆多部五十三,則達磨當薩婆多部第五十四。《正宗記》云:“以譯《禪經》之年算達磨此時正年二十七歲。”是其學小乘禪觀於佛陀跋陀羅殆二十七歲以前。《三藏記》并録先傳異同,其一家以佛大先當四十九世,則達磨當五十一世。要之,皆與天寶祖圖五十餘世者妙合無間。貞元後天寶且六十年(李常説祖圖事在天寶乙酉,貞元末改元永貞元年乙酉),獨謂達磨乃二十八祖,可以爲信乎?《寶林》、《傳燈》皆書天竺諸祖入滅之時,以合華夏周秦之歲甲。又爲説云:“黄初三年,光瑑問西國歲歷頗與此同乎,迦羅曰,號謂雖多而氣候不別,遂説五天竺之歷數云云。”光瑑即傳其事,後之爲僧傳者得以書之,蓋欲依托光瑑以自固。然所云甲歷,率皆謬誤。天臺宗亦取《付法藏傳》二十四祖,如《釋門正統》之《釋迦世尊本紀》、《龍樹菩薩本紀》。《佛祖統紀》之西土二十四祖紀亦與《傳燈》同。《法運通塞志》亦以付法之年系華夏之歲甲,亦與《傳燈》同。然先後則殊異無一合者。如《傳燈》謂迦羅提婆入滅於漢文帝十九年,師子尊者被殺於魏齊王二十年;而《通塞志》謂提婆於漢成帝元年以法付羅睺羅多，又師子之死當魏高貴鄉之甘露四年；神清又以師子之死當此後之南齊。《付法藏》不系甲歷，諸家取《付法藏》爲書而系甲歷，各先後異，其可以爲實耶？禪者猶假托竺大力以漢獻帝二十年己丑在洛陽睹白光知鶴勒之死，以明其二十三祖死時歲歷之可信，此徒自取不實而已。况《付法藏》之師資授受殊無本末。若曰僧伽難提舍身已後有羅漢名僧伽耶舍次受付囑流布法眼，是僧伽耶舍顯非僧伽難提之弟子；今以提難爲十七祖、耶舍爲十八祖，可乎？又曰婆修槃陀所應作已便舍命行次付比丘摩奴羅，摩奴羅所爲既辦舍身命終，於是以後次有尊者名鶴勒那夜奢出興於世，所作已訖然後舍身，復有比丘名曰師之，大作佛事。斯數人者不見師弟授受之義，或又時之相後益遠。今以婆修槃陀爲二十一祖，摩奴羅當二十二祖，鶴勒那夜奢當二十三祖，師子當二十四祖，則事之矯誣莫大乎是。臺宗復踵襲其妄以述書。所幸者，尚未以北齊慧文綴之師子之徒耳。是知二十八祖之説終爲誕辭，而五十餘祖可以决定。達磨之禪亦即此薩婆多部所出，而與佛陀跋陀斯那爲同原也。

達磨之爲薩婆多部五十四世，證之天寶祖圖既可信矣，然禪家者流胡爲而有二十八祖之説耶？此當并傳法偈以考究之。《傳燈》稱弘忍五祖付法惠能曰，聽吾偈曰："有情來下種，因地果還生，無情既無種，無性亦無生。"《廣燈》稱六祖謂懷讓曰，先師有言，從吾向後但以法傳，即道化示，莫損於爾，聽吾偈曰："心地含諸種，普雨悉皆萌，頓悟花情已，菩提果自成。"此偈在《壇經》、《傳燈》皆作告諸徒衆，惟《廣燈》屬之懷讓，意謂能之法惟傳讓耳。各録又載讓謂馬祖聽吾偈曰："心地含諸種，遇澤悉皆萌。三昧花無相，何壞復何成。"又稱馬祖謂衆曰，汝等諸人聽吾偈曰："心地隨時説，菩提亦祇寧。事理俱無礙,當生即不生。"燈史所紀法偈非止於惠能,下至懷讓、馬祖亦并有法偈,餘諸禪德及馬祖以後均不復有傳法偈,則法偈之作必系係馬祖洪州徒人。馬祖以貞元四年二月示寂,《寶林傳》亦以貞元十七年集成,法炬即出貞元中,或即馬祖之徒也。而義學猶紛紛争傳法偈無翻譯,殆未究南嶽、馬祖之各有偈耳。二十八祖之傳法偈既起,二十八祖之謬說亦成,譜諜由是差謬,傳承不復分明,此實洪州之徒爲之也。然禪者胡爲必以二十八祖之說易五十四祖之舊耶?是亦有故。《林間録》有言:"達磨非習禪也,夫禪那諸行之一耳,何足以盡聖人,而當世之人以之爲史者,又從而傳兹習禪之列,使與枯木死灰之徒爲伍。"蓋宗門執六祖之道以衡睿輩之禪,知道之不同則當别與爲異以自便其私,因棄薩婆多部别取《付法傳》,又自師子以下析之爲旁出以相亂耳。

(二)古今禪考

《傳燈録》載達磨《略辨大乘入道四行觀》。曇琳有《序》云:"如是安心者壁觀,如是發行者四行。"《燈録注》引《别記》云:"達磨教二祖曰,外息諸緣,内正無惴,心如墻壁,可以入道。"而契嵩辯之曰:"壁觀婆羅門者,蓋出於流俗人之語,四行之說豈達磨道之極耶?"此以爲獨曇琳序之耳。然曇於禪者數無稱。今考《禪源諸詮都叙》云:"達磨善巧,揀文傳心,喻以壁觀,令絶諸緣。"《續僧傳》亦著壁觀四行,云磨以此法開化魏土。二書皆論古者所據,其說宜可信,則壁觀固達磨之道也。《林間録》言:"達磨面壁燕坐而已,非習禪人莫測,故以達磨爲習禪;夫禪那諸行之一耳,何足以盡聖人?”慧洪之意同乎契嵩,蓋執大鑒之禪爲上,不得不疑達磨之禪耳。圭峯言:曹溪見人結跏,曾自將杖打起。《傳燈》記馬祖問磨磚豈得成鏡耶,讓答坐禪豈得作佛。蓋自大鑒而後,其道已與達磨異,禪家者流必以達磨之禪同乎大鑒,其疑壁觀宜也。圭峯言六代之後多述一真,達磨大師却教四行,其道先後差辨固自曉然。《宋高僧傳》八言,神秀後遇東山五祖忍師以坐禪爲務,乃嘆曰真吾師也。此自達磨以至五祖皆以坐禪爲道之證也。《壇經》稱薛簡曰:京師禪德皆云:欲得會道,必須坐禪習定。師曰:道由心悟,豈在坐耶!薛簡所云京師禪德,即謂安、秀二師,此見五祖之徒亦坐禪習定,而六祖斥之也。《曹溪別傳》言:潭州湟禪師曾事忍師,常習坐禪,時時入定。大榮禪師事六祖三十年,過湟處曰:大師(六祖)教榮不定不亂不坐不禪是如來禪,湟於言下便悟。此五祖之徒常習禪定而六祖斥之也。是知六祖以下與達磨所傳固未可强合矣。《別傳心法議》謂大迦葉命阿難首集如來修陀羅,優婆離等集毗尼藏,已而自集阿毗曇藏,三藏所集由迦葉始,故以爲初祖。迦葉次授阿難,阿難授之商那和修;所授者豈他耶,所謂三藏法而已。商那和修將般涅槃,亦謂優婆掬多曰,如來本生諸經及毗尼等十七萬,汝其護之。十世馬鳴乃宗《楞伽》方等之經以著諸論,龍樹所著倍之而宗《般若》。嗣而提婆焉、羅睺羅焉,先後二十七世,流化益敷。授受之際必曰,是三藏法,如來授之大迦葉,迦葉付之於阿難,綿系展轉以至於我,我今復以是法用付於汝,汝其護之。夫所謂三藏者,經、律、論也,其文浩博,印土具焉。《禪源詮》謂傳法諸祖初以三藏教乘兼行,後之祖師觀機乃特顯宗破執,益更單傳其心印。則西土之所謂付授,其果與東州教外別傳異也。海東義天跋《別傳議》曰:“甚矣,古禪之與今禪名實相違也。古之所謂禪者,藉教習禪者也。今之所謂禪者,離教說禪者也。說禪者執其名而遺其實,習禪者因其詮而得其旨。近者遼國詔有司令義學沙門詮曉等再定經録,世所謂《六祖壇經》、《寶林傳》等皆與焚棄(除其僞妄條例則重修,《貞元續録》三卷中載之)。而比世中國所行禪宗章句多涉異端,此所以海東人師疑華夏無人云云。”(據《佛祖統紀》)其剖析古禪今禪,盡之矣。而遼國又嘗燎其書,則先後之禪殊趣,宋時既已論定也。

今禪自六祖創之,其實無所從受。《續叢林公論》云:“六祖初於市邸聞客誦《金剛經》,至‘應無所住而生其心’,豁然開悟,遂乃求謁黄梅。此乃古本《壇經》所載,由緒宛然。蒙於十七八歲時見之,今悉無有。且其自與黄梅相見至和秀禪師偈等語,皆是妙悟性元深達法本,非凡庸未悟所能道者。今《壇經》謂五祖以袈裟遮圍不令人見,爲說《金剛經》,恰至‘應無所住而生其心’,言下便悟。蒙謂此乃六祖下鄙俚之徒竄造,意謂從其師言下而悟,親得其法乃紹祖位也。”祖秀《書曹溪大師别傳後》亦云:“如言傳衣之宵,聞經方悟,則初後不應,文理倒置,大可疑矣。”是六祖感悟在聞客誦經之際,豈待黄梅之傳哉?《釋門正統》八引鎧庵云:“永嘉初見六祖,振錫攜缾繞祖三匝曰:速道,速道。祖曰:夫沙門者,具三千威儀、八萬細行,大德自何方而來,生大我慢。師曰:生死事大,無常迅速。祖曰:何不體取無生,了無速乎?曰:體即無生,了本無速。祖曰:如是。於時大衆無不愕然。方具威儀參禮,須臾告辭。祖曰:返太速乎?師曰:本自不動,豈有速乎?祖曰:誰知非動。師曰:仁者自生分别。祖曰:汝甚無生意。曰:無生豈有意耶?祖曰:無意誰當分别。曰:分别亦非意。祖曰:善哉!少留一宿。時謂一宿覺。”據此問答,乃是勘辨之辭,謂逃逝天台,螟蛉達磨,夷考當時徵詰之語，亦未逃逝螟蛉也。《傳燈》云："青原初參六祖，問曰：當何所務即不落階級。祖曰：汝曾作什麽來？師曰：聖諦亦不爲。祖曰：落何階級？師曰：聖諦亦不爲，何階級之有？祖深器之。南嶽往參六祖，祖問：甚處來？師云：嵩山來。祖云：什麽物？恁麽來？師云：説似一物即不中。祖云：還假修證否？師云：修證即不無，污染即不得。祖云：即此不污染是諸佛之護念，汝既如是，吾亦如是。"（《聯燈》亦同。《廣燈》、《續燈》則已云師無語，途經八載，忽然有省。）兹三子者，殆先已感悟，大鑒特印證之耳，豈六祖有以教之而後然哉？三子皆不必得法於六祖，而曰六祖得法於東山，可乎？嶺南無六祖者，是數子且自以其道開化建宗。若夫豪傑之士雖無文王猶興，大鑒、永嘉當之也。要之，南宗者誠東土獨有之禪，自唐而始發，無待遠古。伊川猶謂明道接孟氏以來千四百年不傳之道而不懾，南宗不肖之徒乃謂六祖之傳有待於授衣，而多爲假托之辭，亦陋矣。神清曰："但祖師之門，天下歸仁焉，禪德自高，寧俟傳法然後始爲宗教者歟？"胡斯言之諒以壯哉！

六祖禪得之《金剛經》，自昔無此也。《續高僧傳》言："初，達磨禪師以四卷《楞伽》（當是宋譯，故是四卷）授可曰：我觀漢地惟有此經，仁者依行，自得度世。可專附玄理如前所陳。每説法竟，曰：此經四世之後便成名相，亦何可悲！"《法沖傳》：可師後裔盛習此經。《續僧傳》云："那（僧那）、滿（慧滿）等師常賫四卷《楞伽》以爲心要。"是其驗也。張説書神秀碑云："特奉《楞伽》遞身心要。"《壇經》亦云："其壁本欲令處士盧珍繪《楞伽》變相及五祖《血脈圖》。"是自惠可至神秀，皆遞奉《楞伽》，五祖自是以此爲教，烏有教人持《金剛》之説哉？禪宗者流意尊六祖，以六祖悟在《金剛》，遂爲五祖説《金剛》"應無所住"句而悟之説，又并市邸聞誦

《金剛》事亦本其事於五祖。此正契嵩所謂“禪者樸略,學識不臻,累乎先聖,真迹欲張而反更弛”之妄爲之過也。宋張安道《楞伽序》乃云:“達磨西來,既已傳心印於二祖,吾有《楞伽經》四卷亦用付汝,此亦佛與禪并傳而玄與義俱付也。至五祖始易以《金剛經》傳授,故六祖聞讀《金剛經》問所從來,曰蘄州黄梅五祖。則是持《金剛經》者始於五祖,故《金剛》以是盛行於世,而《楞伽》遂無傳。”是誤聽《壇經》之説也,豈知五祖、神秀皆傳《楞伽》,并未廢棄哉。《人天眼目》五稱:“僧自聰問達觀穎和尚曰:達磨大師自西天帶《楞伽經》四卷來,是否?答曰:非也,好事者爲之耳。且達磨單傳心印,不立文字,直指人心,見性見佛,豈有四卷經耶?聰曰:《寶林傳》亦如是説。穎曰:編修者不暇詳討矣。”仰山寂禪師亦嘗辯此,其事甚明。夫達磨以至神秀皆傳《楞伽》,非同虚構。仰山達觀執大鑒之道以疑達磨,遂并傳《楞伽》一事亦疑之。圭峯言諸祖初以教乘兼行,後更單傳心印;古禪之與今禪誠不可以不辨。非然,則牴牾兩傷而疑論叢生矣。

載《内學》第一輯,一九二四年十二月南京出版,兹據整理。

唯識新羅學

昔奘師傳譯唯識，初功之際，十釋别翻，昉、尚、光、基四人同受。乃數期之後，基求退迹，思獨參糅；奘乃理遣三賢，唯基枕膝。而西明圓測賂守門者，爰得隱聽，歸綴義章。奘講瑜伽，還同前盗，斯乃聽受之不後基也。著《唯識疏》、《鈔》，天下分行。是三藏之學，唯基與測，共禀要玄。自爾釋家，遂分兩派。慧沼、智周、道邕、如理恪宗基説，道證、義寂、景興、泰賢朋比測義，詆諆相尋，勢成冰炭。偶稽新羅史籍云：道證自唐還；而《西明塔銘》謂圓測爲新羅國王之孫；至若憬興、義寂、元曉、泰賢，皆係新羅國人，實見《章疏目録》。蓋測師析薪奘公之門，唯識之學，别成新羅一宗。而窺基之傳，獨行中土，自元昉受法於濮陽，傳之善珠，又復大行於扶桑三島。唐末喪亂，諸家章疏，并就淪没。南唐、北宋，華嚴、法華兩宗，還自高麗。迄於清末，慈恩、嘉祥諸家，歸由日本。獨新羅西明一支，沉薶莫顯，當已絶迹於天壤間也。《古迹記》中奘公、測師問答語句，纍纍猶存。是雖盗聽於前，還得親炙於後。此《塔銘》所謂奘公一見，契合莫逆，即命付《瑜伽》、《成唯識》等論者也。奘公門下，車有二輪，相反相成，豈能偏廢，爰收拾墜文，述其絶義，意在備此一家，非敢妄袒左右。

《論》言：此中何法，名爲種子，謂本識中親生自果，功能差别。智周設問：異熟習氣爲因相不？答：《傳》有二釋：一云因相，論舉親生,影顯業種。二云但取等流習氣,故今此云親生自果。考之測說,則云理實有支亦是因相,然且説親名言種子。此之所論,義符《演秘》所傳初釋。基師則云:親生自果,簡異熟因,望所生果,非種子故,要望自品能親生故。此則義符《演秘》次釋。可見基、測同異,實自舊傳,各有所宗,非同鄉壁。

《論》言:若諸種子,不由熏生如何轉識與阿賴耶識,有因緣義。非熏令長,可名因緣,勿善惡業,與異熟果,爲因緣故。測師則云:善惡業與異熟果應成因緣,能增長異熟果故。證師申之則云:現業支種,此種能增長現異熟果故,應是因緣。是新羅一派,立義顯背《論》文。然基師設難有云:或復業種,增名言種,應是因緣。而靈泰於此一再申言,此疏文第二難,即是三藏法師解也。則測師之背《論》文,由基師之違奘説,測豈無據而敢然耶?所緣緣義,六於五無,《論》有明簡。而測亦説意識所變,亦爲五質。慧觀則言:相傳三藏云,五識得用第六變影色爲質,亦是例也。

蔣君唯心言:測、證之説與基師反、與《論》文逆,故慧沼斥之爲種增、現增、未生增、已生增。又下云:感勝異熟,爲出世法勝增上緣。測師引《攝論》:無性云:此非異熟因,能對治彼故,即增上果,假名異熟。又直駁《論》文之感異熟曰:皆感引滿,然非異熟。按無性宗難陀,測引無性以立宗,其背景固了然也。《唯識論》每引《攝大乘論》,窺基必同世親,而圓測則黨無性,無性系出難陀,則又事之可得證明者也。

《論》遮異熟心心所等勢力羸劣,故非能熏。測師云:威儀等三,定是能熏。業感異熟心心所等,護法無異分別,門人分成兩釋:一云一切業處,定不能熏,唯法爾生,劣故業助。若依此説,異熟心心所等,六識滿業所感心心所等。一云感有二:强者熏,劣即不能。

依若此説,等取劣者。三藏意取後者爲勝。而基師等彼相分,或六識中異熟生無記,此舉第八異熟心心所等六識中業所引者。基師之所述,即是護法門下第一釋。奘、測所取,即是護法門下第二釋。蓋奘公時於一義并傳二釋,或更三釋。唐賢所述,其例實繁,唯基與測各執所聞,宗義唯期本於護法,去取何嫌異於奘公。

《論》言無始時來,有無漏種,不由熏習,法爾成就,後勝進位,熏令增長,無漏法起,以此爲因。測師説發心以後,用增非體,初起無漏,用此爲因。後起無漏,以何種生。護法正宗,新舊共生,勢力等故。然如理説:由世第一法中聽聞熏習,聞净法界等流正法,故有漏加行心增勝故,爲增上緣。熏世第一位中本有無漏種子。即此種子,有勢力故,能生後念自類法爾之種。即此前念無漏種子,復能爲因,能引後念轉生之種。即第二念法爾自類種,及同時轉生種。緣力既齊,同生見道現行無分别智,然轉生種子義,是不正義師。故今共傳受護法門徒作如是解。按此如理所謂護法門徒不正義師,固即圓測所謂護法正宗。斯則基、測二師,各傳護法門下之一派,皆自謂正宗,斥他不正,事理固自顯白也。

由上所説推而論之,考《古迹記》中述奘公説護法弟子法爾新熏生果二釋:調伏光云:新舊二種,一正生時,餘唯助力,不生一芽。最勝子云:勢力齊者,共生一果,如一麥子,種微分故。奘公門下窺基、圓測陳義不同,諒即本於護法門下調伏光、最勝子二家之各别歟! 蓋護法之前,言種子義厥有二宗:月藏唯説本有,難陀唯説新熏,護法則本、新兩取。護法而後,復有二宗:調伏光説正生時,餘唯助力,則因緣之義狹。最勝子説勢力齊者,共生一果,則因緣之義寬。斯前者爲新、本之争,後者爲廣、狹之辨。基師義取狹,故云親生自果,簡異熟因。測師義取寬,故云理實有支亦是因相。此異熟習氣爲因相不一間,而一云但取等流習氣,一云影顯業種,而二釋别也。唯狹則非熏令長,可名因緣,勿善惡業與異熟果爲因緣故。唯廣故許善惡業與異熟果應成因緣,以能增長異熟果故。而奘公云:或復業種增名言種,應是因緣,而義朋於廣。業感異熟心心所等一問,唯狹故答一切業感,定不能熏,唯法爾生。唯廣故答業感有二,强者能熏,劣即不能。三藏義取後解爲勝,而義朋於廣。廣則義偏於新熏,狹則説黨於本有。道證因言:三藏相傳,種生勝現,由勝現力,攝種成勝,種是現熏,氣分功能,其相微闇,不勝現熏。蓋主廣者,種劣現勝,故説有支亦是因相。審是,則窺基一派宗調伏光,圓測一派宗最勝子。而三藏法師則朋最勝子,然調伏光是奘公之師,人非甚古可知。而基師云:諸法師等皆言護法解脱分等,有新種生。靈泰申之云:未有《唯識論》以前,即上古已來諸法師説,資糧加行位,由有漏聞思熏習故,即本有無漏種上,又别新生一個無漏種子。今解不然。生義應不在資糧加行位,但由有漏聞熏習,傍資無漏令增長。此云上古以來諸法師説,即最勝子一派所本。如理所謂護法門徒所謂不正師也。此新生無漏種子,即先所謂轉生種。基《疏》喚轉生種子名新熏種。理復設問,轉生種子不從本有生,可名新熏。還從本有而起,何名新熏?以聞正法而生新種,於此師義,何勞轉生。此測師所謂用增非體,初無漏因者耶?如理《疏》稱難陀師云:從清净法界流出大智,乃至化身爲有情等,説此妙法。諸有情等聽聞熏習,所生種子,種子後時生出世心。從本而言,名真如所緣,緣種子生,望遠説是佛所説。智周所述勝軍論師説亦同此。圓測所述最勝子義,導源難陀。泰稱今解不然,即調伏光一派之義。基云:護月但令種子增長,是窺基所述調伏光義,導源護月。調伏光即晚世末師,護月亦居難陀之後。難陀、勝子,所謂十大論師,調伏光、月藏不與焉。知其説不顯於西竺。難陀、勝子諒盛行於古時,此奘公所以取焉者耶?

測師又云:三乘初生見道,無漏應不得生,以無現行無漏熏故。道證亦云:初生無漏,非無漏種生,有漏無漏,隨一初生攝故,如解脱分善。斯亦種劣現勝之説。用增非體,義尤屢見。其引《婆沙》二十七云:分别論者,心之染凈,如銅器等,垢凈位也,既無凈熏,而有因生,故今論主兼引遮破。夫分别論以心本静爲無漏因,測説既無凈熏,故須遮破,則測主凡種皆熏,義尤明確。《學記》設問:彼宗許有無漏種子,何須現行性凈爲因?測答:彼宗二因:一本性因,即無漏種;一擊發因,即心本性。彼宗擊發本性,還本性心,非他凈現,還自無漏。道證亦云:彼三性由現有染,雖非無漏,本性凈故,所熏成種,即成無漏。此種通生有漏無漏,初生無漏,以此爲因,既三性熏,漏、無漏俱,與出世道豈正因緣。基師《疏》云:即大衆一説説出世難胤四部因諍無漏無因緣故。即大乘唯説新熏,心溷師等名分别論,亦作是説。慧沼云:或大乘異師有種子故。是基、沼一派説分别論是新熏、心溷兩家。測、證一派説分别論三性熏種,生漏無漏,既無凈熏,而無漏道起。顯分别論,唯心溷師,以此宗之祖新熏也。雖主新熏,而非有漏得生無漏。測云:有漏不能生異類,漏無漏中,隨一攝故,斯則遠異於心溷師。基於牽引因説勿見大論此得涅槃爲凈因故,無爲爲果,無爲疏遠非因生故,論不説得離繫果。測云:此論約親,實引無爲,《菩薩地》云:種性具足,證二涅槃牽引因故。又相違因,測云兩釋:一云唯取有爲,無爲寂静因故。一云通有爲無爲。《三藏》存後。豈有爲法,正生無爲。《古迹記》問此相違因,以何爲果?測云:由障礙力,令法不生,及不住等,即是彼果。又别説言順違法爲增上緣,非正因緣。説牽引因,測、基迴别。然測師云:能引自類及引同時自類現行,是因緣性。即自問云:若爾如何牽引種子爲因緣性?《解》云:實非因緣,然菩薩地假名因緣,因緣類故。基、測二師説牽引因假實不同,故亦無妨,顯此家學,無有無爲爲因緣失。寶法師《解》即以真如爲無漏種子,由此真如所緣緣能生無漏聖智,以有能生義故,亦立種名。基《疏》云:舊人云真如是諸法種子者,非也。道證云:如雖受熏,不爲法因,但所持種爲法因故。寶師誤所緣緣於因緣義,即爲心瀶家説。證師説如爲有爲法,即如來藏,義亦無違。雖異於基,亦不同寶説。三性與七真如云何相攝?三藏云:此有二義:一者七如唯净法界,除實相一,餘依主釋。一云流轉等法,各如其性,名爲真如,皆持業釋。此中流轉;測云:唯取惑業所爲。基師云:一切生滅之如。基師述奘公初義,故説生滅寬,説真如狹。測師述奘公後義,故説生滅狹,説真如寬。説如既寬,則真如受熏持種,即如來藏,義亦無妨。故西明一派非心瀶家。其説雖由種子必藉現行,比於新熏家説,然既許有法爾無漏種子,即仍是護法正宗。如釋法爾名本性住,新熏種子名習所成,信前名性種,信後名習種。然仁王等習初性後,由習成性,故不相違,顯是許有本有種子。《古迹記》言:初道無正無漏因緣,是難陀義與此大殊,故非難陀一宗。然雖許法爾,而習初性後,蓋護法門下勝子義然。既謂法爾無漏種子,劣而非勝,則於依無漏種子有無以判五種性之義,自不主五性永别,而信一切衆生皆得成佛。此宗近宗最勝子,而略近難陀,雖立異於窺基,而大别於心瀶。窺基則近宗調伏光,而略近於護月。圓測所取,皆西土之舊義;窺基所取,於西土爲新説。奘公固學唯識於勝軍論師,勝軍唯新熏習,初起無漏,不從因緣。奘公又學瑜伽於戒賢,戒賢立新舊二熏,新舊和合,方生聖道。則奘公之側重舊義,師法則然。奘公又學顯宗對法於調伏光，調伏光以一正生時，餘唯助力。奘公并傳諸説，窺基獨契調伏光之新説，圓測篤信最勝子之舊義，雖同師三藏，而見仁見智，如鼠飲於河。護法之門，調伏光、最勝子既二派分流；奘公之門，窺基、圓測亦殊途競秀。今者佛法重光，基、沼之學大顯，而勝子、西明之墜緒，寂寞無稱。不慧智短學疏，豈能堪是，乃以餘暇掇拾新羅諸家之佚文，兼勘窺基一派之别義，遂得草成此篇，略述一家之宗趣，兼推其學脈之淵源。非敢於是楷定奘公之真，姑以考圓測與衆家異同之故，慚汲古之非修綆，故削牘益用汗顔。

載《微妙聲》第七期，一九三七年北京出版，兹據整理。

楊朱學派考

孟子稱："楊朱、墨翟之言盈天下，天下之言，不歸楊則歸墨。"而楊氏之言不多見，後之流變亦不可考，未能如墨氏之顯，則安見其言之盈天下？然以"爲我"之旨言之，則後來之傳，亦有可尋。《吕氏春秋·執一》稱："楚王問爲國於詹子，詹子對曰：'何聞爲身，不聞爲國。'"《莊子·讓王》稱瞻子之答中山公子牟曰："重生則輕利。"曰："不能自勝而强不從者，此之謂重傷，重傷之人，無壽類也。"此瞻子應即詹何。孟子謂："楊子取爲我，拔一毛而利天下不爲也。"《吕覽·不二》言："楊生貴己。"《淮南·氾論》言："全性保真，不以物累形，楊子之所立也，而孟子非之。"是瞻何爲楊朱之徒，於"尊生"之義爲近也。子華子殆亦"貴己"之徒，《吕氏春秋·貴生》稱："子華子曰：'全生爲上，虧生次之，死次之，迫生爲下。'故所謂尊生者，全生之謂；所謂全生者，六欲皆得其宜也。所謂虧生者，六欲分得其宜也。虧生則於其尊之者薄矣，其虧彌甚者也，其尊彌薄。所謂死者，無有所以知復其未生也。所謂迫生者，六欲莫得其宜也，皆獲其所甚惡者，服是也，辱是也；辱莫大於不義，故不義，迫生也，而迫生非獨不義也，故曰迫生不若死。"所謂全生之義，殆與楊氏之説不殊。《吕氏春秋·盡數》言："天生陰陽寒暑燥濕，四時之化，萬物之變，莫不爲利，莫不爲害。聖人察陰陽之宜、辨萬物之利以便生，故精神安乎形，而年壽得長焉。長也者，非短而續之也，畢其數也，畢數之務，在於去害。”知由尊生全性之説，進而爲畢其數、終其壽、全其天，與長生久視之説爲鄰也。《吕氏春秋・重己》説：“世之人主貴人，無賢不肖，莫不欲長生久視，而日逆其生，欲之何益。凡生之長也，順之也，使生不順者，欲也，故聖人必先適欲，……所以養性也。”殆長生久視世徒有其説，而欲之者非其道，故吕氏猶譏之。至《適音》之説而義益高，其論曰：“樂之務在於和心，和心在於行適。夫樂有適，心亦有適，人之情欲壽而惡夭，欲安而惡危、欲榮而惡辱，欲逸而惡勞，四欲得，四惡除，則心適矣。四欲之得也，在於勝理，勝理以治生則生全，生全則壽長矣。”是則生全壽長之方，歸於理勝，與子華子“辱莫大於不義，不義迫生也，迫生不若死”之説，若爲表裡，而義終於孟子所謂“舍生取義”，則又安取乎長生久視不死之術哉！則詹何、楊朱、子華、吕氏之流，持論若一貫，其淵源宜有自也。《吕覽・審爲》載：子華子見昭釐侯曰：“今使天下書銘於君之前，書之曰：左手攫之則右手廢，右手攫之則左手廢，然而攫之必有天下，君將攫之乎？……自是觀之，兩臂重於天下也，身又重於兩臂。韓之輕於天下遠，今之所争者，其輕於韓又遠，君因愁身傷生以憂之，臧不得也。”此顯爲楊朱之義。《吕覽・誣徒》又稱子華子曰：“王者樂其所以王，亡者亦樂其所以亡，故烹獸不足盡獸，嗜其脯則幾矣！然則王者有嗜乎理義也，亡者亦有嗜乎暴慢也，所嗜不同，故其福禍亦不同。”知子華子貴生而亦貴義，故有不義不若死之論。《莊子・胠篋》篇言：“削曾、史之行，鉗楊、墨之口，攘棄仁義，而天下之德始玄同矣。”是曾、史、楊、墨并爲仁義，知楊朱亦爲仁義與子華子同。孟子斥楊、墨爲“邪説誣民，充塞仁義”，正以楊、墨與孔、孟同言仁義而亂其實，故深絶之耳。凡孟子與告子之辯，皆以其言仁義似是而非，非以其不言仁義也。

《秋水》篇言：公孫龍問於魏牟曰："龍少學先王之道，長而明仁義之行，合同異，離堅白，然不然，可不可，困百家之知，窮衆口之辯。"是公孫龍亦仁義之徒，楊朱不足爲異也。《駢拇》言："駢於辯者，纍瓦結繩，竄句游心於堅白同異之間，而敝跬譽無用之言，非乎，而楊、墨是也。"墨子爲仁義、爲辯者，楊朱亦爲仁義、爲辯者。蓋仁義爲三古以來之教，楊、墨、孟、荀、公孫龍、告子之徒皆歸本於仁義，而義各不同，故孟子必辭而闢之，蓋以其近似足以亂真也。《莊子·駢拇》言："有虞氏招仁義以撓天下也，天下莫不奔命於仁義。"《在宥》又曰："昔者黄帝始以仁義攖人之心。"故曰：仁義三古之教也。子華子之重生而貴義，實爲楊朱之徒，而非莊、老之徒也。楊言尊生、言仁義，莊皆反之，此其不同之彰彰者歟！則《吕覽·適音》各篇，固本之子華、楊朱者也，凡《本生》、《重己》、《貴生》諸篇，殆皆取之楊朱、子華之説也。孟子言楊朱、墨翟之言盈天下，又曰：今天下不之楊則之墨，楊氏之言後乃少所概見，得詹何、子華之説也而附益之，而後此宗之學若可尋也。

《管子》書《立政九敗》言："寢兵之説勝，則險阻不守；兼愛之説勝，則士卒不戰；全生之説勝，則廉恥不立；私議自貴之説勝，則上令不行。""寢兵"、"兼愛"爲墨家言，"全生"、"自貴"爲楊子言，此管書之并攻楊、墨，此九敗之四也。而管書《立政九敗解》重釋"全生"之弊言："人君唯無好全生，則群臣皆全其生，而生又養生，養何也，曰滋味也，聲色也，然後爲養生。然則從欲妄行，男女無别，反於禽獸，然則禮義廉恥不立，人君無以自守也。"依此以言，知它囂、魏牟亦楊朱一系之學也。荀卿書《非十二子》言："縱情性，安恣睢，禽獸行，不足以合文通治，是它囂、魏牟也。"荀氏所謂正有合於管書"全生"之説。《趙策三》言公子牟語應侯曰："夫貴不與富期而富至,富不與粱肉期而粱肉至,粱肉不與驕奢期而驕奢至,驕奢不與死亡期而死亡至,前世坐此者多矣。"是亦不以富貴累生,不拔一毛以利天下之説,謂魏牟爲"反於禽獸",特以"不足合文通治"言之,謂之"安恣雎,禽獸行",過也。《盜跖》一篇之意,或庶幾於此,而禮義廉恥不得立也,則楊朱末流之弊也。然死名死利,其失惟均,《盜跖》固以死名爲譏,亦何嘗以死利東陵爲是,則魏牟一派弊或至於是,猶孟子無父無君之責,而公子牟未必然也。《莊子·讓王》稱:"公子牟謂瞻子曰:'身在江海之上,心居魏闕之下,奈何?'瞻子曰:'重生,重生則利輕。'中山公子牟曰:'雖知之,未能自勝也。'瞻子曰:'……不能自勝而强不從者,此之謂重傷,重傷之人,無壽類矣。'魏牟,萬乘之公子也,其隱崖穴也,難爲於布衣之士,雖未至乎道,可謂有其意也。"是魏牟固"刻意尚行、離世異俗"之士,瞻子重傷之説,或近於"縱情性、安恣雎"。前論詹何、子華爲楊子之學,豈魏牟又詹何之徒歟!《九敗解》重釋"自貴"之弊曰:"私議自貴,則民退静,隱伏窟穴,就山,非世間,上輕爵禄而賤有司,然則令不行、禁不止。"則知陳仲、史鰌亦爲楊朱自貴之學者也。《齊策四》言:趙威后問齊使曰:"於陵子仲尚存乎?是其爲人也,上不臣於王,下不治其家,中不索交於諸侯,此率民而出於無用者,何爲至今不殺乎?"《韓非子·外儲説左上》言:"齊有居士田仲者,宋人屈穀見之曰:'穀聞先生之義,不恃人而食,……'今田仲不恃人而食,亦無益人之國,亦堅瓠之類也。"此伏窟輕世間之事也。孟子言:仲子,齊之世家也,以兄之禄爲不義之禄而不食也,以兄之室爲不義之室而不居也,避兄離母,處於於陵,身織屨,妻辟纑,三日不食,耳無聞,目無見也。知陳仲亦持仁義之説,處於於陵,三日不食,正所謂"忍情性"。《荀子·非十二子》言:"忍情性,綦谿利跂,苟以分異人爲高,不足以合大衆、明大分,是陳仲、史鰌也。”而二子亦楊朱之學者也。卿書《不苟》篇言:“盜名不如盜貨,田仲、史鰌不如盜也。”然則《盜跖》一篇所誚,豈詹何、魏牟之徒譏陳仲輩死名之所爲乎?《讓王》一篇,純爲“不拔一毛而利天下”之義,以全生爲主,真所謂無益於人之國;殿之以瞀光沉廬水,夷齊餓死首陽之事,則迫生不若死之説,苟又陳仲子之徒有憾於重傷之論而爲之説乎!陳仲之“忍情性”,有似墨家之“自苦爲極”,然以“出於無用”言之,則誠遠於墨氏。《韓詩外傳》七有史魚尸諫遽伯玉事,“無益人國”之議,亦未必然。孟子曰:“仲子,不義與之齊國而弗受,人皆信之。”知仲子義不義之辯嚴,不必即“設爲不仕”之説也。堅瓠之譬,要亦過實。《説苑·政理》載:“楊朱見梁王,言治天下如運諸掌然。”則“無君”之訾,亦爲毀詞。是楊朱一家顯有“縱情性”、“忍情性”之二派,猶之儒分爲八,墨離爲三,楊與儒、墨相攻,墨、楊末流分派亦自相攻。曰“分異爲高”,曰“反於禽獸”,皆推極其弊之論,不必即爲事實。是知莊、老南方之道家,非薄仁義如糞土,北方之學固有鄰於道家者,惟其不絀仁義,終與莊、老殊致,則不謂爲道家。凡接予、田駢之論,胥以道家目之,謂與莊、老同術者,後師之誤也。

《莊子》一書,抵牾者多。校書者不能辨而誤入之莊書者每有之。《讓王》諸篇,倘爲楊朱一派之書,爲編者誤入,若是之比,寧止一二。《天下》篇以莊子爲“上與造物者遊,而下與外生死者無終始者爲友”。故又曰:“死與?生與?天地并與?神明往與?”是《莊子》一書,以外生死爲主,《刻意》、《繕性》、《至樂》諸篇乃其義。然則以全形保生爲義者,非莊子之説也,證以《天下》篇而可決也。試詳言之,《莊子·盜跖》篇以夷、齊、鮑焦、申徒狄、介之推皆“離

(罹)名輕死,不念本養壽者也”。而言:“人之情,目欲視色,耳欲聽聲,口欲察味,志氣欲盈,人上壽百歲,中壽八十,下壽六十,除病瘦之訛死喪憂患,其中開口而笑者,一月之中不過四五日而已也……不能説其志意,養其壽命者,皆非通道者。”此真“縱情性、安恣睢、禽獸行”者之言。次以子張、滿苟得之問答,無足、知和之問答,義亦同是。滿苟得之言曰:“小人殉財,君子殉名,其所以變其情、易其性則異矣,乃至於棄其所爲而殉其所不爲,則一也。”此亦縱情性之説。而子張訾之曰:“子不爲行,即將疏戚無倫,貴賤無義,長幼無序,五紀六位將何以别乎?”又曰:“盍不爲行。”正以其禽獸行也。無足之言曰:“夫見下貴者,所以長生安體樂意之道也。……且夫聲色、滋味、權勢之於人,心不待學而樂之,體不待象而安之,夫欲惡避就,固不待師,此人之性也,天下雖非我,孰能辭之。……必持其名,苦體絶甘,約養以持生,則亦久病長阨而不死者也。”此縱情性、安恣睢之言也。而一皆歸於長生養壽,故曰此楊朱之徒而主於縱情性者之説也。《讓王》篇言:“子州支父曰:‘我適有幽憂之病,方且治之,未暇治天下也。’夫天下至重也,而不以害其生,又况他物乎?……子州支伯曰:‘予適有幽憂之病,方且治之,未暇治天下也。’故天下大器也,而不以易生。……夫太王亶父可謂能尊生矣,能尊生者,雖富貴不以養其身,雖貧賤不以利累形。……若王子搜者可謂不以國傷生矣。……若顔闔者,真惡富貴也,故曰:‘道之真,以治身,其餘緒以爲國家,其土苴以治天下。’由此觀之,帝王之功,聖主之餘事也,非所以完身養生也。”此皆以忍情性損嗜欲爲主,而一皆歸乎養生完身,則亦楊朱之徒也。《讓王》又言:“北人無擇曰:‘……又欲以其辱行漫我……吾羞見之。’因自投清泠之淵。……卞隨曰:‘……吾生乎亂世,而無道之人再來漫我以辱其行,吾不忍數聞也。'乃自投椆水而死。……瞀光曰:'……非其義者,不受其禄,無道之世,不踐其土,况尊我乎？吾不忍久見也。'乃負石而自沉於廬水。……伯夷、叔齊曰:'……今天下闇,周德衰……不如避之,以絜吾行。'二子北至於首陽之山,遂餓而死焉。"此固迫生不如死之說,而以"忍情性,綦谿利跂"者也。《盗跖》之徒,絶棄仁義,詆諆仲尼,而《讓王》篇中卞隨之流,不廢仁義,亦許孔子,此爲二者之大别。《盗跖》比夷、齊、鮑焦、介之推於"磔犬流豕,操瓢而乞"。玆數子者正《讓王》之所美,是楊朱末流相攻之事亦劇,而子華之徒要合於陳仲,亦於楊朱爲近,《讓王》之所陳義竟高於《盗跖》也。以莊書言之,《駢拇》、《馬蹄》、《胠篋》、《在宥》諸篇,於魏牟一派爲合,"無爲君子,無爲小人",殉財殉名之説,先後一貫,非其證歟？而《天地》、《天道》、《天運》諸篇,於陳仲一派爲近。彼或嘲笑仲尼,此則譽之,亦於是顯分。而皆不離衛生養生之説。至《刻意》、《繕性》、《至樂》諸篇,又鄙乎長生之爲,而意又不同。以《天下》篇言之,此正莊周之言,而異乎楊朱者也。若《達生》、《山木》諸篇,皆以生爲貴,不呰孔子,而實於孔爲遠;視《天道》諸篇,雖呰孔而實於孔爲近者又殊。《天道》諸篇皆陳仁義之本,故於旨爲尤高。而《達生》諸篇,則置仁義於不論也。則《莊子》一編,固道家者流一大叢書。各家異義,皆略可於其間推而知也。至田駢、慎到之流,亦源於楊朱之説,一變而爲黄老之術。崔東壁謂黄老即楊朱一派,義近之也。俟於後篇論之。蓋田駢之流,亦詹何、魏牟全生養年之道,而亦楊朱之徒也。此固北方之學也。田駢、接予之屬皆齊人,説與老、莊大同,故《漢志》并係之道家,而道家要以北人爲多。苟以仁義之説衡之,北方之道家楊朱之徒 ,不廢仁義,斯爲正宗。而莊周南方之學,翻爲支派也。

田駢、接予皆齊人,《漢志》列之道家,此固北方之道家。《齊策四》言:齊人見田駢曰:“聞先生高義,設爲不宦而願爲役。”此亦於陵仲子之比也。《吕覽·執一》言:田駢以道術説齊王曰:“博言之,豈獨齊國之政哉,變化應求而皆有章,因性任物而莫不宜當,彭祖以壽,三代以昌,五帝以昭,神農以鴻。”是田駢亦詹何、魏牟全生養年之道也。斯亦楊朱之徒,此固北方之學也。而“因性任物”“變化應求”之論爲尤高。此正所謂“因循”之義也。司馬談《論六家要旨》以爲道家“以虛無爲本,以因循爲用”。又曰:“虛者,道之常也;因者,君之綱也。”蓋虛無者,莊周一流之所同,而因循者,田駢一流之所獨異也。其曰:“有法無法,因時爲業,有度無度,因物與合。”正荀卿《非十二子》所譏:“尚法而無法,下修而好作,上則取聽於上,下則取從於俗,終日言成文典,反紃察之,則倜然無所歸宿,不可以經國定分。……是慎到、田駢也。”其曰:“神大用則竭,形大勞則敝,欲與天地長久,非所聞也。”又曰:“凡人所生者神也,所托者形也,形神離則死。神者,生之本也,形者,生之具也,不先定其神,而曰我有以治天下,何由哉?”斯皆全生尊生之旨也。田、慎因循之説,有法無法之義,始可流而爲申、韓之言術,然則法家源於道德之説,謂田、慎因循,非謂莊、老之虛無也。《荀子·解蔽》以“慎子蔽於法而不知賢”,此正法之源於田、慎也。《吕氏春秋·序意》稱文信侯曰:“爰有大圜在上,大矩在下……古之清世,是法天地。凡十二紀者,所以紀治亂存亡也,所以知壽夭吉凶也,上揆之天,下驗之地,中審之人,若此則是非可不可無所遁矣。……三者咸當,無爲而行。行也者,行其理也,行數循其理,平其私。夫私視使目盲,私德使耳聾,私慮使心狂。三者皆私設精,則智無由公。”斯亦田駢之道,若莊周則又“惡乎可?惡乎不可?”“不譴是非”者也。知吕氏以下所謂“言黄老意”者，皆指田子之術，而非謂莊生之義也。《天下》篇之眥彭蒙、田、慎，得司馬、吕氏之言而旨益顯，以不離因循者爲主。其曰：“公而不黨，易而無私，決然無主，趣物而不兩，不顧於慮，不謀於知，於物無擇，與之俱往。”此正任物因性之説，平其私，私設則智無由公之説也。故主乎“棄知去己，而緣不得已，泠汰於物，以爲道理”。“不師智慮，不知前後，魏然而已矣。推而後行，曳而後往，若飄風之還，若羽之旋。”“夫無知之物，無建己之患，無用知之累，動静不離於理。”此皆因物循理之説也。“推拍輐斷，與物宛轉。”是皆因循之義。北方之學，蓋以此爲中心，於論爲最高。乃《天下》篇斥之曰：“彭蒙、田駢、慎到不知道。”此正徒知虛無之徒，未解因循之旨。若關尹、老聃、莊周之風，於此區以别也。司馬談言道家“使人精神專一，動合無形，贍足萬物。爲其術也，因陰陽之大順，采儒墨之善，撮名法之要，與時遷移，應物變化。立俗施事，無所不宜。指約而易操，事少而功多”。此皆田駢、慎到之術，而非莊周之旨。李耳作書，并申子言術而亦取之，奚止田駢。則晚周以來，黄、老大盛，雜家者起，匯九流而一之，正田駢、慎到之學，乃足以當之。莊周繆幽之談，未得與於是也。

余前撰《儒家哲學思想之發展》，以《管子》書《心術》、《内業》，義合於慎到，實管書之有取於慎子。由今視之，益爲信然。《心術》言：“恬愉無爲，去智與故，其應也非所設也，其動也非所取也，過在自用，罪在變化，是故有道之君，其處也若無知，其應物也若偶之，静因之道也。”其《解》曰：“因也者，舍己而以物爲法者也，感而後應，非所設也，緣理而動，非所取也，過在自用，罪在變化，自用則不虛，不虛則仵於物矣，變化則爲生，爲生則亂矣。……君子之處也若無知，言至虛也，其應物若偶之，言時適也。”此正慎到之“棄知去己而緣不得已，泠汰於物以爲道理”。“無建己之患，無用知之累，動静不離於理。”此誠所謂“塊不失道，魏然而已”者也。又曰：“聖人之道，若存若亡……與時變而不化，應物而不移，日用之而不化。”此正所謂“因時爲業，因物與合”者也。《六帖》十一、《御覽》七百六十八引《慎子》：“行海者坐而至越，有舟也；行陸者立而至秦，有車也。秦、越遠途也，安坐而至者，械也。”此文適在《吕覽·貴因》篇，知此《貴因》之文，即本之慎到。其言曰：“三代所寶莫如因，因則無敵，禹通三江五湖，溝迴陸注之東海，因水之力也。舜一徙成邑，再徙成都，三徙成國，而堯授之禪位，因人之心也。湯、武以千乘制夏、商，因民之欲也。如秦者立而至，有車也；適越者坐而至，有舟也。秦、越遠途也，静立安坐而至者，因其械也。武王使人候殷，反報岐周曰：‘殷其亂矣。’……故選車三百乘，虎賁三千人，朝要甲子之期，而紂爲禽，則武王固知其無與爲敵也。因其所用，何敵之有矣？”“夫審天者，察列星而知四時，因也。推歷者，視月行而知晦朔，因也。禹之裸國，裸入衣出，因也。墨子見荆王，錦衣吹笙，因也。孔子道彌子瑕見釐夫人，因也。湯、武遭亂世，臨苦民，揚其義，成其功，因也。故因則功，專則拙，因者無敵。”此貴因之義。然管書所存因循之説則精，而《吕覽》所徵貴因之文稍淺薄無深致也。《貴因》之次篇爲《察今》，其言“夫不敢議法者衆庶也，以死守法者有司也，因時變法者賢主也”。《藝文類聚》五十四引《慎子》，全符此文。則《察今》一篇亦取之《慎子》。知荀卿法後王之義，亦有取於《慎子》也。貴因之前爲《順説》，不廣，二篇并皆論因，似亦慎子一派之説。《韓非·難勢》一篇，舉慎子之言曰：“堯爲匹夫不能治三人，而桀爲天子能亂天下。”非子舉其説，從而伸之，則貴勢者，慎到之義也。吕氏書《慎勢》一篇，即徵慎子“一兔走，百人逐之。積兔滿市,行者不顧"。其曰"湯、武之賢,而猶藉知乎勢,又況不及湯、武者乎",與韓非所舉之説,旨義相符。《慎勢》一篇之本於慎到又審矣。《慎勢》篇之前爲《知度》,《知度》之論曰:"故有道之主,因而不爲,責而不詔,去想去意,静虚以待。"又曰:"君服性命之情,去愛惡之心,用虚無爲本,以聽有用之言,謂之朝。……上服性命之情,則理義之士至矣,法則之用植矣,枉辟邪撓之人退矣,貪得僞詐之曹遠矣。故治天下之要……存乎治道,治道之要,存乎知性命。"其前復有《任數》一篇,言曰:"至智棄智,至仁忘仁……静以待時,時至而應,心暇者勝。凡應之理,清净公素而正始卒,焉此治紀,無唱有和,無先有隨。古之王者,其所爲少,其所因多。因者,君術也;爲者,臣道也。爲則擾矣,因則静矣。因冬爲寒,因夏爲暑,君奚事哉?""無先有隨",正《荀子・正論》所謂"慎子有見於後,無見於先"。亦正《天下》篇所謂"推而後行,曳而後往","而緣不得已"。《羣書治要》引《慎子》有《因循》篇,曰:"天道因則大,化則細,因也者,因人之情也。"是因循固慎子思想之核心。然則《審分覽》諸篇,皆依慎子之義,合因循、虚無爲一説,固精於《貴因》也。静因之旨,誠田駢、慎到言學之根荄,於義爲最精者也。

管書言:"因也者,舍己而以物爲法者也。感而後應,非所設也,緣理而動,非所取也。過在自用,自用則不虚,不虚則忤於物矣。"此釋"去智與故",而"静因之道"也。余前以爲此與明道之言若合符,斯其精義之不刊者。明道曰:"自私則不能以有爲爲應迹。用智則不能以明覺爲自然。……聖人之喜,以物之當喜,聖人之怒,以物之當怒,是聖人之喜怒不繫於心而繫於物也。是則聖人豈不應於物哉?"《莊子・庚桑楚》言:"出怒不怒,則怒出於不怒矣。

出爲無爲,則爲出於無爲矣。欲静則平氣,欲神則順心。有爲也,欲當則緣於不得已,不得已之類,聖人之道。”此之爲義,而符於宋人之所論。“緣於不得已”者,莊子所謂田、慎之學也。前論管書取之慎子之言倘不謬,則田、慎静因之義,豈不高於莊、荀輩若天之與淵耶?《天下》篇頗訾田、慎,然就學術之流别尋之,二子之道,於此乃以益明。其曰“謑髁無任”,此設不宦之行也。是陳仲之事也,又何用於尚賢。“縱脱無行”,此縱欲妄行,縱情性之説也。是魏牟之事也,又何取於大聖。“於物無擇,與之俱往”,此“其應物也若偶之”。所謂“齊萬物以爲首”,此田子貴均、貴齊之説也。由慎到之學觀之,則安有所謂“禮義廉恥不立”?乃正其所以立禮義廉恥者也。猶詹何之“聞治身不聞治國”,治身乃正所以治國也。又烏有所謂“設爲不宦”,不拔一毛以利天下也。殆極其弊之可至言之耳。《淮南·氾論》言:“墨子之所立而楊子非之,楊子之所立而孟子非之。”墨子摩頂放踵以利天下,而楊子不拔一毛,其相非固事之誠然。以《白心》論之,其言曰:“天不爲一物枉其時,明君聖人亦不爲一人枉其法。天行其所行而萬物被其利,聖人亦行其所行而百姓被其利。……是以聖人之治也,静身以待之,物至而名自治之。正名自治之,奇身名廢,名正法備,則聖人無事。不可常居也,不可廢舍也,隨變斷事也,知時以爲度。”蓋聖人行其行而百姓被其利,静身以待,物至自治,安用拔一毛以利之。拔毛以利,適爲不利也。《心術》篇之言曰:“聖人若天然,無私覆也;若地然,無私載也。私者,亂天下者也。凡物載名而來,聖人因而裁之,而天下治,實不傷不亂於天下,而天下。”此殆以天下之自治自利,拔毛以利之,適以亂之。不亂天下,天下原自治也。又曰:“無爲之道,因也。因也者,無益無損也。”拔毛利之,則益之也,適亂之也。楊子之説,得

《心術》、《白心》之言而義益彰。楊子言不可見，慎到、田駢之徒，引而伸之，推致於極精。不然，則楊子又安能言“治天下如運諸掌乎”？物至自治，聖人無事，此之謂運諸掌也。正《白心》所謂“善舉事者，國人莫知其解者也”。《白心》又言：“孰能法無法乎？始無始乎？終無終乎？弱無弱乎？”此正所謂“上法而無法”，不爲物先，不爲物後，柔弱勝剛强也。又曰：“上之隨天，下之隨人，人不倡不和，天不始不隨。”此亦“上則取聽於上，下則取從於俗”之義也。故曰《白心》、《心術》者、慎到之書，而足以發楊朱之藴也。《荀子·儒效》言“慎、墨不得逞其談”，以慎，墨并舉，知慎子之學於當時之重。尚法而不尚賢之旨，盛倡於慎到，而不復廢仁義，則其上承楊朱而下開申、韓。今《管子》一書，正符慎到此旨。言管書多取之慎氏不其然耶？知儒家之取法家者，取諸慎氏之流，而非申、韓之流。法殷、法夏者，法慎、法墨也。儒家心性之論，亦以兼取道家而益精。以《心術》、《内業》言，則又顯取之慎子耳。

田駢、接予并爲道家，而皆齊人。《莊子·則陽》稱：“季真之莫爲，接予之或使。”而莊書并譏之。“莫爲”者，謂“莫之爲而爲”。“或使”者，謂“若或使之然”。莊子主“天機”“自然”之説，故於二家皆薄之。而《白心》一篇，闡或使之義爲備，以爲因循之本。其言謂：“天或維之，地或載之。天莫之維，則天以墜矣；地莫之載，則地以沉矣。夫天不墜、地不沉，夫或維而載之也。夫又况於人？人有治之辟之，若夫雷鼓之動也。夫不能自摇者，夫或摇之。夫或者何？若然者也。視之則不見，聽之則不聞，灑乎天下滿。……故口爲聲也，耳爲聽也，目有視也，手有指也，足有履也，事物有所比也，當生者生，當死者死。……故書其惡者，言其薄者，上聖之人，口無虚習也，手無虚指也，物至而命之耳。發於名聲，凝於體色，此其可論者也。不發於名聲,不凝於體色,此其不可論者也。及至於至者,教存可也,教亡可也。……無益言,無損言,近可以免。故曰知何知乎?謀何謀乎?……知苟適可爲天下周,内固之一,可爲長久,論而用之,可以爲天下王。……能若夫風與波乎?唯其所欲適。故子而代其父曰義也,臣而代其君曰篡也。篡何能歌,武王是也。故曰孰能去辯與巧,而還與衆人同道。故曰思索精者明益衰,德行修者王道狹。"就此言之,宇宙萬象,皆若或使,口爲聲,耳爲聽,目有視,手有指,足有履,事物有所比,莫非自然而有不得已者存。則又安用損益?又安可損益?正所謂良知上加不得絲毫,復何事拔毛以利之,此無損無益義之至精者也。曰"知何知乎?謀何謀乎"?所謂"若無知之物,無用智之累"者也。曰"孰能去辯與巧,而還與衆人同道",則"無用聖賢"也。"至於至者,教存可也,教亡可也。"所謂"教則不至"也。"能若夫風與波乎?唯其所欲適",所謂"若飄風之還,若羽之旋"者也。《心術》曰:"天之道虚其無形。虚則不屈,無形則無所低忤,無所低忤故徧流萬物而不變。"所謂"道則無遺","於物無擇,與之俱往"者也。曰:"私者,亂天下者也。"此"公而不黨,易而無私"之説也。《白心》言:"萬物歸之,美惡乃自見。"即《吕氏》所謂"是非可不可無所遁",史談所謂"賢不肖自分,黑白乃形"者也。曰"舍是與非,苟可以免",則過也。凡荀、莊所論田、慎之説,皆於此數篇中得其義。若田駢因性之義,接予或使之義,亦於此闡發益明。而爲慎子言勢之根據。是北方道家之言,於兹得其統宗。《白心》曰:"既知行情,乃知養生。"又曰:"内固之一,可爲長久。"則終不離乎尊生、貴己之旨。《内業》一篇,多與《心術》下合,其卒尤專意於全生之旨。其曰:"平正擅胸,論治在心,此以長壽。"又曰:"食莫若無飽,思莫若勿致。"又曰:"飽則疾動,饑則廣思。"斯皆其養生之經也。養生曰所以致長壽也。循環相通,則并屬之楊朱之徒可也。乃莊子既毁田駢、慎到不知道,又誹楊朱而薄接予,是烏可不分别論之。由楊朱、墨翟相繼而起,孟子辭而闢之,以楊墨之皆本於仁義以爲説,接於楊者皆謂之歸楊,近於墨者皆謂之歸墨,遂若其言盈天下也。墨之學至於宋鈃、尹文,楊之學至於田駢、慎到,而義益精;倘又所謂冰寒於水而青出藍者耶!

今慎子僅五篇,而又不完,殆由明人掇輯而成,皆不能出《羣書治要》。《治要》凡七篇,此唐初所傳本也。義高文覈,與晚周所徵論者相發,决爲慎氏之書。今所謂"慎懋賞"本者,掇輯稍富,而雜取墨、孟、韓、莊、《吕覽》、《國策》、《禮記》、《國語》諸家之文,徒增篇幅,於義無當,則誠僞作也。今以《治要》文論之,其《威德》曰:"天有明,不憂人之闇也;地有財,不憂人之貧也;聖人有德,不憂人之危也。天雖不憂人之闇也,闢户牖必取己明焉,則天無事矣;地雖不憂人之貧也,伐木刈草必取己富焉,則地無事;聖人雖不憂人之危也,百姓準上而比於其下,必取己安焉,則聖人無事矣。聖人在上,能無害人,不能使人無害己也,則百姓除其害矣。聖人之有天下也,受之也,非取之也。百姓之於聖人也,養之也,非使聖人養己也。則聖人無事矣。"此《白心》"天行其行而萬物被其利,聖人行其行而百姓被其利"之説也。此《心術》"不亂於天下而天下治"之説也。天下自治,非使聖人養己,則又安用聖人之利天下哉?其《因循》篇曰:"天道因則大,化則細,因也者,因人之情也。人莫不自爲也,化而使之爲我,則莫可得而用矣。是故先王見不受禄者不臣,禄不厚者不與入難。人不得其所以自爲也,則上不取用焉。故用人之自爲,不用人之爲我,則莫不可得而用矣。此之謂因。"因循者,實道家之大用。《心術》言:"人之可殺,以其惡死也;其可不利,以其好利也。”義與此同。《尹文子·聖人》篇引田子曰:“人皆自爲,而不能爲人。故人君之使人,使其自爲用,而不使爲我用。稷(原訛作魏)下先生曰:‘善哉!田子之言。古者君之使臣,求不私愛於己,求顯忠於己。而居官者必能,臨陣者必勇。禄賞之所勸,名法之所齊,不出於己心,不利於己身。語曰:禄薄者不可與經亂,賞輕者不可與入難。此處上者所宜慎者也。’”此徵田子之言,宜即田駢,與慎到因循之論最合。而云“稷下先生”者,未知的指何人。劉向《别録》言:“尹文與宋鈃俱遊稷下。”《宋中興書目》言:“尹文,齊人,劉向以其學本於黄老,居稷下。”《漢志》言:“《宋子》,十八篇,其言黄老意。”“《田子》,二十五篇。名駢,齊人,遊稷下。”《孟荀列傳》言:“慎到,趙人;田駢、接予,齊人;環淵,楚人;皆學黄老道德之術。”又言:“自鄒衍與齊之稷下先生:如淳于髡、慎到、環淵、接予、田駢、鄒奭之徒,各著書言治亂事。”《鹽鐵論·論儒》言:及湣王,“諸儒諫不從,各分散:慎到、接子亡去,田駢如薛,而孫卿適楚”。此見黄老之言起於稷下。田駢、慎到出於楊朱,宋鈃、尹文本之墨翟,皆聚於稷下,而黄老之論於是始倡。《史記·申不害傳》言:“申子之學,本於黄老,而主形名。”《治要》引《申子·大體》言:“凡因之道,身與公無事,無事而天下自極也。”此貴因之説與田、慎同。《漢志》於《慎子》云:“名到,先申、韓,申、韓稱之。”案申子相韓昭侯,故在慎子之先;此云《申子》稱慎到,則是《申子》之書顯出慎子之後;其“學本黄老”,殆亦源於稷下也。《荀子·解蔽》言:“申子蔽於勢而不知知。”由《韓非·難勢》言之,“勢”蓋慎子之言,而申子述之也。《申子·大體》一篇言因,義同《吕覽·任數》之説,要亦申子襲之慎子。《史記》又言:韓非“喜刑名法術之學,而歸本於黄老”。是非亦黄老之徒。又知稷下之黄老派,實包括法家。自《漢志》本之劉向,定爲九流。以慎到入法家,而與商、韓殊義。入田駢於道家,又與莊周相異。且入尹文於名家,入宋鈃於小説,於是黄老之學,若存若亡。楊朱之傳,湮滅無説。是知六家九流之言,翻爲削足適履。辨章學術,夫豈易言哉!《尹文》所稱稷下先生,雖未能定爲何誰,固亦黄老形名之言,足與田、慎之言爲表裏也。

《慎子·民雜》篇言:"民雜處而各有所能,所能者不同,此民之情也。大君者,大上也,兼畜下者也。下之所能不同,而皆上之用也。是以大君因民之能爲資,盡苞而畜之,無能去取焉。是故不設一方以求於人,故所求者無不足也。大君不擇其下故足也。不擇其下,則易爲下矣。易爲下則下莫不容,莫不容故多下,多下之謂太上。"此彭蒙、田駢、慎到"齊萬物以爲首"之意也。《天下》篇稱其説謂:"天能覆之而不能載之,地能載之而不能覆之,大道能包之而不能辯之。知萬物皆有所可,有所不可。故曰選則不徧,教則不至。"此蓋齊物立論之體,而《民雜》所言,乃齊物爲論之用也。墨翟有言:"可使治國者使治國,可使長官者使長官,可使治邑者使治邑。"此所謂"賢不肖自分,黑白乃形,在所欲用之耳,何事不成"。《尹文·大道》之言曰:"圓者之轉,非能轉而轉,不得不轉也。方者之止,非能止而止,不得不止也。因圓者之自轉使不得止,因方者之自止使不得轉,何苦物之失分。故因賢者之有用,使不得不用。因愚者之無用,使不得用。用與不用,皆非我也,因彼可用與不可用而自得其用也。自得其用,奚患物之亂也。"曰"選則不徧",則賢智不必分。《心術》之言曰:"慕選者,所以等事也。極變者,所以應物也。慕選則不亂,極變則不煩,執一之君子。"《心術》此説與《大道》最合,是慎到、尹文義有進於田駢、彭蒙者也。田駢言"教則不至",而慎到言:"至之至者,教存可也,教亡可也。"斯亦慎進於田之義也。斯皆“法無法”之論也。《大道》篇又曰:“爲善使人不能得從,爲巧使人不能得爲,此獨善、獨巧者也。未盡巧善之理。爲善與衆行之,爲巧與衆能之,此善之善者、巧之巧者也。故所貴聖人之治,不貴其獨治,貴其能與衆共治也。所貴工倕之巧,不貴其獨巧,貴其與衆共巧也。今世之人,行欲獨賢,事欲獨能,辯欲出羣,勇欲絶衆。獨行之賢,不足以成化;獨能之事,不足以周務;出羣之辯,不可爲户説;絶衆之勇,不可與征陣。凡此四者,亂之所由生,是以聖人任道以通嶮,立法以理其差。使賢愚不相棄。能鄙不相遺。能鄙不相遺,則能鄙齊功。賢愚不相棄,則賢愚等慮。此至治之術也。”《管子・乘馬》言“知者知(之),愚者不知,不可以教民。巧者能之,拙者不能,不可以教民”,義亦同此。此《白心》所謂“孰能去辯與巧,而還與衆人同道”。此固荀氏所訾“大儉約而漫差等”者也。《羣書治要》引《慎子・知忠》篇云:“故廊廟之材,蓋非一木之枝也。粹白之裘,非一狐之皮也。治亂安危存亡榮辱之施,非一人之力也。”《吕覽・用衆》言“天下無粹白之狐,而有粹白之裘,取之衆白也。夫取於衆,此三皇五帝之所以大立功名也。凡君之所立,出乎衆也。立已定而舍其衆,是得其末而失其本。得其末而失其本,不聞安居。故以衆勇,無畏乎孟賁矣;以衆力,無畏乎烏獲矣;以衆視,無畏乎離婁矣;以衆知,無畏乎堯、舜矣。夫以衆者,此人君之大寶也。田駢謂齊王曰:‘孟賁庶乎患術(衢也),而邊境弗患。楚、魏之王,辭言不説,而境已修備矣,兵士已修用矣,得之衆也。’”《慎子》佚文謂:“云能而害無能,則亂也。”(《非十二子》篇楊倞注引)此正田駢貴齊之義,而《吕》之所取則精,足以補田、慎之佚説也。《天下》篇言:“田駢學於彭蒙,得不教焉,彭蒙之師曰:古之道人,至於莫之是、莫之非而已矣。”則“無用聖賢”也。是亦見

“舍是與非”爲先師之論，得諸彭蒙之師。“是非可不可無所遁”爲後師之義，益精更進之説也。《荀子·非十二子》篇言：“上功用、大儉約而僈差等，曾不足容辨異、縣君臣，是墨翟、宋鈃也。”豈田駢貴齊之論爲自墨家來乎？由“教則不至”，至“教存可也，教亡可也”。由“選則不徧”，至“綦選而不亂”。由“莫之是、莫之非”，至“賢不肖自分，黑白乃形”。而齊物論亦不立。則齊物論者，於黄老爲蘧廬，於莊周爲宗祏，此又二者之大異也。

由馬《記》、劉《略》言之，尹文、宋鈃、田駢、慎到、接予、環淵，皆本於黄老、游稷下。知以諸儒之盛，聚於稷下，而黄老之説以興。實後來所稱黄老之學，始於稷下。凡稱黄老，皆出漢人書，晚周無言黄老者。蓋黄帝、老子之書皆晚出，以稷下此諸家者，皆合黄老意，遂以黄老後來之名，被之前人。非此諸家之學出於黄老也。《老子》成書年代，蓋有可考者。以《莊子》論之，《莊子》書之引《老子》者凡十有七事，其言胥不見於《道德經》。而莊書之同於《道德經》者十有五事，不言爲《老子》語者十有三，謂爲老子言者才二事，一爲《寓言》篇，一爲《天下》篇。《天下》篇之作最後，寓言及他十三事，讀《莊子》之文，皆足見爲作《道德經》者取之莊書，非莊書之徵及《道德經》也。是知古有老聃其人者，莊子屢稱之，其言胥無關於《道德經》，而《道德經》則非老聃之作，其成書宜在《莊子》之後，故每取《莊》文以入其書也。衰周之世，作書托之尸佼者有之，托之管仲者有之，而其人則不可知耳。《老子》一書，當亦爲隱德君子之所作。吾意書之作者，司馬遷實宜知之。以司馬談學《易》於楊何，講《道論》於黄子，故《六經》授受之源，惟《易》家師承之序，於《仲尼弟子列傳》詳之，孔子世系於《世家》詳之，至《老子》授受之序《樂毅傳》詳之，老子世系亦於本傳詳之，是安得謂《道德經》之作者馬遷未之知乎？周秦人無有言李耳者，惟司馬遷稱其名，以其家學衡之，則遷宜知書之作由李耳而托曰老子耳。遷知書之由耳作，遂以爲耳即老聃，此誠遷之好奇，復又以爲即老萊子，即太史儋，言益繁而益詭。校其年不合，則曰"蓋百六十餘歲，或言二百餘歲"。老萊、史儋，各有其人，各有其書，乃混而一之，可乎？老儋之死，秦佚弔之，明見《莊子》，而遷又曰"莫知其終"，何也？皆不免故作玄妙以爲奇詭。自劉《略》、班《志》皆以《老子》書爲李耳作，下至《隋志》亦然，要爲得之。遷書《老子傳》言："老子之子名宗，爲魏將，封於段干。"汪容甫以爲即《魏世家》安釐王四年之魏將段干崇。則魏安釐時，李耳倘猶皤然一老，則其人已當莊周之後，韓非之前，殆與荀子同時。前論李耳作書在《莊子》後，兹再就《韓非書》言之。《韓非·六反》稱："老聃有言：'知足不辱，知止不殆。'夫以殆辱之故，而不求於足之外者，老聃也。今以爲足而可以治，是以民爲皆如老聃也。"《難三》言："夫知姦有大羅，不失其一而已矣。不修其理，而以己之胸察，爲之弓矢，則子産誣矣。老子曰'以智治國，國之賊也'，其子産之謂矣。"《難三》又言："明君見小姦於微，故民無大謀；行小誅於細，故民無大亂。此謂'圖難於其所易也，爲大者於其所細也。'"此二言亦《道德經》之文也。《韓非·内儲説下》云："權勢不可以借人……其説在老聃之言失魚也。"其釋則曰："勢重者，人主之淵也，臣者，勢重之魚也。魚失於淵，而不可復得也。賞罰者，利器也；君操之以制臣，臣得之以壅主。故曰：'國之利器，不可以示人。'"此皆《道德經》之文，韓子徵之，已以爲老聃之説，則《道德》之作，固在非子之前。即無《解老》、《喻老》二篇，亦足明非子已見《老子》之書，非子且以爲老聃書也。《樂毅列傳》言："樂巨公學黄帝、老子，其本師號曰河上丈人。河上丈人教安期生，安期生教毛翕公,毛翕公教樂瑕公,樂瑕公教樂巨公,樂巨公教蓋公。”以《六經》傳授世數比之,是河上丈人已宜直接李耳、魏安釐王之世。《道論》於史遷爲家學,其言固有所本也。葛玄輩古道家,或言老子生於李樹下,或言指李樹爲姓。當是李耳生於李下,《秦策二》有地曰李帛之下,李樹下當即此李帛下之訛。鮑注以爲即河内李城。河内,六國時魏地,當是李耳生於李下,爲魏人。李耳之書,應本爲《道德經》,故曰“著書上、下篇,言道德之意”。《荀子·解蔽》稱:“《道德》曰‘人心之危,道心之微。’”凡周秦學術,發展已盛,文歧義廣,皆作經以總之。故李氏亦爲此經。由《荀子》言之,知《道經》作者已非一也。《漢書·藝文志》所載有《老子鄰氏經傳》四篇,《老子傅氏經説》三十七篇,《老子徐氏經説》六篇,是其稱經,原自西漢,不必如闞澤所言漢景改子爲經也。若黄帝之書,亦有可言。《漢志》道家有《黄帝四經》四篇,《黄帝銘》六篇,《黄帝君臣》十篇,自注云:“起六國時,與老子相似也。”又《雜黄帝》五十八篇,“六國時賢者所作”。此四書皆在田駢、鶡冠之後,則自注云“六國時,與《老子》似”者,統《四經》、《六銘》言之也。《隋唐·經籍志》云:“《黄帝》四篇,《老子》二篇,最得深道。”是黄帝之書多家,而言黄老者謂此《四經》蓋爲最精者也。羣書徵黄帝之言者,莫先於《吕覽》,其《審應》、《去私》、《圜道》、《遇合》、《審時》、《叙意》六篇,各有一事。則黄帝之書僅出《吕覽》之先,尚在《老子》成書後也。楊朱之學,逮乎田、慎,義益邃而用益宏。黄老即由此出,且以鄰於法。莊學之派,未足擬其深廣也。以静因之説論之,啓漢代之治者固别有在。若《莊子》者,則啓魏晉之亂者也。斯其明效,區以别也。田、慎以清虚無爲、名正法備爲黄老之正宗。老、莊貴虚無,申、韓任法術,皆得黄老之一偏而廢其全,誠所謂道術爲天下裂。

田、慎、楊朱皆本之仁義，申、韓、老、莊皆菲薄仁義。極端之論張，黄老裂而爲道法，而全體大用不得備。秦以慘刻亡，晉以放蕩亂。自馬遷以老、莊、申、韓同傳，而略田、慎、宋、尹，知偏激之辭，獨爲世貴久矣。其曰："法令滋彰，盜賊多有。""絶仁棄義，民復孝慈。"則僅以虚無爲説，其去田、慎遠矣。老、莊以非薄仁義極端之言，遂獨爲道家宗。自晉以下，莊書顯而田、慎之書皆佚，言道德者徒曰老、莊。老書猶頗羼北方之論，存其大較。莊書則以庶孽而當冢嗣，則又後師不察之罪也。然莊氏之書，濁世之士讀之，亦有足以自好者，又未可以遂廢之也。

《爾雅疏》引《尸子・廣澤》言："列子貴虚。"《吕覽・不二》言："關尹貴清，列子貴虚。"司馬談言："虚者道之常。"黄老一派以虚爲貴，當取之列子之言也。班《志》序道家言："及放者爲之，曰獨任清虚，可以爲治。"清虚者，關尹、列子之言也。《莊子・列禦寇》言："伯昏瞀人曰：巧者勞而智者憂，無能者無所求，飽食而遨遊，汎若不繫之舟，虚而遨遊者也。"此言虚之義也。《莊子・達生》："子列子問關尹曰：'至人潛行不窒，蹈火不熱，行乎萬物之上而不慄，請問何以至於此？'關尹曰：'是純氣之守也；非智巧果敢之列。居，予語汝。凡有貌象聲色者皆物也，物何足以相遠。夫奚足以至乎先，是色而已。則物之造乎不形，而止乎無所化，夫得是而窮之者，物焉得而止焉。彼將處乎不淫之度，而藏乎無端之紀，遊乎萬物之所終始，壹其性，養其氣，合其德，以通乎物之所造。夫若是者，其天守全，其神無却，物奚自入焉。'"此爲闡明超乎貌象色聲之道，宜關尹在列子之前。吕、莊二書皆言"子列子"，蓋列子於黄老一宗所係之重清虚之説，實始於此。强爲著書之言，實未可信。故《天下》篇述關尹先老聃。殆列子之學有得諸關尹者，而列又突過於前賢也。

《天下》篇關尹之言曰:“在己無居,形物自著,其動若水,其静若鏡,其應若響。芒乎若亡,寂乎若清,同焉者和,得焉者失。未嘗先人,而常隨人。”此關尹貴清貴静之説,“而常隨人”,則又静因之道也。故曰:“古之博大真人哉!”追溯道家之根荄,殆在是耶!《韓策二》:“史疾爲韓使楚,楚王問曰:‘客何所循(修)?’曰:‘治列子圄寇之言。’曰:‘何貴?’曰:‘貴正……’。王曰:‘楚國多盗,正可以圉盗乎?’曰:‘可。’……有鵲止於屋上者,曰:‘請問楚人謂此鳥何?’王曰:‘謂之鵲。’曰:‘謂之烏,可乎?’曰:‘不可。’曰:‘今王之國,有柱國、令尹、司馬、典令、其任官置吏,必曰廉潔勝任,今盗賊公行而弗能禁,此烏不爲烏、而鵲不爲鵲也。’”此正名責實之論。然則黄老之道,實以列子爲前驅。此莊、吕之書稱之爲“子列子”乎?《莊子·列禦寇》言:“夫饔人特爲食羹之貨,多餘之贏,其爲利也薄,其爲權也輕,而猶若是,况萬乘之主乎?身勞於國,而知盡於事,彼將任我以事,而效我以功。”此列子亦不以物累形之義也。其言“至人潛行不窒,蹈火不熱”,“壹其性,養其氣,合其德”,而“全於天”。則全生之義也。列子先於楊朱,則楊氏之學,源於列禦寇,而下開黄老。莊書言:“駢於辯者,累瓦結繩,竄句遊心於堅白同異之間,而敝跬譽無用之言,非乎,而楊墨是也。”墨有辯而楊亦有辯,殆本列子正名之義而來耶!魏牟、陳仲、詹何、子華、田駢、慎到,皆楊朱之流派,而列子者,倘又楊朱之遠源也。

原載《靈巖學報》創刊號,一九四六年十月四川灌縣
靈巖書院編印,分題《楊朱考》、《黄老考》。
後稍有修改合爲本編,載《圖書集刊》第八輯,
四川省圖書館一九四八年六月編印。兹據整理。

略論黄老學

周秦諸子百家之學是中國古代史上最光輝燦爛的時期。但入到漢初以後,百家之學都無聲無響了。偶然有幾個人講百家之學,也只是尾聲,没有甚麽出色的理論。從"曹參薦蓋公言黄老",直到文、景之世,都是黄老獨盛,漢依以爲治,這是人所共知的。從爲漢王朝服務而論,最適當的應該是法家,而未必是黄老。因爲黄老是道家,一般認爲道家是没落階級的思想,而法家才是新興階級的思想。漢王朝是新興階級的政權,爲甚麽會用没落階級的思想作爲指導思想呢? 這是很難理解的。我們是否可以這樣説,儒、道、法都是統治階級的思想,都不是勞動人民的思想,不論是新興階級思想,還是没落階級思想,都可以爲統治階級服務。至於漢初爲甚麽黄老獨盛,我想不妨先考察黄老學派究竟是哪些人? 黄老思想的具體内容是些甚麽? 這應當有助於對這問題的理解。

《孟荀列傳》説:"慎到趙人,田駢、接予齊人,環淵楚人,皆學黄老之術。"劉向説:"尹文其學本於黄老。"班固説:"宋鈃其言黄老意。"《史記》又説:"申不害學本於黄老。"又説:"韓非喜形名法術之學,而歸本於黄老。"又從《史記》和劉向所説,知田駢、慎到、接予、宋鈃、尹文俱遊稷下。是黄老之學應起於稷下。司馬談《論六家要旨》説:"道家使人精神專一,動合無形,贍足萬物。其爲術也,因陰陽之大順,采儒墨之善,撮名法之要,與時遷移,應物變化。"司馬談説的道家,顯然是雜家,這就是黄老。它和莊周一流的道家是不同的。司馬談説的道家,和劉、班九流所謂的道家,内容也是有區别的(楚的道家和北方道家不同,别有詳論)。司馬談説道家"以虚無爲本,以因循爲用,無成勢,無常形,有法無法,因時爲業,有度無度,因物與合"。可知"虚無爲本"是南北道之所同,故同稱道家。而"因循爲用"則是北方道家所獨有之精義。可以説黄老之精華即在此,其最後起而能壓倒百家亦在此。黄老之所以大盛於漢,可説是因爲它的理論優於百家,至於它能取百家之長,還是其次。它也很適合漢初應該休養生息的社會要求。這就是它能"因時"、"因物"的表現。莊周一派不僅不能兼取百家之長,更不能因時因物。我認爲是稷下各派學者集合(或融合)而形成了黄老一派;不是先有黄老學,田、慎、宋、尹諸人從黄老出。不是黄老之學在先,而是百家融爲黄老。"黄老"本來就是戰國後期才形成的學術,是到漢代才有的名稱。

因循之説,是田駢、慎到最早,也最清楚。《吕覽・執一》載:"田駢以道術説齊王曰:'博言之,豈獨齊國之政哉?變化應求,而皆有章,因性任物,而莫不宜當,彭祖以壽,三代以昌……。'"慎到書中就有《因循》一篇,見《群書治要》。現在擬把因循説的意義先提出來討論。周秦學者所謂"因",《管子・心術》稱爲"静因之道",其《解》曰:"因也者,舍己而以物爲法者也。"這是一句含義宏深而又最得當的話,可以説,"因循"就是根據客觀條件來作事,是根本反對主觀主義、唯心主議。它反對閉門空想一套理論來治天下,反對完全不合實際的那些學説。從這一點來着眼,就可以瞭解《莊子・天下》篇所説田駢、慎到的學説是些甚麽思想了。《天下》篇説慎到"棄知(智)去已,而緣不得已,泠汰於物,以爲道理"。又説:“夫無知之物,無建己之患,無用知(智)之累,動静不離於理,是以終身無譽,故曰至於若無知之物而已。無用聖賢。夫塊不失道。豪傑相與笑之曰:‘慎到之道,非生人之行,而至死人之理,適得怪焉。’”可説“建己之患”,就是標新立異來自成一家,“用智之累”,就是穿鑿附會、脱離實際。這都是田駢、慎到所反對的。“泠汰於物以爲道理”,是要洗滌一切對事物的偏見和誤解,事物本身自然有個道理,你只要順著自然之理做去,就是“而緣不得已”。所以説“推拍輐斷,與物宛轉”。所以説“推而後行,曳而後往,若飄風之還,若羽之旋,若磨石之隧”。這是不堅持成見,但隨着事物的發展而變化。所以豪傑們笑他不像活人的行爲,完全是死人的樣子了。《天下》篇這一段開端就説:“公而不當(黨),易而無私,决然無主,趣(趨)物而不兩,不顧於慮,不謀於知,於物無擇,與之俱往。”“趨物不兩”是與物契合的意思。一任物情,還有甚麽與事物脱離之過而任私意來擇别取舍呢?田駢的“因性任物”在這裏也自然解釋清楚了。就可以達到“而莫不宜當”。因循是黃老一派獨有之精義,南方道家莊周一流無此理論,所以《天下》篇的結論是“彭蒙、田駢、慎到不知道”。莊周一派徒以虚無爲説,他們非毁田、慎是毫不足怪的。

我從前在一篇稿子中提出《管子》中《心術》、《内業》各篇議論和田駢、慎到相合。從因循論旨來看也是很顯然。《心術》説:“恬愉無爲,去智與故,其應也,非所設也;其動也,非所取也。過在自用,罪在變化。是故有道之君,其處也若無知,其應物也若偶之,静因之道也。”《解》曰:“因也者,舍己而以物爲法者也。感而後應,非所設也;緣理而動,非所取也。過在自用,罪在變化。自用則不虚,不虚則仵於物也;變化則爲生,爲生則亂也。君子之處也若無知，言至虚也；其應物也若偶之，言時適也。”這正是田、慎之“棄知與己，而緣不得已”。“建己之患”正是“過在自用”。“趨物而不兩”就是“應物若偶之”。應物若偶是與物適應契合的意思。所謂“塊不失道，巍然而已”，正是“其處也若無知”，“故曰至於若無知之物而已”。管書之有取於田、慎是無疑的。

《白氏六帖》十一、《太平御覽》七百六十八引《慎子》説：“行海者坐而至越，有舟也。行陸者立而至秦，有車也。秦、越遠途也，安坐而至者，械也。”《吕覽·貴因》即有此文。知《貴因》一篇取慎到書爲説。其曰：“三代所寶莫如因，因則無敵。禹通三江五海，决伊闕、溝迴陸，注之東海，因水之力也。舜一徙成邑，再徙成都，三徙成國，而堯授之禪位，因人之心也。湯、武以千乘制夏、商，因民之欲也。如秦者立而至，有車也。適越者坐而至，有舟也。秦、越遠途也，静立安坐而至者，因其械也。武王使人候殷，返報曰：殷其亂矣。武王固知其無與爲敵也。因其所用，何敵之有？夫審天者，察列星而知四時，因也。推歷者，視月行而知晦朔，因也。禹之裸國，裸入衣出，因也。墨子見荆王，錦衣吹笙，因也。孔子道彌子瑕見釐夫人，因也。湯、武遭亂世，臨苦民，揚其義，成其功，因也。故因則功，專則拙，因者無敵。”這段貴因議論，比之《管子》書論静因之道，管書所取較精，《吕覽》所取稍遜。《貴因》之次爲《察今》篇，言“不敢議法者衆庶也，以死守(法)者有司也，因時變法者賢主也”。《藝文類聚》三十四引《慎子》文與此正同。知《察今》一篇亦取之《慎子》，此篇容後再談。《順説》、《不廣》二篇皆論因，似亦取慎到一派之説。《韓非子·難勢》爲取慎子言勢之説而難之，知《吕覽·慎勢》當亦取慎到之説，而又徵《慎子》“一兔走，百人逐之，積兔滿市，行者不顧”之文。其前復有《知度》、《任數》二篇似亦取之《慎子》。《任數》言:“至智棄智,至仁忘仁,静以待時,時至而應。凡應之理,清净公素而正始卒焉。無唱有和,無先有隨。古之王者,其所爲者少,其所因者多,因者君術也。爲則擾矣,因則静矣。因冬爲寒,因夏爲暑,君奚事哉?”静因一義理論,此爲最高。“無先有隨”正是《荀子·天論》所説的“慎子有見於後,無見於先”。也正是《天下》篇所説的“推而後行,曳而後往”,“而緣不得已”。《群書治要》有《慎子·因循》一篇,其言曰:“天道因則大,化(造作)則細,因也者,因人之情也。”司馬談所謂“因時爲業,因物與合”。此之謂因。後世每以委靡苟且爲因循,這遠不是黄老因循之義。

《天下》篇説彭蒙、田駢、慎到“齊萬物以爲首。曰天能覆之而不能載之,地能載之而不能覆之,大道能包之而不能辯之。知萬物皆有所可,有所不可”。這也是黄老學派的大義,但與《莊子·齊物論》之旨全無相同之處。《羣書治要》引《慎子·民雜》篇言:“民雜處而各有所能,所能者不同,此民之情也。大君者,太上也。兼畜下者也。下之所能不同,而皆上之用也。是以大君因民之能以爲資,盡苞而畜之,無能去取焉。是故不設一方以求於人,故所求者無不足也。大君不擇其下,則易爲下也。易爲下,則下莫不容。莫不容故多下,多下之謂太上。”這和《天下》篇所論田駢、慎到之學完全相合。尹文子亦是黄老一派,高誘注《吕覽·正名》説尹文是齊人,黄老自然是以齊人爲主。《羣書治要》引《尹文子·大道》篇説:“爲善使人不能得從,此獨善也;爲巧使人不能得從,此獨巧也;未盡巧善之理。爲善與衆行之,爲巧與衆能之,此善之善者、巧之巧者也。所貴聖人之治,不貴其獨治,貴其能與衆共治;貴工倕之巧,不貴其獨巧,貴其能與衆共巧也。今世之人,行欲獨賢,事欲獨能,辯欲出羣,勇欲絶衆。獨行之賢,不足以成化;獨能之事,不足以周務;出羣之辯,不可爲户説;絶衆之勇,不可與征陣。此四者,亂之所由生。是以聖人任道以通其嶮,立法以理其差。使賢愚不相棄,能鄙不相遺。能鄙不相遺,則能鄙齊功,賢愚不相棄,則賢愚等慮,此至治之術也。"從尹文的論説看"齊萬物以爲首"的理論就高深了。《管子·乘馬》也説:"智者知(之),愚者不知,不可以教民;巧者能之,拙者不能,不可以教民。"都是此派齊物之論。《吕覽·用衆》一篇即所以發揮此理。篇中似即取慎到之文,又明取田駢之説。《羣書治要》引《慎子》:"故廊廟之材,非一木之枝也;粹白之裘,非一狐之皮也;治亂、安危、存亡、榮辱之施,非一人之力也。"《吕覽·用衆》説:"天下無粹白之狐,而有粹白之裘,取之衆白也。夫取於衆,此三皇五帝之所以大立功名也,凡君之所以立,出乎衆也。立已定而舍其衆,是得其末而失其本;得其末而失其本,不聞安居。故以衆勇,無畏乎孟賁矣;以衆力,無畏乎烏獲矣;以衆視,無畏乎離婁矣;以衆知,無畏乎堯舜矣。夫以衆者,此君人之大寶也。田駢謂齊王曰:'孟賁庶乎患術(作衢字解),而邊境弗患。楚魏之王辭言不説,而境内已修備矣,兵士已修用矣,得之衆也。'"《不二》又説:"能齊萬不同,愚智工拙皆盡力竭能,如出乎一穴。"齊萬物之義,此爲最精。田駢説孟賁之勇只可施之街市之中,至於邊境征陣,孟賁之勇就無所用之。《非十二子》注引《慎子》云:"云能而害無能,則亂也。"佚文又有"夫道所以使賢,無奈不肖何也;所以使智,無奈愚何也。若此則謂之道勝矣"。都是齊物之義。《吕覽·不二》説"陳(田)駢貴齊",《尸子·廣澤》説"田駢貴均"。慎到、田駢貴齊學説的精義是這樣。高誘注以齊生死作解釋,這是把莊周的齊物和田、慎的齊物没有分别清楚。荀子反對貴齊之論,他在《王制》篇説:"分均則不偏(徧),勢齊則不壹,衆齊則不使。有天有地而上下有差,明王始立而處國有制,夫兩貴之不能相事,兩賤之不能相使,是大數也。勢位齊而欲惡同,物不能贍則必争,争則必亂,亂則窮矣。先王惡其亂也,故制禮義以分之,使有貧富貴賤之等,足以相兼臨者,是養天下之本也。""相事"、"相使"必須有貴賤之差,尤其是必須有貧富之别然後可行。荀卿這種議論完全是强辭奪理。墨子、田、慎的貴齊,是能作甚麽的人便讓他作甚麽,這才是齊。墨子曾明白説過:"可使治國者使治國,可使長官者使長官,可使治邑者使治邑。"(《尚賢中》)尹文在《大道》篇中説得更清楚:"圓者之轉,非能轉而轉,不得不轉也;方者之止,非能止而止,不得不止也。因圓者之自轉,使不得止,因方者之自止,使不得轉,何苦物之失分。故因賢者之有用,使不得不用;因愚者之無用,使不得用。用與不用,皆非我也,因彼可用與不可用,而自得其用也。自得其用,奚患物之亂也。"尹文論因者非一事,義與田、慎同,是因萬物之不齊而以各得其用爲齊。都似乎是對荀卿的非難作出有力答辯。貴齊的學説,顯然是從墨子來,宋鈃、尹文是墨子之徒而進入黄老的。荀子説:"墨子有見於齊,無見於畸。"(《天論》)墨學"大儉約而僈差等",可能是此派齊物論的初旨。到尹文、田、慎又更進了一步。孟子説"逃墨必歸於楊",宋鈃、尹文應該即是逃歸於楊的墨學者。墨子僈差等而尚賢,慎到、田駢則不尚賢,似乎又有不同了。

尹文説的"能鄙不相遺則能鄙齊功,賢愚不相棄則賢愚等慮",是反對獨行之賢、出羣之辯、絶衆之勇。這種思想在周秦諸子之中,的確是前進了一步。到《吕覽》説"以衆力無畏乎烏獲,以衆智無畏乎堯舜",應該説是進一步闡明這一理論。慎到、田駢對這一問題,又有他們的發展。《吕覽·觀世》説:"千里而有一士,比肩也；累世而有一聖人，繼踵也。士與聖人之所自來，若此其難也。而治必待之，治奚由至？……此治世之所以短，而亂世之所以長也。”這種議論可能是從慎到而來。《韓非・難勢》一篇就是難慎到之説。其伸言勢之論，謂：“夫賢勢之不相容，亦明矣。且夫堯舜、桀紂千世而一出，是比肩接踵而生也。世之治者不絶於中，吾所以爲言勢者，中也。中者，上不及堯舜，而下亦不爲桀紂。抱法處勢則治，背法去勢則亂。今廢勢背法而待堯舜，堯舜至乃治，是千世亂而一治也。抱法處勢而待桀紂，桀紂至乃亂，是千世治而一亂也。且夫治千而亂一，與治一而亂千也……相去亦遠矣。夫棄隱栝之法，去度量之數，使奚仲爲車，不能成一輪。……釋勢委法，堯舜户説而辯之，不能治三家。夫勢之足用亦明矣。而曰必待賢，則亦不然矣。”“夫曰良馬固車，臧獲御之，則爲人笑；王良御之，則日取乎千里。吾不以爲然。……夫待古之王良以御今之馬，亦猶越人救溺之説也。不可亦明矣。夫良馬固車，五十里而一置，使中手御之，追速致遠，可以及也，而千里可日至也。何必待古之王良乎？”韓非主張中人之治，把慎到之説闡發得很明白。《天下》篇説田駢、慎到“謑髁無任，而笑天下之尚賢；縱脱無行，而非天下之大聖”。尚法而不尚賢，這是黄老之學更進一步的理論。所以荀卿説“慎子蔽於法而不知賢”（《解蔽》）。這種齊物而不尚賢的理論，一直延續到《淮南子》。《齊俗》篇説：“子路拯溺而受牛謝，孔子曰：‘魯國必好救人於患。’子貢贖人而不受金於府，孔子曰：‘魯國不復贖人矣。’子路受而勸德，子貢讓而止善。……由此觀之，廉有所在而不可以公行也。故行齊於俗，可隨也；事周於能，易爲也。矜僞以惑世，伉行以違衆，聖人不以爲民俗。”又説：“故愚者有所修，智有所不足，馬不可以服重，牛不可以追遠，鉛不可以爲刀，銅不可以爲弩,鐵不可以爲舟,各用之於其所適,施之於其所宜,即萬物一齊而無由相過。”又説:“夫先知遠見,達視千里,人才之隆也,而治世不以責於民。博聞强志,口辯辭給,人智之美也,而明主不以求於下。”“魯般、墨子以木爲鳶而飛之,三日不集,而不可使爲工也。故高不可及者不可以爲人量,行不可逮者不可以爲國俗。夫挈輕重不失銖兩,聖人弗用而縣之乎銓衡;視高下不差尺寸,明主弗任而求之乎浣準。何則,人材不可專用、而度量可世傳也。故國治可與愚守也,而軍制可與權用也,夫待騕褭飛兔而駕之,則世莫乘車;待西施、毛嬙而爲配,則終身不家矣。然非待古之英俊而人自足者,因所有而并用之。夫騏驥千里,一日而通;駑馬十舍,旬亦至之。由此觀之,人材不足專恃,而道術可公行也。”《淮南·齊俗》一篇之義,顯自田駢、慎到之齊物而來。此篇一開始即言:“率性而行謂之道。”又言:“使各便其性、安其居、處其宜、爲其能。”而歸於“以道原人之性”。以率性情闡明齊物之義,這是把尹、宋、田、慎的學説更深入了一步。《淮南子·主術》一篇也反復地申明“乘衆人之智,用衆人之力”的理論,它説:“聖人舉事,豈能拂道理之數,詭自然之性,未嘗不因其資而用之也。是以積力之所舉,無不勝也;而衆智之所爲,無不成也。……故有一形者處一位,有一能者服一事。力勝其任,則舉之者不重也;能稱其事,則爲之者不難也。無小大修短,各得其宜,則天下一齊,無以相過也。”也是以順自然之性説齊物之義,似比之《吕覽》談齊物所持理論要深一些。《淮南》的齊俗是原本於黄老的齊物而不尚賢之旨,它自然是屬於黄老一派的作品。黄老派的“不尚賢”與《老子》的“不尚賢使民不争”,黄老派的“非大聖”與《莊子》説的“聖人不死,大盗不止”,詞句很相似而含義遠不相同。即是《天下》篇説關尹、老聃“未嘗先人,而常隨人”,

如從荀子説“老子有見於詘,無見於伸”言之,也顯然與田、慎“無先有隨”之義的内容不同。不僅是田、慎的齊物和莊子的齊物不同而已,田、慎的“棄知去己”與《老子》的“絶聖棄知”,也顯然是很不同的。總的説來,北方的道家不反對仁義,南方的道家反對仁義,在這一根本差别下,就處處都有殊異了。近世學者或不免雜引老、莊之説以解尹、宋、田、慎之説,甚至説《禮運》一篇本之道家,都是由於學派統緒不明之故。當然,這些問題也是須經過學者們的共同討論探索,才能漸次明瞭的。

《韓非子·定法》説:“申不害言術,而公孫鞅爲法。”又説:申不害“雖用術於上,法不勤飾於官之患也”。公孫鞅“法雖勤飾於官,主無術於上之患也”。韓非又難慎子之言勢,知法家學説有此三者。但荀卿又説:“慎子蔽於法而不知賢,申不蔽於勢而不知智。”荀、韓兩家之説不同,實則言法始於商子,而慎子承之,又益之以言勢;言勢始於慎子,而申子承之,又益之以言術;韓非直承申子,故其書中多言術。《漢書·藝文志》説:“慎子名到,先申、韓,申、韓稱之。”但荀子重説“慎子蔽於法而不知賢”,田駢、慎到“尚法而無法”,又當如何解説?前面説過,《吕覽·察今》一篇取之《慎子》,現在把它提出來研究,可以對黄老派的法學理論更清楚一些,它説:“上胡不法先王之法,非不賢也,爲其不可得而法。先王之法,經乎上世而來者也。……凡先王之法,有要於時也。時不與法俱至,法雖今而至,猶若不可法。故擇(釋)先王之成法,而法其所以爲法。先王之所以爲法者何也?先王之所以爲法者人也。而已亦人也,故察己則可以知人,察今則可以知古。古今一也,人與我同耳。有道之士,貴以近知遠,以今知古,以所見知所不見。故審堂下之陰,而知日月之行,陰陽之變。見瓶水之冰,而知天下之寒,魚鱉之藏也。嘗一脟肉,而知一鑊之味、一鼎之調。荆人欲襲宋,使人先表澭水。澭水暴溢,荆人弗知,循表而夜涉,溺死者千有餘人。軍驚而壞都舍。嚮其先表之時可導也,今水已變而益多矣,荆人尚猶循表而導之,此其所以敗也。今世之主,法先王之法也,有似於此。其時已與先王之法虧矣,而曰此先王之法也而法之以爲治,豈不悲哉!故治國無法則亂,守法而弗變則悖,悖亂不可以持國。世易時移、變法宜矣。譬若良醫,病萬變,藥亦萬變。病變而藥不變,嚮之壽民,今爲殤子矣。故凡舉事必循法而動,變法者因時而化。若此論則無過務矣。夫不敢議法者衆庶也,以死守法者有司也,因時變法者賢主也。是故有天下七十一聖,其法皆不同,非務相反也,時勢異也。故曰良劍期乎斷,不期乎鏌鋣;良馬期乎千里,不期乎驥驁。夫成功名者,此先王之千里也。……時已徙矣,而法不徙;以此爲治,豈不難哉?"慎子以病萬變而藥亦萬變言法,以因時變法言法,這就是司馬談説的"無成勢,無常形,有法無法,因時爲業,有度無度,因物與合"。這是黄老派言法的基本精神。《管子·白心》説:"孰能法無法乎?始無始乎?終無終乎?"都是黄老派言法的精義。《荀子·非十二子》批評田駢、慎到説:"尚法而無法,下修而好作,上則取聽於上,下則取從於俗,終日言成文典,反紃察之,則倜然無所歸宿。"清楚地看出,荀卿對田駢、慎到"尚法而無法"的理論原不甚瞭解。所以他就詆毁這些理論是"尚法而無法""無所歸宿"了。荀卿説的"上則取聽於上,下則取從於俗",也正是慎子佚文説的"政從上,禮從俗"(《類聚》卷三十八),《白心》説的"上之隨天,下之隨人,人不倡不和,天不始不隨"。"下修而好作"一語,清人的校釋總覺未安。"修"是"循"字,是很明顯;但説"下"是"不"字,就未必對。不如説"下修"就是"因循"二字。既主張因循,而實際又好創作,他的法是靈活的,要不斷地變。在荀卿看來,這又是矛盾的,都是由於荀卿不甚瞭解黄老一派的學説。黄老一派的名稱,本出於漢代,是把稷下先生中的一批思想接近的學者,統稱之爲黄老。他們各人之間的學説還不完全相同,後來的雜家可以説是黄老。《吕覽》是雜家,是黄老一派。《淮南》也是雜家,是黄老一派。兩者就有些不同。《管子》書也是雜家,也是黄老一派,而又有不同。《淮南》顯然是周秦南方派的意味要濃厚一些。《吕覽》是北方意味要濃厚一些。《管子》應該是齊人所述,故托之管仲,顯然是周秦東方派的意味要濃厚一些。而《管子》更要精透一些。如《天下》篇説的"選則不遍,教則不至",在《管子》書中就説"慕選而不亂",又説"至之至者,教存可也,教亡可也"。都是更進了一步的説法。申、韓也歸本於黄老,只是法家的本色依然存在。《荀子·解蔽》也何嘗不是受到黄老理論的影響,只是他依然是主於儒家,但他畢竟是三晉派的儒家。他與孟子不同,究竟孟子是東方派的儒家。慎到是趙人,他尚法、尚勢之論最多,可説這也是三晉派的本色保存得多。《莊子》也是一部雜湊的書,不純粹是莊周之學,但他依然限於道家,還不能認爲雜家。把各部書各安排一個位置,於研究諸子之學,或者是有幫助的。

黄老之學是由各種學派漸趨接近的結果,而不是由一個道家雜取各家學説而後形成的。從田駢、慎到、尹文的議論,很可以看出這一點,司馬談却把這一關係説顛倒了。慎到、尹文他們把齊物、尚法不尚賢是相互聯系在一起的。《吕覽·不二》説:"有金鼓,所以一耳也;同法令,所以一心也;智者不得巧,愚者不得拙,所以一衆也;勇者不得先,懼者不得後,所以一力也。故一則治,異則亂;一則安,異則危。夫能齊萬不同,愚智工拙皆盡力竭能如出乎一穴者,其唯聖人矣乎!”這和《尹文字·大道》篇是完全一致的。《慎子·威德》説:“古者工不兼事,士不兼官……故士位可世,工事可常。……今也國無常道,官無常法,是以國家日繆。教雖成,官不足,官不足則道理匱,道理匱則慕賢智,慕賢智則國家之政要在一人之心矣。”其《君人》篇説:“君人者舍法而以身治,則誅賞奪與從君心出矣。然則取賞者雖當,望多無窮。受罰者雖當,望輕無已。君舍法而以心裁輕重,則是同功殊賞、同罪殊罰矣。怨之所由生也。是以分馬者之用策,分田者之用鉤也,非鉤策爲過人智也,所以去私塞怨也。故曰大君任法而弗躬爲,則事斷於法矣。”《天下》篇所謂“至於若無知而已,無用聖賢,塊不失道”,鉤策之喻,就是“塊不失道”之謂。依法行事如用鉤策,自然“無用聖賢”。這真是“非生人之行,而至死人之理”。從荀卿的批評來看,似乎田、慎是靈活非常;從《莊子》的批評來看,田、慎又似乎是呆板已極。我們綜合這些來自兩面的不同批評,就不難看出甚麼是黄老派的真實面貌。靈活與呆板都是“因物與合”的反映。正因爲呆板地隨物隨時而變法,所以它又靈活得非常。《威德》又説:“故立天子以爲天下也,非立天下以爲天子也。立國君以爲國也,非立國以爲君也。立官長以爲官也,非立官以爲官長也。”《吕覽·貴公》説:“天下,非一人之天下也,天下之天下也。”《荀子·大略》也説:“天之生民,非爲君也。天之立君,以爲民也。”似乎都是從慎到的學説來。荀卿法後王也是從慎到來。當然,這種學説和墨子選天子的主張也是有關聯的。申、韓雖也“歸本黄老”,但都言術,都强調君權,和田、慎就有些不同。李斯稱申子言:“有天下而不恣睢,是之謂以天下爲桎梏。”韓非言法,他説:“以賢人治不賢人則亂,以不賢人治賢人則治。"這種議論也是大不同於田、慎的。

《荀子・非十二子》説:"上功用、大儉約而僈差等,曾不足以容辨異。縣君臣,是墨翟、宋鈃也。"《莊子・天下》篇説宋鈃、尹文"以禁攻寢兵爲外,以情欲寡淺爲内"。宋鈃是墨家,應無可疑。班固説宋子"其言黄老意"。可見黄老之學顯然是有墨學成份。從《天下》篇言之,"救民之鬭,救世之戰","爲人太多,自爲太少"。這是宋鈃、尹文思想的中心,也正是墨學的精神。墨子尚節儉,宋、尹説人之情本"欲寡而不欲多",是把節用之説從思想根源上加以闡明。宋鈃認爲戰争的根本原因是源於人們的貪得無厭,總想掠奪别人,戰争才不斷發生。荀卿不瞭解宋鈃立言之意,在《正論》篇批評説:"子宋子曰:'人之情欲寡,而皆以己之情爲欲多,是過也。……然則亦以人之情目不欲綦色,耳不欲綦聲,口不欲綦味,鼻不欲綦臭,形不欲綦佚,此五綦者,亦以爲人之情不欲乎?曰人之情,欲是已……古之人爲之不然,然人之情爲欲多而不欲寡,故賞以富厚而罰以殺損也。……今子宋子以是之情爲欲寡而不欲多也,然則先王以人之所不欲者賞、而以人所欲者罰耶?亂莫大焉。"他不明白宋鈃之意是説一個人的生活需要原要不了許多,從而主張"人我之養,畢足而止"。人人都有必需的生活就可以了,不要因貪得無厭而掠奪别人,自然就可以"禁攻寢兵","天下安寧,以活民命"了。他認爲戰國時因争城争地而殺人盈城盈野,是源於人們的情欲無厭。他是要從根本上解决"偃兵"、"非攻"問題。荀卿反批評他是"蔽於欲而不知得",説他"有見於少,無見於多",便是文不對題了。

宋鈃"接萬物以别宥爲始"。《吕覽》中《去宥》、《去尤》二篇應該是有取於宋子别宥之義。《去宥》説:"齊人有欲得金者,往鬻金者之所,見人操金,攫而奪之。吏搏而束縛之,問曰:‘人皆在焉,子攫人之金,何故?’對吏曰:‘殊不見人,徒見金耳。’此真大有所宥也。夫人有所宥者,因以晝爲昏,以白爲黑,以堯爲桀。宥之爲敗亦大矣。亡國之主,其皆甚有所宥邪!”宥就是所謂蔽,宥是偏見主觀的根源,去宥才能“棄智去己”。人我之分,畛域之見,都是有所宥。宋鈃“以聏合驩”、“以調海内”,本就是“天下一家,中國一人”的思想,這是非去宥不可的。《尸子》説“料子貴别宥”,可見晚周還有專談别宥的。宋鈃的“爲人太多,自爲太少”,是他對人世有熱情。“周行天下,上説下教,雖天下不取,强聒而不舍。”正是他勇於爲人的表現。莊子當然更不能理解這一點,莊子總不免以自我爲中心,矜己而卑人,對人是冷酷的,當然要非難宋鈃“爲人太多”了。《韓非子·詭使》也説:“先爲人而後自爲,類名號,言泛愛天下,謂之聖。”這自然也是指的宋鈃一派。法家是對他們不滿的。究竟“先爲人”和“爲人太多”有甚麽不好呢?他是滿懷熱情與人合作,自然這又與慎到等人的齊物的基本精神相合,可以和“還與衆人同道”的學説相通了。宋鈃“不苟於人,不忮於衆”,郭注:“忮,逆也。”是對人謹厚,與衆無忤。完全是墨家的兼愛精神。《韓非子·五蠹》説:“今儒、墨皆稱先王兼愛天下。”兼愛是東方地區的共同思想。人與人相愛,又是慎到、田駢“公而無黨,易而無私”的基礎。莊周一派的思想,總是以不屑之意待人,輕世絶俗,而自視甚高,使人與人相輕。商韓一派總是以權術對人,使人與人相賊。他們從不同的角度都反對仁義。東方的儒墨談仁義,主張人與人相愛,人相愛則能相聚相容,人不相愛則民散,人相賊自然國不得安。田、慎的“還與衆人同道”,必然要以兼愛爲本。楊朱、墨翟都主張仁義,與老、莊、商、韓都不同。百家盛於戰國,但後來却是黄老獨盛,壓倒百家,兼愛可能是重要的因素。楊朱本來也談仁義,南北道家的不同,是很明顯的。郭沫若同志有一段文章我很心服,給我很大的啓發。他說:"照《天下》篇所引的關尹遺説看來,他是主張虚己接物的,心要如明鏡止水,對於外物要如響之應聲,影之隨形。他這種主張和宋鈃的'别宥'并没有多大區别。主張謙抑,不占人先而常隨人後,和田駢、慎到的'推而後行,曳而後往',也没有多大的不同。他的單獨成派,或者是因爲他把他們兩家的現實傾向都抛棄了的緣故罷。宋鈃、尹文志在'救世',慎到、田駢學貴'尚法',他們都還没有脱離現實,而在關尹或環淵便差不多完全擺脱現實而獨善其身了。'澹然獨與神明居',便很扼要地説穿了這種態度。"我認爲這一提示是抓著了南北道家不同的根本所在。郭沫若同志在《吕覽・審己》引列子和關尹一段問答後又説:"這裏雖然也提到國之存亡,但不求之於外政,而求之於内心,和慎子的尚法不同,依然是脱離現實的。"(皆見《十批判書・稷下黄老學派批判》)這樣分析,是透徹而扼要的。莊周、環淵一派,正因爲他們脱離現實,只知有自己而不知有他人,鄙視一切。中國二千餘年的知識份子,很多人受到這一思想的影響。凡是自高自大等許多壞習氣,都從這兒來。他們的人生觀每每是悲觀絶望的,是痛苦的。對現實問題是怯懦而不敢正視,只有逃避了。歷來的文人很多喜歡莊子,這和墨翟、宋鈃那種熱忱勇敢的氣概,是有天淵之别的。但南方道家如莊子之流,雖有逃避現實的缺點,而比之三晋法家專以變詐權術對人,使人與人相賊相害,還要好一點。秦用法家,其禍不旋踵。所以賈誼説:"商鞅遺禮義棄仁恩,并心於進取,行之二歲,秦俗日敗……其慈子嗜利,不同禽獸無幾耳。"《戰國策》中也多次指出秦的這一特點,這也是秦王朝覆滅的原因之一。凡漢人所以責秦,都是反對法家的治術。這很可看出漢初的人是如何評論晚周的學術。漢人尊重《孝經》,我認爲是有道理的。班固説墨家"以孝視天下,是以上同"。《論語》説禹"菲飲食而致孝乎鬼神"。墨家是效法夏代的,章太炎作過一篇文章論《孝經》本夏法,他認爲《孝經》説"五刑之屬三千"這一句就説明是夏刑,這是很有根據的。也可説,這類的書是通過墨家傳下來的。墨家主張兼愛,正與法家相反,而人類之愛總是從愛其親始,漢人看見人與人不相愛是秦王朝覆滅的原因之一,就不能不以愛教天下,以孝治天下。在以法家爲治的暴秦之後,以《孝經》爲統治者服務,在當時是很需要的。使我更覺得墨家泛愛學説是黄老的基本精神,宋鈃、尹文是突出的倡導者。

非攻之説,倡於墨子,宋鈃、尹文又從而加以闡發,凡墨子節用、節葬、非樂諸大端,都與相關。宋鈃、尹文的"見侮不辱","情欲寡淺",也都是爲了禁攻寢兵。荀卿對這些理論一一加以非難,荀卿的意圖,無非是爲封建社會建立等級制。在他的非難中,可使我們把這一派學説看得更清楚。《荀子・富國》説:"夫不足,非天下之大患也,特墨子之私憂過計也。……我以爲墨子之非樂也,則使天下亂,墨子之節用也,則使天下貧。……墨子大有天下,小有一國,將蹙然衣粗食惡憂戚而非樂,若是則瘠,瘠則不足欲,不足欲則賞不行。……墨子大有天下,小有一國,將少人徒、省官職,上功勞苦,與百姓均事業、齊功勞,若是則不威,不威則罰不行。……若是則萬物失宜,天下敖然若燒若焦,墨子雖爲之衣褐、帶索、嚽菽、飲水,惡能足之乎? ……故墨學誠行,則天下尚儉而彌貧,非鬭而日争,勞苦頓萃而愈無功,愀然憂戚而日不和。"可見墨子、宋鈃是主張在位的人也要和百姓均勞苦,從事生産,主張少人徒、省官職,主張一切儉約,來達到兼愛非攻。而荀卿之所謂儒術,是撞鐘擊鼓,芻豢稻粱,要貴賤貧富有等差,要懸君臣,兩相對比,荀卿所謂儒、墨之分也就清楚了。他反對薄葬,見於《正論》篇,益鄙下不成理。

《吕覽》是黄老一派,它在《節喪》、《安死》諸篇是贊同節葬、節用的。它却反對非樂,其《古樂》篇説:"樂所由來者尚也,必不可廢。"《大樂》又説:"世之學者有非樂者矣,安由出哉?"在這一問題上它是有異議的,惟措辭尚覺和緩。但它在反對偃兵時,態度就激烈了。《蕩兵》篇説:"古聖王有義兵而無有偃兵,兵之所自來者上矣,與始有民俱。凡兵也者威也……民之有威力,性也。性者所受於天也,非人之所能爲也。……兵所自來者久矣……未有蚩尤之時,民固剥林木以戰矣,勝者爲長。……長之立也出於争,争鬬之所由來久矣,不可禁,不可止,故古之賢王有義兵而無偃兵。……兵誠義以誅暴君,以振苦民,民之説也若孝子之見慈親也,老饑者之見美食也。"《振亂》篇又説:"今之世,學者多非乎攻伐,非攻伐而取救守,取救守則鄉之所謂長有道而息無道、賞有義而罰不義之術不行矣。……是非其所取而取其所非也,是利之而反害之也,安之而反危之也,爲天下之長患、致黔首之大害者,若説爲深。"其《禁塞》篇亦極力反對救守之説。荀卿之未敢倡言者,《吕覽》則疾聲而號呼之。它的理由是站不住的,只能説它是在爲秦滅六國的戰争進行辯護,是極明顯的。《管子》書也是黄老,但它對廢兵之説是抱懷疑態度。其《法法》篇説:"貧民,傷財,莫大於兵,危國,憂主,莫速於兵。此四患者明矣,古今莫之能廢也。兵當廢而不廢,則(古今)惑也。(此二者)不廢而欲廢之,則亦惑也,此二者傷國一也。黄帝、唐、虞,帝之隆也,資有天下,制在一人,當此之時也兵不廢;今德不及三帝,天下不順,而求廢兵,不亦難乎?"其《參患》篇又説:

“君之所以尊卑,國之所以安危者,莫要於兵。故誅暴國必以兵,禁辟民必以刑,然則兵者外以誅暴、内以禁邪,故兵者尊主安國之經也,不可廢也。若夫世主則不然,外不以兵而欲誅暴則地必虧矣,内不以刑而欲禁邪則國必亂矣。”《管子》之意似以兵是應該廢的,只是當時的形勢還不可能。這與《吕覽》以兵争是人的天性而悍然攻擊偃兵,就大不相同了。《韓非子·五蠹》説:“今境之民皆言治,藏商、管之法者家有之,而國愈貧。境内皆言兵,藏孫、吴之書者家有之,而兵愈弱。”可見管、商、孫、吴之書,遠在非子以前已就有了,只到漢初可能有些增益。凡古書皆然,不足爲怪,所以還是應把它當作先秦書來用。於此可見,晚周之時,偃兵説最盛,這是當世人民要求的强烈反映。惠施、公孫龍諸人皆言偃兵,所以《吕覽》説:“今之世,學者多非乎攻伐。”只有力圖兼并的人,才會反對禁攻寢兵。商鞅專講富國强兵的,他在《開塞》篇中,把他的法治主張説爲:“一國行之,境内獨治,二國行之,兵則少寢,天下行之,至德復立,此吾以刑殺之反於德、而義合於暴也。”以商君而言寢兵,本來就可笑,但這却是社會壓力的反映。《莊子》對偃兵問題的言論,也是可笑的。《徐無鬼》篇説:“愛民,害民之始也,爲義偃兵,造兵之本也。……君若勿已矣,修胸中之誠,以應天地之情而勿攖,夫民死亦脱矣,君將惡乎用夫偃兵哉?”這是把廣大人民的要求作爲開玩笑。周秦諸子學術是極其複雜的,要加以系統的清理,本極困難,但提出些共同的問題,如寢兵之類,把各家的議論和態度作對比觀察,各派的思想感情,也還不難看出一些。偃兵這一題目,也就是對諸子的試金石。從春秋時代向戌弭兵以來,經過墨家的倡導和在理論上加以發展,長期和戰争製造者作頑强的鬪争,雖以商、管之書,也不敢對此公開反對。但戰争却不因之停止,反而愈來愈激烈,偃兵説雖盛於一時,但終於未能實現。這一原因在略後的學者作過研究。《禮運》是儒墨兩家匯合的作品(另詳《論墨學源流與儒墨匯合》),它説:“今大道既隱,天下爲家,各親其親,各子其子,貨力爲己,城郭溝池以爲固,禮義以爲紀……以設制度,以立田里,以賢勇智,以功爲己,故謀用是作,而兵由此起。”這裹明白指出“貨力爲己”是兵之所由起,也就是説財産私有制是戰争的根源。所以它就主張:“貨惡其棄於地也,不必藏於己;力惡其不出於身也,不必爲己,是故謀閉而不興,盜賊竊亂而不作。”私有制既是戰争的根源,空口談偃兵是不行的,要禁攻寢兵,就需要建立和它相適應的制度,就是“天下爲公”的公有制。毫無疑義,這在當時也只能是空想。黄老的“虛無爲本,因循爲用”,到漢興將近百年的時候,改定制度的要求起來,今文學家注意於改制度,也就代黄老而興起了。

宋鈃的“人我之養,畢足而止”,是説在“人之情欲寡”的前提下,每個人都有同等的生活條件。自然不許可掠奪别人,舍此便無法“以調海内”。所謂“不飾於物”,應該是“不靡於萬物”的意思。郭注解“不以身假物”爲“必自出其力”。這和陳仲子的“不恃人而食”是相同的理論。也必須“人之情欲寡”然後才可以“不靡於萬物”。宋鈃、尹文因“救世之戰”,又才提出了“救民之鬬”,也是作更進一步的闡發。欲“救民之鬬”又才提出了“見侮不辱”。《韓非子·顯學》説:“是漆雕之廉,將非宋榮之恕,是宋榮之寬,將非漆雕之暴。”寬恕也正是“見侮不辱”的基本。荀卿説:“今子宋子案不然,獨詘容爲己。”楊倞注:“獨欲屈容受辱,爲己之道。”寬恕屈容,就可以“取不隨仇”、“見侮不辱”。這對“救民之鬬”,“設不鬬争”,便可迎刃而解。若不能以“兼愛”爲心,缺乏對人類的同情,是不能寬恕屈容的。荀卿批評宋鈃説:“子宋子説不免於以至治爲至亂,豈不過甚矣哉!”(《正論》)粗略讀去,似乎很難理解。結合《天下》篇對墨翟的批評:“亂之上也,治之下也,將求之不得也,雖枯槁不舍也,才士也夫!”才知道墨翟、宋鈃有他所追求的至治的社會。而在荀卿看來,那種社會却是“不足以容辨異,縣君臣”,是“僈差等”的社會。荀卿則是要建立等差。當然墨、宋所謂的至治,荀卿就要認爲是至亂;莊、荀所謂的至治,墨、宋也就要認爲是至亂了。(韓非把宋鈃、漆雕二人進行對比討論,《顯學》説:“漆雕之議,不色撓,不目逃,行曲則違於臧獲,行直則怒於諸侯,世主以爲廉而禮之。宋榮之議,設不鬬争,取不隨仇,不羞囹圄,見侮不辱,世主以爲寬而禮之。”孟子説:“北宫黝之養勇也,不膚撓,不目逃,思以一毫挫於人,若撻之於市朝。不受於褐寬博,亦不受於萬乘之君。”這種行徑都完全是游俠刺客一流。梁啓超認爲游俠刺客出於墨學,這一論斷,我很信服。但漆雕又是八儒之一。或許可説漆雕是墨徒之入儒家者。宋鈃是墨徒之合於楊朱者。似乎他們是墨家的兩個小枝派。這也可見晚周學術分合異同之間,是有一些變化發展。黄老一派,正是由此而形成。漢時的儒學,又何嘗不是如此。儒家和别家之説匯合,而“儒分爲八”。八儒匯合便成爲新的儒學,今文學家也就是這樣成長起來的。)孟子説:“楊子取爲我,拔一毛而利天下不爲也;墨子兼愛,摩頂放踵利天下爲之;子莫執中。”趙岐注:“子莫,魯之賢人。”朱熹注:“子莫知楊、墨之失中,故度於二者之間,而執其中。”這是最早合楊、墨於一途的學者。《尸子·度澤》篇説“皇子貴衷”。皇子可能和子莫同是一派。近人説子莫就是《説苑·修文》篇的顓孫子莫,曾子也很稱讚他(先秦稱的曾子多是曾申,此不詳説)。也有人説顓孫子莫就是子張之子申詳,可能是儒家而兼取楊、墨的學者。雖無詳細材料作證，但周秦學術有這種變化，大致是可以肯定的。周秦時代的學術資料遺存不多，根據各家的相互批評，也可以探索出一些著作已佚的學者的學術面貌。田駢、慎到、宋鈃、尹文的問題，正是這樣。但也有由於批評者宥於成見，批評時措辭失當，造成後人的誤解。如《莊子·逍遥遊》説："故夫智效一官，行比一鄉，德合一君，而徵一國者，其自是也，亦若此矣。而宋榮子猶然笑之，且舉世譽之而不加勸，舉世非之而不加沮，定乎内外之分，辯乎榮辱之境，斯已矣。彼其於世，未數數然也。雖然猶有未樹也。"這裏説宋鈃對世之毁譽曾不經心，所謂"内外之分"，不免内我而外物，故不汲汲於世之毁譽。這和莊周的輕世自肆，以天下爲沉濁，不屑和衆人討論的態度，有何差别？這種態度，絶不是宋鈃的精神。黄老派因循任物，終身無譽，所以不以譽勸。"雖天下不取，强聒而不舍"，所以不以毁沮。宋鈃的"爲人過多"，和莊周不屑於人的態度迥然不同。他是不苟於人，而非輕視别人。墨子説的"餘力相勞，餘財相分，良道相教"。宋鈃"上下見厭而强見"，正是墨學的精神。《孟子·告子》載："宋牼將之楚，孟子遇之於石丘。……（宋牼）曰：我將言其不利也。（孟子）曰：'……先生以利説秦、楚之王，秦、楚之王悦於利以罷三軍之師，是三軍之士樂罷而悦於利也。爲人臣者懷利以事其君，爲人子者懷利以事其父，爲人弟者懷利以事其兄，是君臣父子兄弟終去仁義懷利以相接，然而不亡者，未之有也。'"宋牼所説的利，無疑是墨子所謂"兼相愛、交相利"的意思。這和蘇秦、張儀巧詐之徒所説的利是不同的。孟子這樣説，難道是要人彼此不相利嗎？當然也不是。這些材料都是要從多方面輾轉互證，求得解釋，才能恰當的使用。（周秦諸子的注，也是不易使用的。漢和晉唐諸子之書存者尚多，注諸子就易於找根據,但又大有高下之分。魏晉本來哲學要盛一些,郭象注《莊子》"謑髁無任",謂"不肯當其任而任夫衆人,衆人各自能,則無爲横復尚賢也"。這是貫通了諸子各家之學,才能下語如此精當。《齊策》"齊人見田駢曰:聞先生高議,設爲不宦",這正是不肯當其任而任衆人之意。漢代人不留心名理之論,高誘注《吕覽》"陳駢貴齊",他以"齊生死、等古今"爲解,就不免差毫厘而失千里。中唐人亦究心哲學,但又不及晉人。如楊倞之注《荀子》,雖不及郭象,却比高誘好一些。一個人學問的得失,總是和那一時代分不開的。)

黄老一派,田駢、尹文、接予,都是齊人。《莊子·則陽》篇説:"季真之莫爲,接予之或使。"莊書對這兩種學説都予以否定。"莫爲"可解釋爲莫之爲而爲,"或使"可解釋爲若或使之然。這都是對宇宙現象加以解釋。《吕覽·義賞》説:"春氣至則草木産,秋氣至則草木落,産與落,或使之,非自然也。故使之者至,無物不爲,使之者不至,物無可爲。古之人審其所以使,故物莫不爲用。賞罰之柄,此上之所以使也。"其《用民》説:"古者多有天下而亡者矣,其民不爲用也。用民之論,不可不熟。劍不徒斷,車不自行,或使之也。"《吕覽》這兩段文字,可以認爲是接予的學説,是企圖把自然界領域的或使論運用到社會領域。對宇宙萬物的運動變化,認爲不是自然而是或使,歸結可能傾向於認爲一切都是神的作用。這樣當然是錯誤的。但從社會現象來説,如果田駢、慎到的學説真如《天下》篇所説"非生人之行?而至死人之理",必"至於若無知之物而後已"那樣的機械,我們就應該承認接予的或使論在黄老學派中,是有積極作用的。因爲他在這裏是發現人的主觀能動性了(因晚周如《馬蹄》、《駢拇》一流思想,把放縱無秩序以爲自然,故《吕覽》則以四時之行非自然而爲或使)。這就把黄老學説的面貌提供了新的研究題材。《管子》中的《心術》、《内業》、《白心》各篇,我以前認爲是慎到、田駢的學説,也有同志從"白心"二字着眼,認爲這幾篇書是宋鈃、尹文的學説,如果從或使論來看,也可以説是接予的學説。總的來説,這些學者都是黄老派,他們同在稷下,互相學習,互相影響,我們説這幾篇書是黄老派的學説就可以了,似不必確認其定是何人的作品。《白心》一篇把"或使"理論闡發得很明透。它説:"天或維之,地或載之。天莫之維,則天以墜矣;地莫之載,則地以沉矣。……又況於人,人有治之辟之,若雷鼓之動也。夫不能自摇者,夫或摇之。夫或者何,若然者也。視之則不見,聽之則不聞,灑乎天下滿,不見其塞。……韕韕乎莫得門。故口爲聲也,耳爲聽也,目有視也,手有指也,足有履也,事物有所比也,當生者生,當死者死。……上聖之人,口無虚習也,手無虚指也,物至而命之耳。發於名聲,凝於體色,此其可諭者也。不發於名聲,不凝於體色,此其不可諭者也。及至於至者,教存可也,教亡可也。……故曰孰能去辯與巧,還與衆人同道。故曰思索精者明益衰,德行修者王道狹。"這許多理論,可説是合符"出爲無爲,則爲出於不爲"的説法。以"能若夫風與波乎"伸因循之説,與田駢、慎到可謂相同。但田駢、慎到説"若飄風之還,若羽之旋,若磨石之隧",而繼之以"若無知之物而已","塊不失道"。這裏説"能若夫風與波乎",而繼之以"唯其所欲適"。"唯其欲適"是靈活的,是主動的。"若無知之物"是死板的,是被動的。這就是接予或使論的作用,比之田、慎要深刻一些了。《白心》以"去辯與巧,而還與衆人同道"伸齊物而不尚賢,顯然比田駢、慎到也高出一層。《中庸》説"庸德之行,庸言之謹",庸就是同乎平凡人。"夫婦之愚可以與知,夫婦之不肖可以能行”,這樣的知行,才是真理所在。庸未必即合乎中,但中必須是基於庸的。不合乎庸也就是行不通的。《管子·白心》一篇一開始就説“上之隨天,其次隨人,人不倡不和,天不始不隨”,“天不爲一物枉其時,明君聖人亦不爲一人枉其法,天行其所行而萬物被其利,聖人亦行其所行而百姓被其利”。“是以聖人之治也,静身以待之,物至而名自治之。奇身名廢,名正法備,則聖人無事。”“去善之言,爲善之事,事成而顧反無名。能者無名,從事無事。”“故曰孰能棄名與功,而還與衆人同。孰能棄功與名,而還反無成。無成貴其有成也,有成貴其無成也。”黄老派的齊物論,“與衆人同道”,又更進一步至“無名無功,無事無成”。《管子·心術》説:“聖人若天然,無私覆也;若地然,無私載也。私者,亂天下者也。凡物載名而來,聖人因時財(裁)之,而天下治。”蓋視天下之事原是自治的。《心術》又説:“無爲之道,因也。因也者,無益無損也,以其形因爲之名,此因之術也。”不以物爲法而以己意損之益之,便是傷之亂之。不傷不亂,無損無益,而天下自治,所以説有成而實無成。楊朱“不拔我一毛而利天下”,正因爲拔一毛以利天下即是益一毛以亂天下。楊朱對梁王説“治天下如運諸掌”(見《説苑·政理》),楊朱非不治天下,“無事而天下自極也”(申不害語),此之謂“運諸掌”。黄老一派極重名法,《心術》説:“名者,聖人之所以紀萬物也。”司馬談説:“其實中其聲者謂之端,實不中其聲者謂之窾,窾言不聽,姦乃不生。”《吕覽·正名》“形名異充,聲實異謂”,聲就是名的意思,實就是形的意思,要名實相符。窾言就是空而無實之論。不循名責實,一切空論滋起,天下何由得治。此等議論甚多,於此毋庸多説。司馬談又説:“道家精神專一,動合無形。神大用則竭,形大勞則敝。不先定其神,而曰我有以治天下,何由哉!”黄老一派殆無不言全生貴己。詹何對楚王説:“何聞爲身,不聞爲國。”應該説,此派議論是認爲爲身正所以爲國。即此諸端,都是黄老與南方道家莊周等人頗相違反的。漢初黄老盛行,這和莊周學派顯然無關。

司馬遷説:“曹參薦蓋公言黄老,而賈生、晁錯明申、商,公孫弘以儒顯。”(《太史公自序》)把漢初一段的政治思想説成三變。葉水心説:“賈誼、晁錯其實只是《管子》一書。”這句話説得很好。賈誼明引《管子》不止一次。晁錯言守邊備塞時説:“古之制邊縣,以備敵也。使五家爲伍,伍有長;十長一里,里有假士;四里一連,連有假五百;十連一邑,邑有假候。”這也全出《管子》之書。賈、晁的思想不似申、韓慘刻,其言論深似《管子》,也很明顯。如果承認《管子》書也是黄老,也可説文、景時還是用黄老,直到武帝表彰六經才一變,更合實際些。太史公説:“竇太后崩,武安侯田蚡爲丞相,絀黄老形名百家之言。”正見絀黄老是漢武帝時事。但就《管子》全書而論,它講制度的文字很多,應爲漢時所集成,比之《吕覽》確乎是一變。似乎因爲此時已須建制度,因之所收涉及制度的文字多一些,與漢初專務休養生息的黄老學又有些不同了。總的説來,是百家之學聚於稷下,尹文、宋鈃、田駢、慎到、接予之徒,互相吸收,才形成這一派。并非先有黄帝、老子之學,然後各家去學黄老。黄老這一名稱,是到漢時才有的。更不是由道家去吸取各家之長,而是各派都有人納入到這一途。從稷下到淮南,時間先後二百年,學説是有發展變動的。從區域來説,《吕覽》、《管子》、《淮南子》和稷下先生,地方文化的歷史條件也是各别的。這種錯綜關係都很複雜,要分疏清楚自然不容易。自劉向定爲九流,以慎到入法家,以田駢、接予入道家,以尹文入名家,以宋鈃入小説家,以《吕覽》、《淮南》入雜家，於是黄老之學若存若亡。其内容大概遂亦不明。至於黄老在漢初何以能獨盛，而百家遂衰，就更無法説明了。太史公以老、莊、申、韓同傳，因之老莊與黄老就更難分别。黄老是有助漢初之治，老莊亦有助於魏晉之亂，應該有極大的區别。班固更把《黄帝四經》、《管子》諸家和《莊子》、《列子》同列爲道家，只認他們是“清虚以自守，卑弱以自恃，……獨任清虚，可以爲治”，全未涉及司馬談所説的“因循”，甚麽是因循也全不明白。黄老所説的以“還與衆人同道”爲齊物，以“舍己而以物爲法”講因循諸大義，都湮晦不彰。《莊子》一書最突出的偏激之論，正在太史公所指出的《漁父》、《盗跖》、《胠篋》諸篇，這些篇和《馬蹄》、《駢拇》幾篇都可認爲是莊學末流的極端之論。如《胠篋》説：“田成子有盗賊之名，十二世有齊國。”可證明這是齊王建以後的書。韓非也是戰國末期的人，太史公舉出《孤憤》、《五蠹》，也正是法家後期最突出的偏激極端之論。《商君書》也多是秦昭王時代的作品。百家之學都應該分别它前後期議論的不同之點。史公作傳，把這些極端之人、極端之論，重點突出，是可以的。但在今天研究學術思想，就須得仔細分析它前後變化和各家錯綜之迹，才能處理適當。我所做的工作是遠遠不够的，就是這篇論黄老各家學説，也僅是把自己過去所感覺到的問題提出來，想和同志們商討。其實，還應該以《吕覽》、《淮南》、《管子》三書爲基礎，把自己所提出的問題作進一步深入探討，才可説是研究。但在寫此稿時，經過一段用心，已使我對某些問題比以前更明確一些。

這篇粗糙的稿子，未多用《老子》的文字，并不是有意抹殺《老子》，我從前對《老子》一書的校勘輯佚方面曾花過不少功夫。在這次寫作時，使我對《老子》一書的認識更要清楚些，我總覺得它和前面所談黃老學派的思想頗有不同,與南方道家的莊周也不相同。舉個最明顯的問題,莊子不言術,《天下》篇説的關尹、老聃也不言術,言術是申子以後的學説,是法家的流變,《老子》書言術的地方太多,又專喜計較個人利害得失,使我很不喜歡它。我認爲它是戰國晚期的書,是三晉人的作品而托之老聃。據《史記·樂毅傳》,此書傳自戰國時河上丈人,六國時惟三晉與齊境内有黃河,河上丈人宜居三晉。《老莊列傳》言:“老子之子名宗,宗爲魏將,封於段干。”汪中説就是魏安釐王時魏將段干崇。樂瑕公、樂巨公世傳《老子》,又是趙人。它言術又是本之申子,是韓人。説這部書是後來三晉黃老派學者所作,或更要恰當些。司馬遷學《道論》於黃子,是黃老派下人物,宜知此書淵源。只有他才談到老子姓李名耳,應該李耳才是作這部書的人,也就是魏安釐王時人,也可能就是河上丈人。葛玄輩古道家或言老子生於李樹下,或言指李樹爲姓,應該是李耳生於李下。《戰國策·秦策》有李下,鮑注:河内成縣有李城,是今温縣,六國時魏邑。是李耳爲此邑人,以李爲姓。魏晉羽流不知李下是邑名,妄説爲李樹下,這是有根據的傳訛,應該即是魏人。是李耳作書,而托之老聃。太史公説李耳即老聃,“蓋百有六十餘歲,或言二百餘歲”,是故爲奇詭之説。法家明取道家爲君人南面之術,這部書正以黃老而言術。書中充滿陰柔權術,和宋鈃、尹文、田駢、慎到那種光明熱情的態度絶不相同。這部書的思想在中國歷史不知曾影響過多少人,它起的壞作用比起的好作用可能更多一些。決不是首先有黃老之書,然後才有稷下黃老之學。晚周還没有黃老之稱,這是漢代人才有的名稱。《老子》絶是戰國晚期三晉申不害一流人的作品。凡戰國作經,如《道經》(見《荀子·解蔽》)、《墨經》及韓非書中所見的《法經》,應該都是晚期學者所作。

每一派學術發展到了高度成熟的時候,把這派學術的高度概栝的結論和要點歸納起來成一部書,就稱之爲經。儒家删六經,也是荀卿時代的事。《詩》、《書》六藝,本無經名。儒家不作經,而是把古文獻加以删定,合於他們論點的就保留,不合的就删去。《老子》絶不能是早期的作品,而只能説它必在韓非之前。《隋書·經籍志》説:"《黄帝》(四經)四篇,《老子》二篇,最得深道。"可見漢人稱黄老是指的《黄帝四經》四篇。由班《志》看來,這是六國時的作品,所以把它列在田駢、鶡冠的後面。《吕覽》徵引過幾處而外,韓非、賈誼、《淮南》、《六韜》亦偶引之。古代是有此二人,也有些傳説,都未著書傳後。後人取稷下先生的理論來作書,托之黄帝、老子,漢人才把宋鈃、尹文諸人稱爲黄老。我在寫這篇文字時,考慮到各派學者的思想感情,同時也激動了我的思想感情,使我很不喜《莊子》、《老子》這兩部書(《莊子》各篇還應分别對待)。它對人類社會缺乏熱情,黄老學派不能由它來代表。黄老應該以東方(齊人)爲中心,它和儒、墨一樣都是主張仁義,他們熱心救世,他們"爲人太多","强聒不舍",是對人類充滿熱情、充滿希望的表現。他們對人生不悲觀而是樂觀,對未來充滿希望而不是絶望。他們是從"四海之内皆兄弟"的精神出發的,是主張"以不忍人之心,行不忍人之政"。法家總是自視爲智者能者,别人都在他的術中,只能任其恣睢。商鞅、韓非之流,其對人君,對百姓,甚至對父子兄弟,都是待之以術而絶無誠心。這種自視甚高、以自我爲中心的利己主義,是可驚的。清静不足爲害,象老莊那樣的自以爲智、自以爲能,就大爲有害了。他們絶無法了解群衆的智能,又怎能和衆人合作共事呢?怎能"棄智與巧而還與衆人同道"呢?我認爲人與人相信相愛這一點是儒、墨、楊朱和晉、楚之學説絶不相同的。漢文帝好黄老,有一個小故事,足見他是深懂黃老理論的。當時有獻千里馬者,他却而不受,他説:“朕乘千里馬,獨先安之。”這就是“還與衆人同道”的意思,這比曹參之流的清静的黃老要高許多。莊周、韓非之流,都是自負爲千里馬,而看别人都是駑馬,南北的齊物論於此就大不同了。離開了群衆將是一事無成,離開了群衆的知識也將是一無所用。如像莊周、韓非諸人的知識,如《老子》只計個人成敗得失的言論,那就不止是無用,而且是有害了。

太史公説:“韓非喜形名法術之學而歸於黃老。”又説:“申子之學本於黃老而主形名。”把申、韓也認爲是黃老,是有道理的。但對於黃老思想核心的道德,韓非顯然是反對的。《韓非子·忠孝》説:“世之所謂烈士者,雖(離)衆獨立,取異於人,爲恬淡之學,理恍惚之言,臣以爲:恬淡,無用之教也;恍惚,無法之言也。”他所指責之言,正是黃老之所謂“道”,《六家要旨》言道家“夫道混混冥冥”,“其辭難知”。《顯學》又説:“今有人於此,義不入危城,不處軍旅,不以天下大利易其脛一毛,世主必從而禮之,貴其智而高其行,以爲輕物重生之士也。”這正是針對黃老前輩楊朱之徒而發。申、韓雖有取於黃老,而究竟與黃老顯然不同。韓非書有《解老》、《喻老》兩篇,思想頗不一致,《解老》純是道家言,《喻老》只是借道家言以申法家之説。當然二者不是一人的作品,尤其是此二篇對“天下有道却走馬以糞”一章的解釋,大不相同,更足證明。可見韓非書中如《解老》這樣以别一家的學説誤入非子書中者當復不少。所以一書之中矛盾也多,韓非反對仁義,書中隨處可見,而《用人》一篇突然説:“故明主厲廉耻,招仁義。”真使人懷疑與《用人》相近的《觀行》、《大體》等六篇是否韓非之書,在周秦諸子中如此之例是常見的。漢武帝時,丞相衛綰奏罷申、商、韓非、蘇秦、張儀之言在先,而田蚡爲丞相絀黄老形名百家之言在後,知申、韓和黄老在漢人認識上是區分開的。申、韓與黄老殊異,自無可疑。黄老和莊周一流不同,前已提到一些,這裏作點補充。"形名"是黄老爲治的主要工具,司馬談《論六家要旨》中説得很清楚。《莊子·天道》説:"古之明大道者,先明天而道德次之,而仁義次之,而分守次之,而形名次之,而因任次之,而原省次之,而是非次之……故書曰有形有名。形名者,古人有之,而非所以先也。古之語大道者,五變而形名可舉,九變而賞罰可言也。驟而語形名,不知其本也,驟而語賞罰,不知其始也……此之謂辯士一曲之人也。"莊子之流其輕視形名如此,這明是他反對黄老。《在宥》篇説:"賤而不可任者物也,卑而不可因者民也。""因性任物"是田駢、慎到學術的核心,莊子之流對此是這樣明白的反對,莊周一派不能和黄老混同,也是無疑的。《漢書·藝文志》的道家,一部分是楚人,一部分是齊人,法家則多是三晉人。這種學術思想的分野,是與各個地區文化歷史條件的不同、物質生活的不同有密切的關係。孟子説:晉之《乘》,楚之《檮杌》,魯之《春秋》,就説明三地區歷史傳説本屬三個系統,内容大有區别。在古代"其民老死不相往來"的情況下,一川之隔,一林之障,都會使各地方有巨大的差異,是不足爲奇的。到秦漢大統一以後,這種情況才逐漸改變。秦以法家之説爲治,秦、晉的思想本多共同之處。項羽、劉邦都是楚人,漢初楚詞本來就盛,楚歌、楚舞也盛,漢賦本就是從楚詞發展而來,道家思想原是楚人的思想,漢初道家思想盛行也不會是偶然的。漢初接觸到北方思想,首先與黄老一派合流,也很自然莊周與黄老一派同以虚無爲本,是其相接近的一面,但其間也很有差别。無論楊朱、田駢、慎到、宋鈃、尹文、詹何、子華都講仁義，和莊周、韓非都反對仁義，截然不同。

北方（齊）的道家，可能早已產生了，只是諸子著書是後來的事。《莊子》書中的南郭子綦可能是北方最早的道家，莊書中有項記載，都和顏成子游在一起，首見於《齊物論》，再見於《人間世》和《徐無鬼》，都作南伯，又見於《寓言》，作東郭。由於每次都和顏成子游在一起，故唐人認爲是一個人。所載言議，無疑是道家。《經典釋文》引李灝説居"齊南山穴也"，説明是齊人。他説："田禾（和）一睹我而齊國之衆三賀之。"知與田和同時而稍長。他是遠在楊朱之前的道家。知北方（齊）早已有道家，而北方道家就是黄老之學的前驅。它和南方（楚）的道家有接近的一面，又有它們絶不相同的一面。"以虚無爲本，以因循爲用"，言兼形名，理歸仁義，黄老學和周秦各派的異同區分，倘即在此。

【編者附記】先君此稿作於一九六一年上半年，係應《新建設》雜誌編輯部之約，蓋據舊稿《黄老考》而作，然無論論點、材料都較舊作大有發展，所見益深。尤以論黄老學説之主要内容與南方道家莊周之流的區分，及黄老學自由、慎而《吕覽》、《管子》，而《淮南》之步步發展，最具特色；而於申韓法家及莊周、《老子》則頗有貶辭。然此稿經排校之後，不知何故終於未獲刊布，手稿亦未退回，僅退回排校稿一帙，豈編輯部所以暗示"責不在我"之意乎！默編輯先君文集第一卷《古學甄微》時，以此稿與《楊朱學派考》部分材料重複，於是删其重複而存"節録稿"於集中，然以删節不善，遂致斷裂不成文章，既不能見全文體系，又亂其論述層次，而其獨到見解遂多隱晦不顯，私心深以爲憾。今得編輯《中國哲學思想探原》之機,遂重整理全稿發表於此。

蒙　默　整理後記

一九九六年八月

原載《中國哲學思想探原》,臺灣古籍出版社

有限公司一九九七年十月出版,兹據整理。

《嚴君平〈道德指歸論〉佚文》序言

《道德經指歸》一書，文高義奥，唐宋道家，頗取爲説。其地位之重，僅次河公。然在近世，各有疑信，而終無定説。由今論之，其成書之故，蓋有可求者。《漢書·王貢兩龔傳》稱："君平依老子、嚴周之指，著書十餘萬言。"是君平固曾有著書。《隋志》、陸《序》皆言君平有《老子指歸》十四卷。唐、宋《藝文志》亦皆著之。明曹學佺《玄羽外编·序》乃云："近刻嚴君平《道德指歸論》，乃吴中所僞作。"四庫館臣遂援爲口實，而《指歸》遂不得爲唐宋以來之舊籍也。考今之《指歸》，《天一閣》著録十三卷，是尚有全書；而《正統道藏》僅存七卷以下，已佚其前半。然强思齊《道德經玄德纂疏》引君平説百二十餘事，宋陳景元《道德經藏室纂微》引君平説五十事，李霖《道德經取善集》、劉惟永《道德經集義》亦頗引之；凡釋《下經》者，皆與今本《指歸》符合。則曹氏之説，實不攻自破。强引文多删節，如於"道可道"下引君平説云："道德彰非自然，功名顯非真素。"而《雲笈七籤》開卷即徵《老君指歸》將五百言，末二句正同强引。知張君房取之詳，强氏取之略，陳景元引文亦詳。皆此一書，無足疑者，即今本《指歸》也。强引嚴説，復有數處，校之今本，乃谷神子注文，非君平説；又知谷神子者亦唐時人也。谷神子爲裴鉶，有《道生旨》一篇，見《雲笈七籤》。自晁公武以馮廓亦有《道德經指歸》，因謂谷神子爲馮廓，後人多沿之，誤也。唐百川前輩謂："劉昭《續漢書·祭祀志》注引莊子曰:‘易姓而王,封於泰山,禪於梁父,七十有二代,其有形兆垠堮。’數語在《指歸》第七卷中,足知今之《指歸》,即梁時劉昭之所見。”自宋以來,《困學紀聞》之倫,每以嚴書言“莊子”爲漆園之佚文,不知《指歸》之莊子即君平之自謂,而惑者反謂君平引莊語何以皆爲佚文,斯爲大失也。進而論之,《指歸》之名,已稱於常道將書。《華陽國志》言:“君平專精《大易》,耽於《老》《莊》,著《指歸》爲道書之宗。”則《指歸》即不必爲班氏所稱之書,而在晉世已先有之,尚不始於梁代;常氏書終於永和三年,宜《指歸》已出於永和之前也。《漢書·司馬遷傳》注徵晉灼注稱《老子》曰“善閉者無關楗”,嚴君平曰:“折關破楗,使姦者自止。”又徵晉灼稱嚴君平曰:“黜聰棄明,倚依太素,反本歸真,則理得而海内鈞也。”“折關破楗”二語,即見今本《指歸》卷七中,決晉灼所引“嚴曰”即《指歸》文也。顏監《漢書序例》云:“至典午中朝,爰有晉灼,屬永嘉喪亂,金行播遷,此書雖存,不至江左。”晉灼既永嘉前人,知《指歸》實永嘉前書也。《三國志·秦宓傳》言:“嚴君平見黄老作《指歸》。”秦宓、晉灼時不相遠,所見必是一書,則《指歸》漢晉間所作,故文辭與阮籍之儔相近。皇甫謐爲晉武帝時人,其作《高士傳》,僅言“嚴遵閉肆下簾,以著書爲事”,不言著《指歸》,殆士安未見《指歸》之書而秦宓見之。倘此書漢末蜀之隱君子所作,故托於君平,漢末分崩,僅傳於蜀,秦宓、常璩皆蜀人,故得見之。百川唐氏必論其真爲君平之書,殆未必然。今傳《指歸》本,以唐刻爲最善,唐氏得明姚舜咨抄本,刻之《怡蘭堂叢書》。所采佚文僅三條。惟取“雲笈七籤”二條,“唐寫《修文御覽》”一條而已。今從《强疏》得百二十餘條,從陳書得二十五條,從李霖集采十有二條,劉惟永書一條,幸稍多於唐輯。惟道生之第五一章,强引嚴説四條,皆與

《指歸》文不類,“道生”章在今本存卷内,顧亦無之,未知爲强氏之誤歟?陸《序》、《隋志》并有嚴注《老子》二卷,此四事者,豈爲所謂君平注《老》之文歟?顧歡《注疏》中亦有“嚴顧等曰”一條,亦與《指歸》文不類,皆附存卷中,以俟考論。前究嚴論,於“道冲而用之或不盈”曰“中和之道,不盈不虧”云云,凡四十四字,以爲義本浮屠,旋考知此實李榮《老子注》文,非君平之説,强思齊誤繫君平説後,乃《正統道藏》本之誤也,兹剔出之。其釋“長短相形,高不相傾”之説,殆裴注語,强引裴注例謂之嚴也。或亦即所謂君平注《老》之文歟?董思靖言:“嚴遵以陽九陰八相乘爲七十二,上四十章,下三十二章。”《指歸》末有君平説二經目,文與董同。知嚴書分章,與河上之八十一章者不同。今姚抄《下經》皆存,而爲四十章,與河上公分章不合,與董思靖三十二章之説亦不合,豈董説爲上,下二字誤倒歟?今以姚本嚴論與河上本相校,嚴分河上“其政悶悶”章“人之迷其日固久”以上,繫於“以正治國”章之末爲一章;而自“方而不割”以下,冠於“治人事天莫若嗇”章之首爲一章;又“昔之得一”章,合下“反者道之動”章共爲一章;又“天下皆謂我大似大肖”章,合下“古之善爲士者不武”章共爲一章;又“天下莫柔弱於水”章,合下“和大怨必有餘怨”章共爲一章。此《下經》河、嚴二本分章之同异也。至《上經》,惟《郡齋讀書志》稱嚴“以‘曲則全’章末十七字爲後章首”。知亦分此一章合於上下之二章,至其他六章之合,則無可考也。嚴書今本文字同異,陳景元、范應元二書多引之,與河上、王弼本皆不同。今《正統道藏》嚴論之經,與陳、范二家所引嚴經皆不能合。今之所輯,重在嚴論佚文,至嚴經同異,以具載友人蔣錫昌兄《老子校詁》中,兹不備録。嚴書之體,原爲經文居前,而論則繫各章之後自爲一篇。此之所輯,本之强、陳各家所引，而各家皆摘取論文分繫各經句下，固非嚴書之舊。然今既從强、陳諸家輯此佚文，則亦惟依諸家之體，分繫論文於各經當句之下，誠非《指歸》原製，以佚文既本之强、陳諸家，亦惟用諸家之法而已。覽是編者，幸能諒之。蒙文通識。

原載《圖書集刊》第八輯，四川省圖書館一九四八年六月編印。收入《蒙文通文集》第六卷《道書輯校十種》時有修改，兹據整理。

《〈老子〉王弼本校記》叙録

武英殿聚珍本《老子道德經王弼注提要》云:"後諸家之解日衆,弼書遂微,僅有傳本,亦多訛謬。此本乃從明華亭張之象本録出,亦不免於訛脱。今謹據《永樂大典》所載本,詳加參校,考訂同異。"聚珍本《經》、《注》校正處,皆備引《永樂大典》本,惟三十二章《注》:"樸之爲物,以無爲心也亦無名。"校語云:"一本作'樸之爲物,無心故無名'。"不言《永樂大典》而言"一本",則此即所謂"弼書遂微,僅有傳本"者也。此本實優於華亭、永樂二本,亦優於《正統道藏》本,知紀昀之校王《注》,確據三本。惜稱"一本"者裁一條而已。焦弱侯《老子翼》中,間取王《注》,而第三十二章王《注》備存,正作"無心亦無名"。知紀氏所云"一本",即焦氏所用本,乃紀氏僅取其一條,竟不知其意之所謂。豈以其"亦多訛謬"而遺之,未備校其同異,而偶見此條之善而特録之乎?第三章"弱其志,强其骨"各本王《注》均作"骨無知以幹,志生事以亂"。紀氏於聚珍本補"心虚則志弱也",出校語云:"六字原本缺,《釋文》有,今校補。"而此六字自爲陸德明語,《釋文》若此者多,不可以爲王《注》。若爾,則《釋文》之應補入王《注》者奚止一事。特紀氏於此見王《注》文意未足,姑以《釋文》終此注之意耳。焦氏《老子翼》此章引王《注》文"骨無知以幹故强之,志生事以亂故弱之"。則焦氏所據實勝各本,而紀氏佚之不取,誠可惜也。焦氏於凡取王本者,皆存於

《老子翼》中:如“輕則失根,躁則失君”,近代校王《注》者皆知作根之善,而未知焦氏王本之正作根。各家罕留意於焦氏注中所引各本,是誠一失。至焦氏所附《老子考異》,則作《老子翼》所不取者,列各家異同亦衆,諸家亦多弗引及。焦氏《考異》多襲用彭鶴林之舊,焦云依薛君采,而薛實依彭,校之可知。凡《考異》中所引王弼凡二十三事,其言“陸王弼”者,依陸德明《釋文》以言王弼,自不得爲焦所見之王本;其言王弼本而無徵於《釋文》者,乃焦氏所見者:十六章“吾以觀其復”,焦云“王弼本無‘其’字”;“静曰復命”,云“王弼本作‘是謂復命’”。十七章“信不足,有不信”,云“王弼有二‘焉’”。三十一章“殺人衆多”,云“王弼作‘之衆’”。三十八章“處其厚不處其薄,處其實不處其華”,云“王弼作‘處其厚不居其薄,處其實不居其華’”。四十三章“無有入於無間”,云“王弼作‘無有入無間’”。四十八章“故取天下者”,云“王弼無‘故’‘者’二字”。凡此諸條,則焦氏所舉王本之《經》,已可灼知其已非真王弼本,與張之象本相去無幾。注雖有善,而經已亂,是似不得爲王《注》之善本也。

華亭張氏本,與《正統道藏》本,其經皆顯非王弼之舊。二本後皆有晁説之、熊克兩跋,則兩本皆從熊出,惟《正統》本注文奪者較華亭本爲少,則其優於華亭本者也。亦有《正統》誤而華亭不誤者,以各從熊本出又各有其訛奪耳。五十一章“莫之命而常自然”,《注》“‘命’并作‘爵’”。然此實校語,不可以爲注文。元符《集注》於此注云:“明皇、王弼二本‘命’并作‘爵’。”可驗矣。今華亭、《正統》兩本皆有此文,則以同出熊克本,熊之早有此文可知也。熊跋云:“得晁以道先生所題本,喜其近古,繕寫藏之。乾道庚寅,分教京口,復鏤板以傳。”是熊即據晁本,則晁本即有此校語又審矣。

知晁本亦非真王弼之舊。諒王弼經注單本早亡。舊蓋有合河上公、開元、王弼各注於一書如元符《集注》者,經以開元爲主,而校王弼、開元同異於其間,亦如元符注本,於是王注雖存,而王氏之經其亡久矣。後之人依此種集注本録出王《注》,即以開元之經爲王弼之經,今人不得其故,猥曰後人以河上本改王弼本,誤也。鹵莽者遂并校語録爲注文,幸存此一痕迹可資研索。則晁、熊所傳已非王氏之舊。是宋代流行已有誤本(陸游所見即爲誤本),又何論於明,更何説於清。張之象本既非王弼之舊,四庫館臣又以《永樂大典》本校華亭本爲聚珍本,《永樂大典》所據當爲舊刊,故所校王《注》每視張本爲優,能與元符《集注》合,宜爲善本。乃注有佳處,而經復大非。於其校語所舉,一一尋之,始知《永樂大典》所載之經實"洪武御注",非僅文字異同與"洪武"本合,其分章亦無不與"洪武"本合;而"洪武"之經,又依吴澄注本;紀氏徑以草廬、"洪武"之經校改張本,以爲即輔嗣之經,其鹵莽乃至是耶! 往往又依《經典釋文》校改,黄鐘瓦釜,雜然并列,誠可哂也。畢沅作《老子考異》,所云王弼本作某者即依聚珍爲言。紀、畢皆一代通人,何期乃有此失。復有閣本未誤未奪而聚珍本反奪誤者,書經傳刻,所不能免。浙江局刻,實據聚珍,而妄云華亭張氏原本,於聚珍校語概從刊削,於一二處紀氏所校改者,復改還張氏之舊;而仍用紀氏所校改者則尚多,而云張氏原本,作此欺人語,誠無謂也。《古逸叢書·集唐字道德經注》,印刻精美,宜若可愛,而實無可取者;依武内義雄所述,則此本以海東明和七年宇佐美惠所考訂者爲據,凡紀所校改備從之,是仍從四庫本出,復又增三數誤字。浙江書局、《古逸叢書》兩刻,與其事者,頗多碩學之士,而草草若此,誠言校勘者一笑柄也。

【附記】張稷若言,注《老子》者,人人胸中皆有一《老子》。而後之校《老子》者,誠所謂人人胸中各有一《老子》。愚故以恢復王弼《老子》爲主,久而後知傅、范兩本多與王氏合,據此以校王本,似賢於依開元本以求王本也。及爲之又久,然後知舊傳實有兩王弼本,其説見於謝守灝書,不僅文字多寡各殊,其異同亦不少。自陸氏《釋文》已著别本異文,晁氏政和本多與傅奕本同,梁氏元符本多與范應元本同,是陸氏二本端緒顯然具在。《永樂大典》與張之象本似出於晁氏,而焦氏《老子翼》所引與紀氏所稱一本者,似或源於元符,惜此本未之得見。愚十餘年前校此《經》、《注》,雖曰欲復王弼之舊,而實淆兩王弼本於一編,近數年來,此事乃稍明,知應分别恢復二王弼本,亦應恢復一《河上章句》本。余於《老子》見者尚多,獨有孫月峰鐫本未之見(波多野太郎亦未見此本),聞日本有之(見《經籍訪古志》),疑紀氏所稱一本者即此。(中立四子本、六子本亦未見,不知近日有發現否?)《河上章句》亦校有成稿,知日本有舊寫本;孫刻王弼、舊寫《河上章句》二者未得見,於王氏之注、河上之經皆未敢云定本也。一九六一年八月廿日文通記。

《老子》王弼注世鮮善本,浙刻從華亭張氏本出,而有晁説之、熊克二跋。《正統道藏》王《注》亦有晁、熊二跋,則皆祖晁、熊本也。《正統藏》復有開元、河上、王弼、王雱四家《集注》,卷末有元符元年前權英州軍事判官梁迵《序》稱:"太守張公乃命黌舍之學者,參其四説,無復加損,刊集以行於時。"張公不知何人,則固北宋本也。近人或以爲文如海作,此非是。文爲唐之道士,作有《莊子疏》,吴草廬有《序》言之。余因以元符校浙本,知浙本多所奪誤。

以其顯者言之：一章王《注》“則不可以定乎一玄”，下奪“若定乎一玄”五字；三十章末有王《注》“疑此非老子之作也”八字；三十八章《注》“猶各得其德”下奪“而未能自周也，故天不能爲載，地不能爲覆，人不能爲贍萬物”二十四字；五十二章《經》“以爲天下母”下，有《注》“善始之則善養畜之矣，故天下有始則可以爲天下母矣”二十六字；五十三章《注》“誇而不以其道得之”下奪“盜誇也，貴而不以其道得之”十一字；七十一章末《注》奪“病病者知所以爲病”八字；七十五章末《注》奪“疑此非老子之所作”八字。其他羡奪倒誤以百數計，視浙本宜若有進也。《正統》王弼《注》雖較張氏本爲略勝，然究不及元符《集注》之善。彭鶴林《道德經集注·雜説》稱：王弼“以‘夫佳兵’、‘民之饑’二章疑非老子所作”。董思靖《集解》於“佳兵”章亦云：“王弼此章疑非老子所作。”《正統藏》及張氏本皆無之，而元符本獨存此言，是安得不以元符本爲王《注》之冠也。晁以道跋云：“弼知‘佳兵者不祥之器’至於‘戰勝以喪禮處之’非老子之言。”明晁刻原有此注，《正統》、張氏二本無之，則已顯非晁氏之舊。未知此文佚於熊克之後，或熊刻已失之也。至元符《集注》亦頗有奪誤，或誤開元注爲輔嗣，或誤輔嗣注爲王雱，則不難以《正統》、華亭二本正之，雖不必得王氏之舊，惟已愈於世傳之本耳。及校王《注》略定，始大疑於王氏之《經》：十三章《經》“故貴以身爲天下若可寄天下，愛以身爲天下若可托天下”，王《注》於前云“如此乃可以托天下”，於後云“如此乃可以寄天下”。“托”“寄”二字與《經》相倒。以讀《老子》稍久，於各家異文略知其概，蓋他本《經》文固有先“托”而後“寄”者，方與《注》符。陳景元注言：“王弼本作‘貴以身爲天下者則可以托天下矣，愛以身爲天下者則可以寄天下矣。’”始决王氏之《經》大異於《正統》、華亭兩本。王雱注亦言:“一本作‘可以托天下矣’、‘可以寄天下矣’。此王弼取《南華》爲定,非是。”是雱所見弼注與陳氏同,而反以不狂爲狂,元澤之悖也。華亭、《正統》二本皆據熊氏,而其誤正同,疑熊本不爾,則華亭從《正統》出,《正統》所據有失實者也(華亭亦有優於《正統》者)。乃遍檢王《注》以校經文,然後乃决王之《注》雖存,乃王氏之經則其亡久也;熊氏之本,已非舊貫。試詳究之,乃知傅奕、范應元二家所云古本《老子》,十九符於王氏。兹取傅、范本經文究之:二十章“我獨頑且鄙”,《注》“故曰頑且鄙也”,今“且”作“似”;二十八章“故大制無割”,《注》“故無割也”,今“無”作“不”;三十五章“道之出言”,《注》“道之出言,淡然無味”,今“言”作“口”;三十八章“上德無爲而無不爲”,《注》“上德之人故能有德而無不爲”,今“不”作“以”;“下德爲之而無以爲”,范引王《注》“故下德爲之而無以爲也,無以爲者”,今“無”作“有”,且“注”上“無”字亦改爲“有”;三十九章“其致之一也”,《注》“各以其一致此清寧”,又“用一以致清耳”,明王同古本有“一也”二字,而今本無之;四十一章“善貸且善成”,《注》“故曰善貸”,又“故曰善成”,今無下“善”字;四十九章“爲天下渾心焉”,《注》“爲天下渾心焉,意無所適莫也”,今作“渾其心”;五十章“民之生生”,《注》“而民生生之厚”,今作“人之生”,少一“生”字;四十章“天下之物生於有”,《注》“天下之物”,今“之”作“萬”;三十二章“猶川谷之與江海”,《注》“故曰川谷之與江海也”,今“與”作“於”;二十章“美之與惡”,《注》“唯阿美惡”,今“美”作“善”;六章“是謂天地之根”,《注》“故謂之天地之根”,今無“之”字;十六章“吾以觀其復”,《注》“觀其反復”,今無“其”字;四章“道冲而用之又不盈”,《注》“又復不盈”,今“又”作“或”;五十七章“民多智慧而邪事滋起”,《注》“民多智慧則巧僞生，巧僞生則邪事起”，今作“人多伎巧，奇物滋起”；六十一章“以其静故爲下也”，《注》“以其静故能爲下也”，今作“以静爲下”；六十五章“能知稽式”，《注》同，今作“常知”；六十九章“禍莫大於無敵，無敵則幾亡吾寶”，《注》再言“無敵”，又“故曰幾亡吾寶”，今兩“無”字作“輕”，“亡”作“喪”；十六章“静曰復命”，《注》“静則復命”，今上二字作“是謂”；二十三章“得者同於得”，《注》“少則得，故曰得也，行得則與得同體，故曰同於得也”，今經二“得”字皆作“德”。凡此之事，不能畢舉也。至若《正統》、華亭二本於注文已改易以就誤本之經，而元符本尚未改，亦有可言：二十五章“可以爲天地母”，《注》“故可以爲天地母也”，今“地”皆作“下”；五十九章“是謂早復”，《注》“早復常也”，今“復”皆作“服”，則《注》爲不辭；六十七章“夫慈以陳則正”，《注》“不避於難，故正也”，今作“以戰則勝”，二“正”字皆改作“勝”；本章前《注》“夫慈以陳則勝”，亦“陳”字尚未改；七十三章“坦然而善謀”，《注》“故曰坦然而善謀也”，今“坦”作“繟”，陳碧虚曰“王弼作‘坦’”；七十章“知我者希，則我貴矣”，《注》“故曰則我貴也”，今并作“則我者貴”；六十九章“抗兵相若”，《注》“若，當也”，今“若”并改作“加”，是二者皆不辭之甚者也。二十一章“自今及古”，《注》同，今并作“自古及今”；六十九章“執無兵，扔無敵”，《注》同，今作“扔無敵，執無兵”，是皆《經》已亂而於《注》尚可尋也。斯皆可據本《經》之《注》以正經誤，且知《經》或倒置而《經》、《注》不相應，又以見王氏之《經》與傅、范古本十九相符也。其有他章之《注》引及此章之《經》，足知《經》已誤者，亦復不鮮：十七章《注》“居無爲之事，行不言之教，萬物作焉而不爲始”，又言“居無爲之事”，今三章“居”作“處”、“爲始”作“辭”；二十章《注》“下篇爲學者日益，爲道者日損”，今四十八章無兩“者”字；二十三章《注》“下章道之出言，淡兮其無味也”，今三十五章“言”作“口”；二十五章《注》“不知其誰之子”，今四章《經》無“其”字；五十七章《注》“上章云：其取天下者常以無事，及其有事，又不足以取天下也”，今四十八章《經》無“者”、“又”二字；是又他章之《注》，徵及此章之《經》而知《經》誤，《注》所舉者又與傅、范古本相符也。

【附記】《老子》異本最多，五千文本最鄙不足取。凡唐之石刻及敦煌寫本，皆從五千文本出，至不足據。開元御注即從五千文出，於是唐以來注《老子》者一依開元。政和御注又依開元，宋以來注《老子》又依之。即在開元前之《老子注》者，後人皆依開元本改之。即《河上章句》，見於《意林》及《群書治要》所引者，乃河上真本，近影印三宋本《河上章句》，經文皆依開元《經》改之，《注》文亦多删損；惟强、顧二家所引《章句》與《意林》、《治要》合，始爲全文。嚴君平《道德指歸》亦然。《正統道藏》各《老子注》，後人皆以御注本改之，踵訛襲謬，且千載也。論《王注》者，首宜知此。乃紀、畢而下皆不及此，盧紹弓曾校《王注》，其本未見，然於《經典釋文》校語中考之，盧氏之見，不異紀、畢，則并《老子》應如何校，殆亦難言。及愚考知傅、范二本之多合於王氏，始欲據傅、范二家以爲底本，先求恢復一王弼本，即弼本之誤亦仍之。自武英殿本及波多野太郎所校，皆依俗本以校，何足言也。一九六一年八月廿日文通記。

據巴蜀書社二〇〇一年版《道書輯校十種》整理

致湯錫予論《魏晉玄學論稿》書

（一九五七年七月十七日）

（前略）讀大著《魏晉玄學論稿》，體大思精，分析入微，實魏晉以後之奇書，論諸家異同，如辨淄澠，於古人思想和造詣，論之極深，於各家學術問題范圍，所論亦廣，爲此艱深之思，而後知　兄之病有必然者。讀論首小引，於　兄擬作未作諸章，不免小憾，但讀之及半，然後知未作各章實亦可不續作，倘讀得此書明瞭者，亦可以循旨補作，然世有幾人能讀得此書明白親切。弟以略於王弼《老子注》校讎有年，讀大著時稍知其每造一句、每下一字皆有來歷。此唯精熟古書而後能之，必先於魏晉學術語言有所體會，方能辨識古人思想，苟於此許多名詞不習慣。無體會（這也得下三數年工夫），就不能讀此書。這也等於學一種別國文字，以此知能瞭解大著者必不會多。治周秦、魏晉、宋明哲學之不易，即是對當時語言詞匯之不易瞭解，應該都是首先最難通過這一關。非真積力久，不能洞悉當時語言所指之內容函義。也可說，懂得名詞，也就懂得思想了。或者老　兄此時以隨便寫筆記爲宜，也可不必自己寫，但由助手作語録就够了。老　兄以爲如何？（下略）

據存稿整理二〇一一年六月默記

《王介甫〈老子注〉佚文》序

介甫《老子注》不見於《宋史·藝文志》，本傳亦未叙及。惟彭耜《老子集注》序録有之，不言卷數。劉惟永《老子集義序》稱宋荆國公作注。《宋元學案》言荆公書有《老子注》二卷，而未知所據。補《宋史·藝文志》者亦失於考論。其書久佚，惟李霖《老子取善集》及彭、劉二家書頗徵引之。劉氏《集義》例收全文，惟劉書自十二章以後已佚，故荆公原注之存，亦僅十一章而已。彭、李兩家書於所收舊注，多所删落，故荆公《老注》自十二章後惟有碎句佚文已耳。北宋之學三家，蘇潁濱、司馬涑水二家《老注》尚存，惜荆公之書不傳。蘇注宋人注《老》者尚多徵之，司馬之注則僅有引用者，知此二注於宋代學者影響不大，而荆公之注，則宗之者多，如當時稱爲崇寧五注者，皆宗荆公者也。今吕惠卿、王元澤之注尚存，而荆公之注忽焉沈没，尋學術流變者，將何以討其源耶！兹特就三書所引萃爲一編，亦足以見梗概。館中年來於《老注》多有纂述，成玄英、李榮二家，唐之名著也，已輯得完璧，先後印行，以嘉惠學林。王弼、河上公二注則校勘精勤，頗多是正。宋代道家者流，多宗陳景元，館中於陳氏《老》、《莊》二注皆輯校成書，雖辛勤累年，幸已蔚成大觀，足以闡揚絶學。念介甫之注，亦一代宗匠也，未得與蘇、馬二注并顯，殊以爲憾，僅輯所見，以彌此缺。劉惟永《集義》引王《注》中别有《全義》、《雜説》、《字説》，足見介甫原書之體制，而王元澤注中有“新説”一條,《集義》中又有“丞相新説”一條,知亦介甫書佚文,亦録入焉。李霖書中介甫注外有《字説》,有《新説》,有《雜説》,知皆介甫書也,亦并取之。於纂輯之事,每有疑惑,皆就蒙文通先生請質焉,承多所審正,得以蕆事。誤失之處,倘猶未能免,海内賢達,幸垂教之。

附:整理後記

右《王介甫〈老子注〉佚文》,系先君子於一九四七年前後長四川省立圖書館時所輯,輯稿序亦系先君手筆,按之文字風格可以驗也。而該稿繕録之勞則館中同仁馮璧如女士之力爲多,遂於《圖書集刊》第八期發表該稿時(一九四八年六月四川省立圖書館編印於成都)署以馮名。先君於一九五八年撰《道教史瑣談》嘗言:“荆公注《老子》最有精義,其解‘三十輻共一轂’章即《集》中之《老子説》,立義甚辯,余輯其佚文散見羣書所引寫爲二卷。”(載《中國哲學》第四輯,一九八〇年一月北京三聯書店)可以證也。今兹整理,物歸故主,序不改,存原貌也。整理時,曾取原引各書檢核之,補輯二條,改正訛奪六、七字,删去誤録王元澤注一段。聞容肇祖先生於介甫《注》曾有輯校本,因取相校。容書有《序言》四千餘言,略析此《注》思想,作於一九七八年六月,一九七九年五月北京中華書局出版。容輯於第十六、十八、十九、二十五、三十一、三十三、三十七、四十一、七十九各章,皆各有一條爲先君輯稿所無者;而先君輯稿於王《注》之《字説》、《全義》、《雜説》、《新説》并皆輯録,其中六條又爲容輯所無。案劉惟永《道德經集義》於所收取例引全文,其首章録王《注》有《全義》，有《雜説》，有《字説》，可以略窺王《注》之體製。容氏雖全録其文，然删去《全義》、《雜説》二標目，而獨存《字説》一目，不審於義何取？又《集義》第五章有“丞相新説”一條，第二章“王元澤注”中引“新説”一條，顯皆介甫之《注》，而容輯但取前條不取後條，亦不審何故？殆皆以未解於王《注》之體製耶？無怪容輯於李霖《道德經取善集》中僅取其所引《字説》，而於所引《新説》、《雜説》各條并皆棄置不顧也。又就容氏溢出各條核按，凡此諸條皆系介甫《注》後之提行另段，此顯爲李氏於徵引他家義説后，别行以伸己意者，不僅於王氏之《注》如此，於他家之注亦多有之，昧於李書此例，遂不免於李冠王戴矣。而於彭耜《道德經集注》第五十章引“臨川王安石曰”云云八十余字則又漏輯，是容氏之書顯有輯、漏失當者矣。又聞嚴靈峰君亦有王《注》輯本，因取《無求備齋老子集成》本校之，而嚴書則惟輯彭耜《集注》所引，劉、李二家所引并皆失取，誠所謂自鄶以下者也。輯校古籍固爲學問之餘事，然亦非可掉以輕心而草率從事者也。以客有語默以容、嚴兩輯已出書行世者，謹記於異同於此。

蒙　默　整理後記

一九九七年十二月

原載《圖書集刊》第八輯，四川省圖書館

一九四八年六月編印，後收入《蒙文通文集》

第六卷《道書輯校十種》，兹據整理。

道教史瑣談

道家之學始於晚周，而道教則源於漢末；道家之與道教，初似無大關係，自後世道教徒奉老子爲神人，尊老、莊書爲經典，道家之與道教遂若不可復分。原其初始，未必然也。道教之始爲太平道，而太平道則似源出儒、墨。西漢今文學家夏賀良、甘忠可之流，始作《包元太平經》，是爲早期道教經典《太平經》之權輿；蓋本於農民之政治願望而以民俗所奉事之神祇附益之。凡《太平經》所信奉之神如"青童君"之類，舉不見於古載記，亦非漢家祀典所有，故知其爲民俗之神（民俗信仰之事，《潛夫論》、《風俗通義》皆略言之）。東漢初年已有"妖賊"，此等農民起義與《太平經》有關否，不可具知，至黄巾則確爲太平道。史稱"張角頗有其書（指《太平經》）焉"。由《抱朴子》等書言之，太平道似又與墨家有關，①以墨家確爲宗教，接近平民，墨固又今文學重要來源之一。② 唯今之《太平經》已非漢世原書，分析辯證較爲難耳。唯其顯爲中國傳統思想，

① 《後漢書·襄楷傳》言：《太平經》"以陰陽五行爲家，而多巫覡雜語"，今《太平經》與此説符。《神仙傳》列墨子爲神仙，且謂著有《五行記》。《抱朴子·遐覽》載墨子著有《枕中五行記》五卷。《神仙傳》又載孙博"晚乃好道，治墨子之術"。封衡有《墨子隱行法》一篇。謂太平道與墨家有關，疑據此。

② 説見《儒家政治思想之發展》、《論墨學源流與儒墨匯合》、《儒家法夏法殷義》。

尚無印度佛學之滲入（後世道教於教儀、理論皆顯滲有佛教）。湯錫予先生謂：佛教説"自身作業，來生受報（輪回）"，《太平經》則説"子孫受報"，與《周易》同義，無輪回説。① 此義最精，亦最顯然者。

張道陵之五斗米道，又稱天師道。於《道藏》，太平道屬太平部，天師道屬正一部，釐然有别。天師道蓋原爲西南少數民族之宗教，漢末西南民族向北遷徙，賨人、氐人北入漢中及漢水上游（詳别論）②，五斗米道亦於此時入漢中。余研西南少數民族北遷，適以此時林邑、扶南勃興，蓋受其逼迫。《晉書》言：扶南"喪葬、婚姻略同林邑"，而林邑喪葬，"男女皆隨喪至水次，盡哀而止，歸則不哭。每七日然香散花復哭，盡七七而罷。至百日、三年亦如之"。七七、百日、三年之事，中土古代所無（古代三年之喪，二十七月而畢），亦非印度所有。至元魏、北齊之世，君臣已習行之，見於載記。倘林邑、扶南之强，而其教亦入中國，即所謂天師道也。《晉書》又記"五斗叟郝索聚衆爲亂"，叟即西南民族之稱，知五斗米教原行於西南少數民族；符籙之事始於張道陵，符籙固非中國漢字也；故余疑其爲西南民族之宗教而非漢族之宗教。

神仙之事，晚周已盛。南方（楚）爲行氣，稱王喬、赤松；秦爲房中，稱容成（此派於東漢時稱彭祖，蓋起於黄君山之説，非其始也）；燕、齊爲服食，稱羨門、安期（初爲服草木，西漢時已服金石）。余有《晚周仙道分三派考》詳言之。③ 此似皆與老子無關，《莊子》書始有"千二百歲"、"乘彼白雲，至於帝鄉"之説。由莊

① 參湯先生《續太平經書所見》，收入《往日雜稿》。

② 見四川大學一九三八年《周秦民族史》講義附録：《羌氐與賨叟及其北遷》。現收入《蒙文通文集》第二卷《古族甄微》。

③ 載《圖書集刊》第八輯，一九四八年六月四川省立圖書館編輯。

書論之,殆吐故納新、熊經鳥伸之事(此爲行氣派,屈原《遠遊》所言亦此派)。唯《莊子》一書顯非一家之言:有以仁義爲美者,有非毁仁義者,有慕長生者,有非短長生者。以《天下》篇言:"生歟、死歟?天地并歟?神明往歟?"又言"上與造物者遊而下與外死生無終始者爲友",知非毁鄙棄長生之説如《刻意》、《繕性》、《至樂》諸篇爲莊子之學,而《天道》、《天運》、《天地》諸篇近乎神仙之事者非莊子,則别一道家之學。此神仙三派之事皆與老、莊無關,秦漢言神仙者似亦不及老子,秦始、漢武事極顯然。神仙三派在《漢書·藝文志》中分别亦極明白,且皆不入道家。漢末已祀老子、浮屠於宫中,則老子已顯爲神人(司馬談主黄老,言"神大用則竭,形大勞則敝,形神騷動,欲與天地長久,非所聞也"。此雖以道家與養生爲一,但尚未以老子爲神)。嚴輯《全漢三國晉文》内,頗有谷永諸人争論神仙文字,以至於嵇康、向秀諸人論養生,合而研之,可見其源流。至《抱朴子》,則老子與神仙爲一矣。太平道與天師道人晉後亦漸合爲一。唐、宋注《老子》書中常引《想爾注》,謂張道陵作(敦煌亦出《想爾注》殘卷,存者近半),此與所謂河上公《老子章句》、尹喜《老子内節解》,皆侈言修煉之事。爾後天師道大行,與神仙家、太平道遂若不可復分,以極於寇謙之,而道教之組織、教儀、經典乃大備矣。

今日爲道教史,似可於其哲學理論之外一切姑略置之,或略及之而不必詳悉,一如近世作佛教史僅以思想學説爲主而略其餘。晚周以來之道家,雖不必爲道教,然自魏、晉而後,《老》、《莊》諸書入道教,後之道徒莫不宗之,而爲道教哲學精義之所在,又安可舍《老》、《莊》而言道教。顧道教在中國已近二千年,注《老》、《莊》者亦蜂起猬集,一如歷代儒家之宗仲尼而注《五經》,其間旨義之同異不可勝究，而言道教史者每混然不分，未能表見各宗各家之面目。吾人讀宋、明學案，於周、邵、張、程、朱、陸之宗旨能見之，於陳、王，薛、胡之異同能言之；治先秦諸子者，於墨、孟、荀、韓亦然；治中國佛學者，於三論、瑜伽、天臺、華嚴、净土、禪宗、密宗，亦貴於能分析其異同而批判其得失；若辨淄澠，若判黑白，斯爲足尚，倘於此淆混迷離，亦何貴於思想史。乃道教史之作，於此殆有歉然。余以淺妄，粗涉藩籬，願述其略，至若劉鑒泉先生《道教徵略》[①]所已論及者，不更重複。

歷代道教徒莫不尊老子、注《老子》，故論道教思想當以有關老子之著作爲主。余意《老子》一書，其成蓋晚。《黄帝》、《老子》之書，殆皆戰國晚期之作。黄帝書晚作，其事甚明（《漢志》《黄帝書》有多種，以《隋志》言之，知漢人稱黄老者，指《黄帝》四篇而言也）。《老子》書蓋取道家言之精要者以爲篇（於道家之結論取其片辭隻語），言多渾淪，含義深富，多針對法家爲説，殆出於戰國法家大行之世。《莊子》書多稱引老聃之言而不見於《老子》，《老子》中之言見於《莊子》者非一，而莊書反不謂之《老子》，此爲《老》取之《莊》，而非《莊》取之《老》，蓋後人李耳作書托之老聃耳。太史公故神其事，以李耳即老聃，又以爲即太史儋，又取諸書言老萊子事（如《戰國策》）謂爲老子事，又謂即老萊子，即老子，引“或言數百歲”，斯皆妄也。凡作經皆戰國晚期事，皆一派學説已臻於圓滿成熟，故後之學者擷其精要而爲經，《韓非子》、《管子》書中皆有《法經》，墨家亦有《墨經》。每一學派皆有經，亦且非止一經，《荀子》引《道經》

① 載《圖書集刊》第七輯，一九四六年十月四川省立圖書館編輯；《圖書集刊》第八輯。

“人心之危，道心之微”，即是别一《道經》。儒家《六經》，亦是戰國末期爲之，非孔子删定（《春秋》或早）。唯《老子》成書亦不能太晚，蓋在荀卿稍前，荀書評《老子》處皆與二篇旨義符合，《韓非》、《吕覽》所引之文皆在此二篇之中，可以見也。因其書後出，爲擷集道家精義之作，故最爲足貴。

秦漢間道家之學，司馬談謂“以虚無爲本，以因循爲用”，此爲得其宗旨之全。虚無之説具於莊子，而因循之義則田駢、慎到輩主之，於《戰國策》及《天下》篇、《慎子》、《吕覽》諸書可以見之，余别有論述。[1] 蓋“因循”者即根據客觀條件之義而反對主觀强持私見之施爲，非委靡無爲之謂。魏晉之世，王弼、何晏輩乃專尚虚無，故兩漢稱黄老而魏晉稱老莊，迹相似而作用遂大不同。故尋《老子》古義不得不以晚周兩漢之説爲主。近世楊樹達先生作《老子古義》，用意略同，然拘於清人考據成規，悉以明文同於《老子》言句者乃取之，而於義理之顯可以釋《老子》者皆遺之，斯爲不足。如《老子》“學不學，復衆人之所過，以輔萬物之自然而不敢爲”，此以劉向《新序》之説解之最合：意謂人之爲學，即是學此“不學而知、不慮而能”者，此即天之所以與我者；衆人之所過，則皆爲外鑠而非我固有，“復衆人之所過”即爲復人之所固有，故一切適應萬物客觀之自然而無矯揉造作，此亦即因循之義。[2] 如言“以其病病，是以不病”，以《莊子》所載“里人有病”釋之最當：《莊子》稱里人有病，鄰人視之，里人雖病，但能將其病狀告其鄰人明確不誤，蓋其知病之

① 《楊朱學派考》。

② 疑指《新序》五：“故凡學非能益之也，達其性也，以全天之所生而勿敗之，是謂善學。”此文又見《吕覽·尊師》。

知覺實未嘗病。則《老子》之意謂聖人自知其病,以病患爲自心之病,故聖人不病而事事皆當。[①]《老子》“貴以其身爲天下者,若可以托天下”二句,以子華子對韓昭僖侯説之最契:子華子謂左手攫之則右手廢,右手攫之則左手廢,雖攫而與之天下,人必不爲;蓋視其身較天下爲貴,貴身重於貴天下之人,然後可以治天下,以譏昭侯勞身焦思以爲一韓國;此可見《老子》之意謂貴其身於天下者然後可托以天下。[②] 以古義解古義,惟求義合,何必拘於文句如清代講經之法。於《莊》、《吕》、《淮南》一切之書,求其義之可以釋《老子》者,取之以補楊先生書之未足,則庶幾於得《老子》之本義。惟《老子》爲道家之精要結論,多片詞隻句,文義每渾涵不明,自須以古義釋之。又有因五千删損過多而義晦者,如今本“知不知上,不知知次”,其原文實爲“知而不知,上也;不知而知,次也”,意本明顯,不煩訓解。如此之例甚多,能校求一古本,即可是正也。

【附記】《老子》書傳本亦爲重要問題之一,今世所見,惟傅奕、范應元(見《正統道藏》及《續古逸叢書》,惟《道藏》有誤字)稱古本,唐刻石經及敦煌寫本,皆不足據。後來校本紛紛,應無一是。武英殿聚珍王弼《注》本云從《永樂大典》出者,及細校之,乃同於吴草廬本;殆洪武御注據吴本,《大典》當首列御注而王《注》附其後;謂《大典》爲王本,紀曉嵐輩之誤也;即以聚珍爲王本,畢秋帆之誤也。浙刻王《注》爲黄以周校,云從華亭

① 疑指《莊子·庚桑楚》:“里人有病,里人問之,病者能言其病,然其病病者猶未病也。”

② 事載《莊子·讓王》,又見《吕覽·審爲》。

張氏本者，殆用《四庫提要》語（張之象《三經晉注》之説），且用覆聚珍本爲據而删其校語，比原武英殿本且《經》有脱句，知爲欺人語耳。近時人知王本非王弼原有之《經》（亦取之日本人説）則是，而謂爲河上公《經》則又誤，此實本之開元御注之《經》。六朝時有五千文本，顯依河上本而删改之，僅存五千文，而實四千九百九十有九文，且多訛誤，道教徒多用此本。開元作注，以五千文句省略，取舊本益二百餘字，於其誤者未能盡改正之。若王弼原本，依謝守灝《混元紀》所述實有五千六、七百字（董思靖《道德經集解》即取謝説），則《道藏》所收晁説之刻王《注》本亦非王之原本，其《經》文顯依開元注本；謂王本受河上公影嚮者，實二本同出開元，開元又出五千文本耳。今世凡有三宋刻河上公本，《經》既非河上之《經》，《章句》亦非河上之全。於《羣書治要》、馬總《意林》二書引《老子》文考之，見《注》爲河上，知《經》即河上之真，如"知我者希，則我貴矣"，《章句》義亦符；乃開元本作"則我者貴"，文義亦且不通，此顯爲據五千文本。後來所見王氏、河上之本皆爲"則我者貴"，故知今世所見王、河之本實皆依開元本。唐人石刻及敦煌寫本皆不出五千文及開元御注，自然全無是處（敦煌亦有別本，同爲訛本，亦不足據）。《河上章句》，於《治要》、《意林》兩書外，唐人書亦恒引之，校現所見三種宋本，於注悉有删略，亦無一是。唯傅、范二家所稱古本《老子》，此不關汗簡諸書"古文《老子》"事，即謂魏、晉注家古本耳。開元注後，政和御注又依開元，於是唐、宋注家大率依二御注爲本，此五千文本同爲當時之今本，傅、范二家從魏晉之舊，故云古本，然亦終不復見五千七百之舊也。[1]

魏晉間爲學術一大變局,王弼、何晏之流講《老子》亦一大變。湯錫予先生《魏晉玄學論稿》於王弼之學闡發精闢,前未曾有,此不詳論。何劭之《王弼傳》(見《三國志・鍾會傳注》及《世説新語・文學篇注》引)述記王學,亦可見王氏之旨要。王《與荀融書》爲王學之本體,而難何晏"聖人無喜怒哀樂"爲王氏之工夫(亦兼本體),蓋此一家之主旨,爲讀王《注》之綱宗。湯先生對向秀、郭象之學所見亦精,惜未寫出。王《注》亦多訛脱,予舊有校本,差可研讀。

《道德指歸》非嚴君平作,但不如《四庫提要》依曹學佺《玄羽外編》所云:近刻乃吴中文士所僞作。考唐强思齊、宋陳景元所引之文皆同今本,《提要》所云,不攻自破。《漢書》僅言"君平依老子、嚴周之旨,著書十餘萬言",此君平自有書,但似非今《指歸》。《華陽國志》言:"君平專精《大易》,耽於《老》《莊》……著《指歸》爲道書之宗。"於此知《指歸》出於永和以前。《漢書・司馬遷傳》顔師古《注》引晉灼《注》中有兩處稱"嚴君平曰",皆見今本《指歸》第七卷;由顔説知晉灼永嘉前人,僅次韋昭之後,是《指歸》爲永嘉前書。《三國志・秦宓傳》言"嚴君平見黄老作《指歸》",秦宓、晉灼時不相遠,所見必是一書,則《指歸》漢晉間人所作,故文辭與阮籍之儔相近。皇甫謐爲晉武帝時人,其作《高士傳》僅言"嚴遵閉肆下帘,以著書爲事",不言著《指歸》,殆士安未見《指歸》之書而秦宓見之,倘此書漢末蜀之隱君子所作,故托於君平,漢末分崩,僅傳於蜀,秦宓、常璩皆蜀人,故得見之耶!嚴、王兩家當同時,或《指

① 另詳《王弼老子注初校記》,載《中國歷史文獻研究集刊》第三集。

歸》稍早，故杜光庭謂其以虚玄爲宗，又謂其“明理（治）國之道”，此猶爲漢世道家，不同於正始清談之風，尚有古人餘意。余嘗輯其佚文以補今本之缺。①

《老子河上公章句》自不得爲周、漢古籍，《太平御覽》引嵇康《高士傳》云：“河上公，不知何許人也，謂之丈人，隱德無言，無德（得）而稱焉。安丘先生等從之修其黄、老業。”既云“無言”，則不得有《章句》之作。皇甫士安《高士傳》云：“河上丈人者，不知何國人也，明老子之術，著《老子章句》。”則士安固已見《章句》一書，而嵇康未之見，殆《章句》正出於二氏之間。此書固非深於學之所爲，詞意鄙淺，雜以煉養之術，與左元放、葛仙翁之流爲近。老子之合於神仙，此書當爲之首，後世羽流皆宗之。所謂《老子想爾注》、《老子内節解》之流皆出於此（校其文字異同可知）。余以《羣書治要》、《意林》校之，又以强思齊、顧歡（實李榮）兩家所引校之，知今所傳宋本皆非全。敦煌有寫本殘卷，實未删之本，惟存者無多。海東舊寫本殆五、六種，或可信爲唐人面目，惜未之見。

【附记】上述三家，可謂魏、晉間道家三派，斯時名理之論極於一時，分别尋究此一時期道家之學，最可觀。

何晏、王弼以虚無爲説，大倡玄風，干寶、孫盛皆力反清談，而孫作《老聃非大賢論》最有卓識，孫又作《老子疑問反訊》，據《老子》“兩者同出而異名，同謂之玄”，駁舊説及王弼解，謂“宜有欲俱出妙門，同謂之玄，若然以往，復何獨貴於無欲乎”！文見《廣

① 載《圖書集刊》第八輯。

弘明集》，此誠深得老氏之旨，亦中何、王之失，據經文以斥解説之家，殆難答辯。杜光庭記晉、唐注《老》者六十餘家，總爲六宗，謂“孫登以重玄爲宗，宗旨之中，孫氏爲妙”。杜以孫登爲魏人，殆疑與嵇、阮同時居蘇門之孫登，此爲大謬。注《老》之孫登乃東晉人，見《經典釋文序録》，即孫盛之侄，“少善名理”，重玄一宗始於孫登，殆即答孫盛之難。杜光庭稱“明重玄之道”十一家，有唐初道士成玄英、李榮。成玄英有《莊子疏》，今存；又有《老子疏》，今佚；李注《老子》，亦僅存《道經》一卷。余從唐、宋注家所引成、李之説裒輯之，合之敦煌殘卷，成、李二家已亡之籍，於今幸有完書。① 成《疏》云：“有慾之人，惟滯於有，無慾之人，又滯於無，故説一玄以遣雙執……此則遣之又遣，故曰玄之又玄。”李《注》云：“定名曰玄，借玄以遣有無，有無既遣……故曰又玄。”初不解孫登重玄爲何義，及既讀成、李之書，然後知孫登立論之旨。此誠足破安國之《反訊》而再振玄風，然已高出王、何之上。百非雙遣二邊而取中道，則已顯爲釋氏中觀之旨也。正始清談，東晉而下，湮滅不聞，然道家則依然盛行，及觀二孫論後，乃知重玄宗出，清談遂微，宜矣。而道家亦遂與佛氏三論宗有合流之概。鳩摩羅什爲般若一家大師，亦注《老子》，其弟子慧觀、慧嚴亦皆有注。羅什注“損之又損”云：“惡者非也，善者是也，既損其非，又損其是，故曰損之又損，是非俱忘。”般若之學入於道教而義益圓滿，遂冠絶群倫矣。此宗又解“希、夷、微”之説爲三一訣，亦有大小二孟諸家之説，備見《雲笈七籤》。

---

① 輯校成玄英《老子義疏》六卷，一九四六年由四川省立圖書館石印。輯校李榮《老子注》四卷，一九四七年由四川省立圖書館石印。

晉魏六朝《老子》古注,《經典釋文》所取者少,而存於顧歡《道德經注疏》及李霖《老子取善集》者稍多,其餘諸家亦略有徵引,薈爲一帙,亦有可觀。阮元知顧氏《注疏》之非齊時顧歡則是,但謂據《玉海》及《郡齋讀書志》"有岷山道士張君相三十家《道德經集解》……頗與是書合,則爲君相所集無疑",自阮元之説出,劉承幹諸家悉依之,此殆非也。余以顧書稱引者校之,君相三十家僅十七家見於顧書,餘十三家皆無其説,亦無張君相一言。而别有"御曰",爲開元注;有"想爾",爲張道陵;有"陳曰",爲陳嗣古;有"王曰",多解《河上章句》義,則杜光庭所謂道士王玄辯作《河上公釋義》十卷者;有"榮曰",以李榮《注》校之皆合,則爲李榮;此皆溢出張君相三十家之外,則顧氏《注疏》不得爲張氏《集解》明矣。《唐志》有任真子李榮《道德經集解》四卷,此書所引各家之説皆稱引其姓,獨"榮曰"稱名,則此爲李榮《集解》非張氏《集解》也。李爲唐高宗時蜀之綿州人,余别有考。李霖《取善集》所録各家古注中有張君相十數條,知李氏所采古注乃爲本之張氏《集解》也。杜光庭謂張爲岷山道士,則亦蜀人。晁氏《讀書志》云"意張爲天寶以後人",蓋非也。《史記·老子列傳》張守節《正義》引張君相言"老子是號非名"云云,守節《自序》言"於開元二十四年殺青斯竟",則君相又開元以前人也。張、李皆蜀人而又略同時,但李榮書唯有己説而無張君相説,張書亦唯有己説,三十家中無李説,而皆有成玄英,斯不可解。以李、張兩《集解》所存古注而輔以他書徵引,依清人之法作《老子新疏》,以存六代唐初古義,成氏舊疏,合者取之,亦甚可觀。蓋唐初道家能承六代學術傳統,此作亦媲美於孔、賈之疏經。范應元《集注》亦存六代古義、古本,可并取之。范爲蜀之果州(南充）人，傅增湘前輩亦未考之。[1]

言佛學史者，論東土大乘之盛，首爲中觀宗（三論宗），繼之者爲天臺宗（法華宗），後則爲禪宗。余觀道教之發展亦與此有關。上已述重玄一宗殆擷取般若之精，而唐世坐忘之説昔人顯謂其出於天臺，而金、元之全真則禪宗也。《玉澗雜書》言："道釋二氏，本相矛盾，子微（司馬承禎）乃全本於釋氏，觀七篇叙（《坐忘論》）可見。而《樞》一篇尤簡徑明白，略謂夫欲修道，先去邪僻，端坐内觀，但滅動心，不滅照心，定而慧生，此真慧也。此言與智者所論止觀實相表裏，子微隱天臺山玉霄峯，蓋智者所居，知其源流有自。"（節引）此子微之學出於天臺，昔人先有其説也。《玉澗雜書》又言：子微作《坐忘論》七篇，又爲《樞》一篇以總其要，而别爲三戒、五時、七候。今《坐忘》七篇具存，獨缺所謂《樞》一篇。曾慥《道樞》有《坐忘論》上、中、下三篇，其中篇則《天隱子》，而上、下兩篇則皆子微《坐忘論》，其上篇適有三戒、五時、七候，下篇有"定心之上，豁然無覆"云云，考之《玉澗》所記，知亦爲《樞》一篇之語，則子微此篇亦可求也。曾慥書《至游子》曰："吾得《坐忘論》三焉，莫善乎正一。（子微）先生曰：'吾近得見道士趙堅《坐忘論》七篇。'"知《坐忘論》有三家，正一、《天隱》、趙堅也。《天隱》書今存《道藏》，乃反不如《諸子彙函》本之完整。趙書則不可具知，乃《道藏》中有趙志堅《道德經講疏》六卷而書不完，杜光庭則謂趙堅作《講疏》六卷，知趙志堅即趙堅，爲唐人，或以爲宋人者誤也。志堅之《疏》言"觀有多法，今略言三：一者有觀，二者空觀，三者真觀"云云，此即智者天臺之三觀也。司馬子微七篇，其五曰真觀，與志堅同，則《坐忘》

[1] 疑指傅氏《宋代蜀文輯存》未禄范應元而言。

源出天臺，事更明著。張右史（耒）送《張堅道人歸固始山中序》曰：至柔"教余以養性之妙，其言曰：'大道甚簡，守心而已，守心無他，守一而已。……是道也，智者得之爲止觀，司馬子微得之爲《坐忘》，皆一道也。……今人忽之，乃苦其形骸，妄想變怪，吞餌金石，去道遠矣。'"是止觀、坐忘，其道無二，固非一人之私言，張至柔之言稍詳。案其全文，與范應元書引朱桃椎之説悉相合，朱爲唐初人，豈天臺之道，朱氏早已入之道家耶！劉鑑泉先生言："唐以還，道教諸名師皆明藥之非草，長生之非形軀，不言白日昇天矣。"道家言殆至是而一大變，張至柔所言即其義；陳景元諸家亦然，後更論之。至是而内丹事盛，外丹皆在所屏棄，此亦道教之一大變也。①

唐代解《老》之家頗重成、李（重玄宗），而宋代則重陳景元（碧虚子），於徵引之多可以概見。此風會之一變也。楊仲庚言：陳景元"師事天臺山鴻濛子張無夢，得老子心印，有《道德經藏室纂微篇》，蓋摭諸家之精華，而參以師傳之秘"。《高道傳》載：張無夢"好清虚，窮《老》、《易》，入華山與劉海蟾、种放結方外友，事陳希夷先生，無夢多得微旨"。始知碧虚之學爲希夷之微旨，三人并博學有文章，此不具論。陳摶（希夷）之學傳之周、邵、劉牧，爲《太極》，爲《先天》，爲《河圖》、《洛書》，盡人知之，若希夷全爲象數之學；周子於二程，其學若不相同，後人不免以至二程始爲理學之正。此論亦深。至及余校碧虚《老子注》，觀其所常用之詞語，所常用之經傳文句，及其思想旨要，則全同於二程，乃與周、邵之文不類。由碧虚之書，然後知二程之學實爲希夷之傳；周、邵之書拘格於文體（周、邵用文言，二程用語體），不能盡其微意，遂若二程過之耳。以

① 另詳《坐忘論考》。

碧虛《老子注》校之理學而研究之,於其同處可以見陳摶之精髓,於其異處亦可見儒、道終有辨,分析其異同而批判其得失,此道教史一大事也。余校碧虛《老子注》,知有先後二本之殊,但僅文辭繁簡不同,無他出入。又從褚伯秀書中輯出碧虛《莊子注》,亦可當完篇。① 碧虛又注《西昇經》、《度人經》,余亦鈔出其文,可以供研討。劉海蟾下有張伯端、晁文元,皆有著作傳後。文元之言曰:"出世之人,以死生爲晝夜而性如故,是以視死生而無怖。"則長生說亦無取,其遠源所届,則所謂南宗五祖;然南宗祖《參同》,傳《悟真》,又未必文元之旨,於碧虛亦有別。至葛長庚、彭鶴林,又皆注老子,綜合研尋,亦可得見此一大派之宗旨及其演變。

北宋儒學,顯有三派,爲洛學、新學、蜀學,皆於《六經》有解,各自樹立。洛派唯司馬光注《老子》,二程理學一派則排斥佛、老,至荆公新學、東坡蜀學,皆深入於佛、老,雖不屬於道教,然實爲道家之學。南宋道士即多取荆公一派以及朱子之説,其光光相潤,互爲影響,所係亦巨,爲究道家學術思想者所不可忽。蘇子由作《老子解》,合佛、道爲一,東坡最稱其書,此爲蜀學,後來林希逸祖之。荆公最信奉佛、老,至舍其金陵居宅爲報寧寺,寺宅數十畝,陂池環之二百餘畝,舍田爲常產數千畝。見黄溍《報寧寺記》。荆公注《老子》最有精義,其解"三十輻共一轂"章即集中之《老子》説,立義甚辯,余輯其佚文散見羣書所引者寫爲二卷,第十一章以前尚爲全文。② 承其流者王雱、吕惠卿、陸佃、劉涇之徒,皆注《老子》,亦有

① 另詳《陳碧虛與陳摶學派》。

② 載《圖書集刊》第八輯,署名馮璧如。馮君時職任四川省圖書館,繕録之勞,馮君居多。

注《莊子》者,稱爲崇寧七家或五家。李彦平遺書稱吕吉甫大悟性命之理,故其《老》、《莊》二解冠絶諸家。此派著作存者獨多,於褚伯秀等書中亦可得各家《老》、《莊》注,猶爲完璧,倘校輯之,所獲亦富。此與政和御注不無關係,唯林靈素輩風斯下矣,不足以玷荆公。劉恕《通鑒外紀自序》謂:本朝"承平日久,人愈怠惰,《莊子》文簡而義明,玄言虚誕而似理,功省易習,陋儒莫不尚之,史學浸微矣"。此言實有所指;則以宋世風習,人好深湛之思,其不入儒家義理之學者,皆折而入於老、莊,王雱、吕惠卿輩皆并注《莊》、《老》,道原(恕)所憎即此等人,而以爲功省易習、人之怠惰,則亦非平允之論。

宋代注《老子》者至多,正統收入《道藏》亦富,其不收入而尚存於今者,以余所知,惟吕知常、范應元二家而已。其不注《老子》而於《老子》之學最有關者,朱元晦也。朱子於《陰符》、《參同》皆有述作,雖不注《老》,而董思靖、范應元各家之注,引用其言實多。朱學盛行一世,影響甚大,可於各家注中輯出朱子之文,更求之《語類》及《大全集》,取其論及《老子》者裒爲一帙,其文必豐。南宋道士尊崇朱子既不乏其人,亦可考而尋之。至元、明朱學之裔若趙秉文、薛蕙諸家,亦可附而論之,以見一派之旨。

陳垣安先生考河北三道教,述金、元間新道教最悉。三派之中以全真最盛,後來道流大率爲此派;雖茅山、正一之流其傳不絶,要爲已陳之芻狗,不足言也。全真之初,未必專屬道教,蓋以《金剛》、《道德》、《孝經》爲主,此固三教合一也。金、元南下,漢族被其壓迫,借宗教以自保,元人尤重宗教,教徒可幸免於奴僕,相聚爲教,自耕而食,以三經爲訓,而存固有之文化;其事如此,鑑泉先生曾言之也。《弇州續稿·書中和集後》謂:"此書於一切丹藥、吐納、《參同》、《悟真》之類，皆指爲旁門小道，而究其指，多出禪門。”唐、宋以來，禪宗既盛，儒者吸取其言爲理學，全真又吸取禪宗、理學以爲道，全真起於北爲北宗，而宋以來之道教存於南宗，北宗言修性，南宗言修命，而事有異。三教之説，溯其源固各不同，不可得而合，其末流相爲取益，又似不可得而分。自以禪入道而義愈精，先唯言煉精、煉氣，而此極於煉神；先唯言修命，而此重於修性；故弇州有談龍之感。此宗李道純、杜道堅之流，亦注《老子》，則此七真一派之旨也。全真於明永樂間始至武當，自張道貴、張守清後，武當一派遂行於兩淛、荆湖、滇、蜀，亦兼修清微、正一之法，南北二宗又混而一，則武當非全真之舊矣。清初武當道士入蜀者先後有三人，唯張清夜有著作，余從鄧少琴先生得其《陰符發秘》舊鈔本，禪宗之旨儼然可見；若其《玄門戒白》一篇，已多據南宗爲説矣。

明人注《老》者，《四庫》亦有所著録，但以書不易求，於《道藏》外余所見者不過四、五家，而作注之人所系之宗派亦未易考，故余未能究其學。惟此等書中多引李息齋、吴草廬。吴澄(草廬)事顯，不必論。若焦竑之《老子翼》，即取李説爲多，又多取李卓吾之説，明時姚江一派《老子》之學，此或可以當之。息齋爲李嘉謀，南宋淳熙間進士，《陳止齋集》亦見其人，《魏鶴山集》於《承議郎通判叙州李君墓志銘》略述息齋事，蜀之雙流人也，亦此足以見一家宗旨。息齋别有《先天道德經注》，書足信否不可知。至清代則考據之學盛行，不復措意義理，《老》、《莊》之書殆少致力訓詁校勘之事，畢沅外，魏源書稍流行。及清末，始有王、郭釋《莊》，惜都無勝義，外此無聞。世與相忘久矣。惟丹經之類清初尚有作者，坊間可見數種，於説理處尚不謬。殆清既入關，碩學之士或自竄於山谷，托迹於二氏，故每有作者。其入於釋者，其人其事尚可知，而入於道者則難稽考，惟方術終爲小道，不過志在沖舉，不論可也。

《四庫提要》言："後世神怪之迹，多附於道家，原其本始，則至於清静自持，其後長生之説與神仙家合爲一，而服餌、導引入之，房中一家近於神仙者亦入之，《鴻寶》有書，燒煉入之，張魯之教，符籙入之，北魏寇謙之等又以齋醮章咒入之，大抵多後附之文，非其本旨。"此亦略舉道教之要，而皆於學説思想之變少所關係。作道教史，僅可涉及，無庸縷陳。惟晉、唐醫學若葛洪、孫思邈之倫，頗相干涉，以服食之術於醫爲近，但應别爲一事，不容混并於宗教。其他廣爲論列、不限於一隅而可資考證者，於晉則《抱朴子》；《雲笈七籤》頗記唐代有關道教事；至曾慥《道樞》，論宋以來事，比之《七籤》所述更爲精要。《神仙傳》一書，於古之仙術亦可考見。《真仙通鑑》亦足以稽源流，誠研羽所不可廢（至於釋氏之注《老》、《莊》者，其事亦可隨有關論題附之，不足專爲論列）。王圻《續文獻通考・方外考》亦足資考證、有裨選述之作。《圖書集成》雖雜湊，清時人最輕視之，以漢學家視之誠無足取，若究論唐宋以後道教事，於此取材，亦多且便也。

余往時稍瀏覽各家《老子注》，因鈔其序跋及有關之文，擬依朱彝尊《經義考》之例作《道德經考》，於各史藝文、經籍志中考其目，於現存各書中録其序，其已佚之籍則於各家文集之類求其敍跋之文，此事若徒爲資料、爲糟粕，而實亦爲綱要、爲精華。以儒家言之，秦、漢至于明、清二千餘年，學術之變亦多，派别亦復紛歧，然決未有一派之中曾無人注《六經》者，於注經之家即足以見各派之宗旨，於《經義考》求之，一部經學史略具於是也。至於道教，何獨不然。未有一派之中而無人注《道德經》者，於此考之，而道教思想之源流派别發展變化亦略具於是也。惟余爲之未竟，亦未及於《莊》、

《列》之書，應續爲之，亦應遍及於道家著作。惟道家最駁雜，然其時代皆若可求。若其目見於《隋志》，而文見於《羣書治要》、《意林》者，此隋以前書也。若見稱於《抱朴子》者，此晉以前人書也，如《列子》、《文子》、君平《指歸》之例。《指歸》中恒稱"莊子曰"，此莊子指君平，倘漢末學者采君平之説以作《指歸》，如《文子》、《列子》比耶！至《亢倉》、《關尹》，不見《隋志》、《意林》，則顯爲後來之作。道家之經多出於後代，某時見一經、盛行一經，即足以見此一時之思想與風氣。如《西昇經》，六朝後期道士常注之，唐初道士常用之，此一時也。《陰符經》出於唐之中葉（褚遂良作之説不足信），此又一時也。《常清静經》出於元而顯於元，自全真派之事也。於此求道教史，考後出一切之經初見何時，亦一要事。倘能爲《道藏》群籍作一書目提要，正不必期於全部完成，疑則缺之，此亦治道教史之一助也。

【附記】青城山煉師易心瑩赴北京道教協會歸，云會中決定分工四川寫道教史，師以蜀人唯文通等數人知此答之。師過成都，訪余未遇，後青羊宫煉師張覺塵舉以告，余聞之悚然曰：蜀究道家言者，余知唯劉鑑泉先生，惜鑑泉年少於余而早已謝世，其門人惟夏雨膏諸君能紹其學，劉著《道教徵略》，精深博大，其遺稿即夏君整理付余者。余神衰目眊，所學復未充，何足以言此。偶與夏君相遇，談及此，因以余所涉及者質之，夏君謙退，以余言録筆記中，復寫别紙寄余商訂，乃因其所記，補苴一二，以爲此篇，竟三日乃得成。道教包羅廣博，兹之所論，誠所謂掛一漏萬，即開元、政和兩御注，及乎杜光庭、江澂等之書，胥未道及。以余於書多所未究，或讀之而未能知其要，則皆不敢論,非敢妄有所取舍也。然其派别所系之重者及其統緒,僅就余所涉及略陳應究之目於此,至於擴充補正,是所幸於博學方聞君子。

蒙文通一九五八,八,三〇。

【編者附記】先君此稿寫就,曾命默略事整理,稍有改易。但整理稿於"大躍進科研成果展覽"後,竟爲有心人取去,百尋不得。先君對此嘗莞爾而笑曰:苟斯人誠能讀此,雖取之可也。蓋慨嘆世之鮮治此學者也。《中國哲學》來徵稿,竊欲整理而後付之,然先君既已棄養,懼整理後有失本真,因謹據原稿繕録標點一過,題爲《道教史瑣談》,於其明顯脱漏筆誤處略增易數字,於《道藏》、《漢志》諸習用省略語,皆一仍其舊,於段落次第稍作調整,并附簡注十數條,冀其能有便讀者,不自審其有當否也。

蒙　默

一九七九年十二月

載《中國哲學》第四輯,一九八〇年十月,兹據整理。
此文收入《蒙文通文集》第一卷《古學甄微》,兹據整理。

晚周仙道分三派考

神仙之事,已見於晚周。《莊子·天地》篇:“夫聖人鶉居而鷇食,鳥行而無彰。天下有道,則與物皆昌。天下無道,則修德就閒。千歲厭世,去而上仙,乘彼白雲,至於帝鄉。”則於古有神仙之道也。《在宥》篇稱廣成子曰:“至道之精,窈窈冥冥,至道之極,昏昏默默,無視無聽,抱神以静,形將自正。必静必清,無勞女形,無摇女精,乃可以長生。目無所見,耳無所聞,心無所知,女神將守形,形乃長生。慎女内,閉女外,多知爲敗。我爲女遂於大明之上矣,至彼至陽之原也,爲女入於窈冥之門矣,至彼至陰之原也。天地有官,陰陽有藏,慎守女身,物將自壯,我守其一,以處其和,故我修身千二百歲矣,吾形未常衰。”是於古有神仙之人也。《楚辭·天問》亦言:“黑水玄趾,三危安在?延年不死,壽何所止?”此亦神仙之説,屈原疑而問之。《史記·封禪書》言:“宋毋忌、正伯僑、充尚、羡門子高,最後皆燕人,爲方仙道,形解銷化,依於鬼神之事。”晚世爲其道者蓋多。由《抱朴》言之,知神仙之事,約有四家。其《内篇·微旨》稱:“知玄素之術者,則曰唯房中之術可以度世矣。明吐納之道者,則曰唯行氣可以延年矣。知屈伸之法者,則曰唯導引可以難老矣。知草木之方者,則曰唯藥餌可以無窮矣。”是四家各持一見,尊己而薄人,於術固不同也。《淮南子·齊俗》曰:“今夫王喬、赤誦子,吹嘔呼及,吐故納新,遺形去智,抱素反真,以游玄眇,上通雲天。今欲學其道,不得其養氣處神,而放其一吐一吸,時詘時伸,其不能乘雲升假(遐)亦明矣。”則王喬、赤誦爲吐納導引。許慎《間詁》謂:“王喬,蜀人;……赤誦,上谷人也。病癘入山導引,輕舉假上也。”知赤誦爲導引,燕人。《抱朴·釋滯》又言:“行氣或可以治百病……或可以延年命,其大要胎息而已。”宜爲王喬之術也。葛書每言玄素,則稱彭祖。而秦、漢之方士,每言入海求奇藥,見安期生,食棗大如瓜。谷永言:“世有仙人,服食不終之藥,遥興輕舉,登遐倒景,覽觀縣圃,浮游蓬萊,耕耘五德,朝種暮穫,與山石無極,黄冶變化,堅冰淖溺,化色五倉之術。”(《漢書·郊祀志》)此正斥秦皇、漢武而言。自葛書言之,安期爲藥餌,亦自可見。是兹四人者,得仙之道固殊,即分屬於葛書之四派,自甚明也。《莊子·刻意》篇言:“吹呴呼吸,吐故納新,熊經鳥申,爲壽而已矣。此導引之士,養形之人,彭祖壽考者之所好也。”王子淵《聖主得賢臣頌》言:“偃仰詘信若彭祖,煦嘘呼吸如喬、松。”是以彭祖爲導引,喬、松爲行氣。《淮南子·泰族》又言:“王喬、赤松,去塵埃之間,離羣慝之紛,汲陰陽之和,食天地之精,呼而出故,吸而入新。踈虚輕舉,乘雲遊霧,可謂養性矣。”又曰:“今夫道者,藏精於内,棲神於心,静漠恬淡,訟繆胸中,邪氣無所留滯,四枝節族,毛蒸理洩,則機樞調利,百脈九竅,莫不順比。”合《莊》書與《淮南》觀之,皆衹言行氣,而不及其餘,宜此一派,於古爲最顯。葛書《金丹》篇言:“余周旋徐、豫、荊、襄、江、廣數州之間,閱見流俗道士數百人矣,或有素聞其名,乃在雲日之表者,然相率似如一。其所知見深淺有無,不足以相傾也。……所有方書,略爲同文,無一人不有《道機經》,唯以此爲至秘,乃云是尹喜所撰,余告之曰:此是魏世軍督王圖所撰耳,非古人也。圖了不知大藥,正欲以行氣入室求仙,作此《道機》,謂道畢於此，此復是誤人之甚者也。”此見行氣一派，世所盛行，以爲道盡於此。而葛氏淵源於左慈、鄭隱，爲丹鼎一派，各阿所學，故訾之特甚。實則神仙家言，皆撰自後世。葛氏所秘重若容成、彭祖之籍，豈有一爲先秦之文哉？以《莊》書、《淮南》言之，吐納導引，未必分途，以皆歸於行氣耳。葛氏離之爲二，宜若不然。惟此派著於《莊》書，盛於晉代，源遠而流亦最廣，是古之仙道，大別爲三，行氣、藥餌、寶精，三者而已也。

《釋滯》又言："房中之法十餘家……其大要在還精補腦之一事耳。……一塗之道士，或欲專守交接之術，以規神仙，而不作金丹之大藥，此愚之甚矣。”是玄素一派，專事房中，而廢其餘，亦猶王圖之比。而葛氏亦頗譏之。按之《漢志》方技略，房中凡八家，百八十六卷，别於神仙家外。宜在漢世，其傳各殊，其流亦廣。八家中其六皆曰《陰道》，有《容成》、《務成子》、《堯舜》、《湯盤庚陰道》之屬。書爲依托，固自無疑。然《吕覽·先己》稱："湯問伊尹曰：'欲取天下，若何？'伊尹曰：'凡事之本，必先治其身，嗇其大寶，用其新，棄其陳，腠理遂通，精氣日新，邪氣盡去，反其天年，此之謂真人。'”是不必伊尹之言，倘即本此《陰道》之書，其説既著於《吕覽》，諒玄素一派，早行於晚周，至漢而著録已多，則其傳已盛。至若秦皇、漢武所爲，皆主於求奇藥。劉向得《淮南枕中鴻寶萬畢》，遂言黄金可成。知所謂奇藥者，已不僅草木之方，且包黄冶之事，爲秦皇、漢武所篤信。是此三派鼎足於秦、漢之際，原不相兼。求奇藥者必於海上三山，此燕齊之術也。莊生所論爲行氣而主王喬，王喬之事，亦見屈原書，《遠游》言："春秋忽其不淹兮，奚久留此故居。軒轅不可攀援兮，吾將從王喬而娛戲。餐六氣而飲沆瀣兮，漱正陽而含朝霞。保神明之清澄兮，精氣入而麤穢除。順凱風以從遊兮,至南巢而壹息。見王子而宿之兮,審壹氣之和德。曰道可受兮不可傳,其小無内兮,其大無垠。無滑而魂兮,彼將自然。壹氣孔神兮,於中夜存。虚以待之兮,無爲之先。庶類以成兮,此德之門。”又曰:“内惟省以端操兮,求正氣之所由。漠清静以恬愉兮,澹無爲而自得。聞赤松之清塵兮,願承風乎遺則。貴真人之休德兮,美往世之登仙。與化去而不見兮,名聲著而日延。”正爲王喬、赤松之術。葛書每言“吴越間行氣”事,是行氣一派,屬之吴越,而源於犍爲武陽之王喬。《莊》書顯以彭祖爲行氣,彭祖墓亦在武陽,蓋明此正南方之仙道,與燕、齊有殊。而葛氏曰玄素必曰彭祖者,訛也。《列仙傳》言:“黄山君修彭祖之術,百餘歲有少容,彭祖去,乃追論其言爲經。”是訛彭祖於玄素者,黄山君也。《後漢書·方技傳》屢言容成御女術,是黄山君書未出之先,玄素一派祖容成,非彭祖也。《漢志》神仙家復有《芝菌》,有《黄冶》,此藥餌也。明此數者,皆傳自漢以上。蕭史教秦女鳳鳴之事,豈謂蕭史亦玄素之儔,而别爲秦中之仙道乎?葛書《釋滯》又言:“雖云行氣,而行氣有數法焉。雖曰房中,而房中之術,近有百餘事焉。雖言服藥,而服藥之方,略有千條焉。”知三者爲大别,其小異不可具論。葛氏爲藥餌一宗,而又甚詆徒知草木之方者。復謂“世間道士,知金丹之事者,萬無一也”(《勤求》)。蓋惟以左、鄭爲宗,是亦滯固所習之一弊也。《淮南·覽冥》言:“羿請不死之藥於西王母,姮娥竊之以奔月。”注云:“羿未及服,姮娥盗食之得仙,奔入月中爲月精。”必古之言藥餌者,專以藥物,不事其餘,故姮娥有得仙之説。葛氏雖主服食,然併行氣、寳精而一之,則又未必安期之舊也。

《抱朴子·釋滯》言:“五千文雖出老子,然皆泛論較略耳,其中了不肯首尾全舉。但暗誦此經,而不得要道,真爲徒勞耳。至於文子、莊子、關令、尹喜之徒，其屬文華，雖祖述黄老，憲章玄虚，但演其大旨，永無至言。或復齊死生，謂無異以存活爲徭役，以殂歿爲休息，其去神仙，已千億里矣。”此見道家之學，於神仙之事原相違隔，故葛書詆之。至莊子譏斥長生，曾不一事。葛書所指，即《莊子·至樂》諸篇義，其言曰：“人之生也，與憂俱生，壽者惛惛，久憂不死，何之苦也。”莊子妻死，惠子弔之，莊子曰：“察其始而本無生，非徒無生也，而本無形。非徒無形也，而本無氣。雜乎芒芴之間，變而有氣，氣變而有形，形變而有生，今又變而之死。是相與爲春秋冬夏四時行也。人且偃然寢於巨室，而我噭噭然隨而哭之。”其稱支離叔、滑介叔與乎髑髏之言，意皆類此。《刻意》篇言：“聖人之生也天行，其死也物化。”又曰：“其生若浮，其死若休。”《天地》篇亦言：“萬物一府，死生同狀。”賈誼《鵩鳥》之賦，乃深得莊生之意者也。賈言：“天地爲鑪兮，造化爲工；陰陽爲炭兮，萬物爲銅。合散消息兮，安有常則；千變萬化兮，未始有極。忽然爲人兮，何足控摶；化爲異物兮，又何足患。”此申死生爲一之旨，其於神仙家言，相去誠千億里矣。二者固各有辨也。《淮南·齊俗》之文，顯爲取之莊書《刻意》，而益以“遺形去智，抱素反真”二言，則以道家之義，附於神仙之事，而二者乃相淆也。宜漢以來之説，而非赤松、王喬之説也。《抱朴·勤求》言：“老子以長生久視爲業，而莊周貴於摇尾塗中，不爲被網之龜、被綉之牛，餓而求粟於河侯，以此知其不能齊死生也。”葛氏既斥齊死生之説，而又譏其未能齊死生，是道家與神仙，幾同冰炭，於此益明。葛雖斥莊而宗老，然稽之《淮南·道應》言：“精神通於死生者，則物孰能惑之。”故《老子》曰：“夫唯無以生爲者，是賢於貴生焉。”則五千言未必以生爲貴，其言“死而不亡者壽”，此正《大戴》釋黄帝三百歲之義，老書之言，宜以此爲宗。

知貴生者，倘瞻何、楊朱之徒有其事，而老子之與神仙，究爲異轍，殆猶之漆園之故也。

《淮南》持義，莫高於《精神》篇，其言曰："夫造化者之攫援物也，譬猶陶人之埏埴也。其取之地而以爲盆盎也，與其未離於地也無以異。其已成器而破碎漫爛，而復歸其故也，與其爲盆盎亦無異矣。……故曰其生也天行，其死也物化。"此以生無所得、死無所喪釋《莊子・刻意》之旨也。以生死爲一化，萬物爲一方，則《莊子・齊物》齊生死之旨也。其曰："是故真人之所遊，若吹呴呼吸，吐故納新，熊經鳥申，鳧浴蝯躩，鴟視虎顧，是養形之人也，不以滑心。"此正《刻意》之旨，卑視養形之事也。其曰："化者，復歸於無形也；不化者，與天地俱生也。夫木之死也，青青去之也。夫使木生者豈木也，猶充形者之非形也。故生生者，未嘗死也，其所生則死矣。化物者，未嘗化也；其所化則化矣。""故形有摩而神未嘗化者，以不化應化，千變萬抮而未始有極。"則生死者不過猶寒暑之往來，四時之代謝，其所化者未嘗能不化，而化物生生者固未嘗化，此則賈生《鵩鳥賦》之所未至。以生固未可貴，而生生者則不待貴，亦無所致其力也。賈生言："釋智遺形兮，超然自喪。寥廓忽荒兮，與道翱翔。乘流則逝兮，得坻則止。縱軀委命兮，不私與己。其生若浮兮，其死若休，澹乎若深淵之静，泛乎若不繫之舟。不以生故自寶兮，養空而浮；達人無累兮，知命不憂。"是賈生僅以不寶生而委命爲功，固未嘗知《淮南》生生者未嘗死之義也。《莊子・刻意》曰："其生若浮，其死若休。不思慮，不豫謀。"賈生之言本於是，亦止於是而已也。至《淮南》爲義之説，則於旨尤高。《精神》又言："晏子與崔杼盟，臨死而不易其義。殖華將戰而死，莒君厚賂而止之，不改其行。故晏子可迫以仁而不可劫以兵，殖華可止以義而不可縣以利。君子義死而不可以富貴留也,義爲而不可以死亡恐也。"此義過於賈生,尤非《鵩賦》之所能究也。蓋生既不足貴,而生生者又無所致其功。《刻意》言:"聖人之生也天行,其死也物化。……去智與故,循天之理。"惟循天之理,義生則生,義死則死,死生不足念,所貴者義耳。故曰:"不觀大義者,不知生之不足貪也,不聞大言者,不知天下之不足利也。"此《淮南·精神》之高致,誠非卑卑事神仙之説者所及知。《抱朴·勤求》言:"俗人見莊周有大夢之諭,因復競共張齊死生之論,蓋詭道强達,陽作違抑之言,……不崇真信,背典誥而治子書,若不吐反理之巧辨者,則謂之樸野,非老、莊之學。"是在晉世清談名理之流,猶頗有不以神仙爲道家之事,此稺川所由發憤并莊書而訐之也。明道家之與神仙,二者誠區以别也。皇甫士安云:"世人見其書云:'谷神不死,是謂玄牝。'故好事者遂假托老子,以談神仙。老子雖存道德、尚清虚,然博古今,垂文《述而》之篇,及《禮傳》所載孔子慕焉是也。而今之學者,乃欲棄禮學,絶仁義,云獨任清虚,可以致治,其違老子親行之言。"是皇甫之所論,正稺川之所詆,他山攻玉,相對益彰。《宏明集》有劉勰《滅惑論》,則析之尤悉。言"道家立法,厥品有三,上標老子,次述神仙,下襲張陵。太上爲宗,尋柱史嘉遯,實爲大賢,著書論道,貴在無爲,理歸静一,化本虚柔。……斯乃導俗之良書,非出世之妙經也。若乃神仙小道,名爲五通,福極生天,體盡飛騰,神通而未免有漏,壽遠而不能無終,功非餌藥,德沿業修,於是愚狡方士,僞托遂滋,張陵米賊,述記昇天,葛玄野豎,著傳仙公,愚斯惑矣,智可罔與!……至於消災淫術,厭勝姦方,理穢辭辱,非可筆傳"。斯則非特上中二品,道家與仙術乖途,即在下乘,張陵與葛玄亦異,斯則道家之與仙術,較然殊途。而左、葛一派,雜於符咒,與道陵爲近,又與喬、松異轍也。劉歆、桓譚、王充、曹植、嵇康、向秀，所論益繁，互爲出入。兩漢、魏、晉以來，斷斷以争者，固不暇枚數也。

原載《圖書集刊》第八輯，四川省圖書館一九四八年六月編印。
收入《蒙文通文集》第一卷《古學甄微》，兹據整理。

校理《老子成玄英疏》叙録

——兼論晉至唐道家之重玄學派

成玄英并疏《老》、《莊》，《莊疏》明時僅唐伯虎猶藏北宋本，以傳於錢遵王，後不可得見，《道藏》中幸尚有之。黎蒓齋於海東得南宋《莊疏》殘帙，補以《道藏》本（據楊惺吾説。森立之謂據坊本補，非是），刻之《古逸叢書》，稱爲海内之球璧。至《老疏》則《道藏》未之見，海東未之聞，知其絶迹於天壤者久矣。彭耜鶴林述《道德經集注》，於《雜説》卷上言："廣川董逌《藏書志》云：'唐道士張道相集注《道德經》七卷，凡三十家。'按《志》稱道相《集注》四卷，而董所收乃有七卷，恐後人之所增也。我朝崇寧中再校定道藏經典，此書藏中已不復見，其餘諸家僅玄宗、河上公、嚴遵、陸希聲四注，及傅奕古本耳。外李榮、李約、賈清夷各有注説，王、顧等奉命撰疏，杜光庭又從而爲《廣聖義》，亦皆唐人，并見藏室。"由彭所論，則成公《老疏》宋世已無存者（焦氏《老子翼》引前文，不言出彭氏《集注》，直云廣川董逌《藏書志》，致彭氏之説，幾混於董氏文中，意不可通，故此詳記之）。今存《正統道藏》，《老子》舊疏有二：一爲强思齊《玄德纂疏》，一爲顧歡《注疏》。阮元云："顧歡，齊時人，《唐書·藝文志》有《道德經義疏》四卷，不特書名、卷數均與此不合，不應齊時人而先引及陶弘景、成玄英諸人。惟晁公武《讀書志》、王應麟《玉海》有岷山道士張君相《三十家〈道德經〉集解》，今以其言考之，頗與是書合，則爲君相所集無疑。至書中兼有引唐玄宗御疏

（爲注非疏），又爲後人所羼入，而稱‘陳曰’、‘榮曰’者，殆杜光庭所云任真子陳榮也。”（言陳榮，誤。）自阮氏之説出，言者殆皆以顧歡書爲君相書也，然君相《集解》四卷，今顧《注疏》乃有八卷，則書名、卷數皆不合也。劉承幹謂：“君相《集解》三十家，今本只有十五家，又有缺佚也。”然就宋李霖《道德經取善集》言之，李引“張君相曰”凡十數條，殆君相《集解》文也，乃無一事見於顧氏《疏》中，則此疏顯非君相《集解》。更以晁氏書所稱君相書三十家考之，其云“一河公、二嚴遵、四何晏、五郭象、七孫登、九羅什、十盧裕、十二顧歡、十四松靈仙、十五裴處恩、十六杜弼、十七節解、十八張憑、二十六劉進喜、二十七蔡子晃、二十八成玄英、二十九車惠弼”。凡十七家，此見於顧《疏》者也。其云“三王弼、六锺會、八羊祜、十一劉仁會、十三陶弘景、十九張嗣、二十臧玄静、二十一大孟、二十二小孟、二十三竇略、二十四宋文明、二十五褚糅”，并張君相自爲一家，凡十三家，顧《疏》都無其説。若如劉氏説爲佚缺，則不應佚者若是之多，幾及其半。復就顧《疏》所引二十一家言之，内“御曰”則開元所注也，有“想爾”則張道陵也，有“陳曰”則陳嗣古也，有“王曰”，非王弼注，而皆爲解《河上公注》者，則杜光庭所謂道士王玄辯作《河上公釋義》十卷者也。有“榮曰”，以强《疏》所引李榮《注》校之，皆能符合，則李榮也。此溢出張氏書者凡五家，則不可如阮氏徒以後人羼入爲解也。知阮、劉説均未備，此殆别一家書，不得謂即君相書也。凡顧書所徵引皆舉姓氏或書名，獨李榮之説稱“榮曰”，知是書爲李榮之所作也。《唐志》有李榮《集解》四卷、《注》二卷，則顧書顯爲李榮《集解》而非張君相也。今李《注》殘卷存《道藏》中，不分章，顧書亦不分章，是同爲一家之作無疑。惟書名、卷數仍不能合，謂顧書爲張書固非，若徑謂即李書，亦覺未當也。豈今之顧書,爲後之道家取李榮之《集解》以爲注,而更取成玄英之《義疏》以爲疏。盧照鄰有《贈道士李榮詩》:"敷誠歸帝闕,應詔佐明君。"與李榮《上〈道德經注〉表》自言"猥以擁腫之性,再奉涣汗之言,遂得揮玉柄於紫庭,聽金章於丹陛"語意正合。知盧所稱即此李榮也。《大唐新語》卷十三"諧謔"稱:"總章中,興善寺爲火災所焚,尊像蕩盡,東明觀道士李榮詠之曰:道善何曾善,云興遂不興,如來燒不盡,唯有一羣僧。然聲稱從此而減。"總章爲唐高宗年號,亦見李正與同時也。《舊唐書・儒學傳》言:"羅道悰每與太學助教康國安、道士李榮等講論,爲時所稱。"又言:道悰"於貞觀上書忤旨","高宗末官至太學博士",時亦相當。正即一人,所謂任真子李榮者也。惟李榮書題元天觀道士,劉肅書稱東明觀道士爲異,當是住二觀先後不同,或是劉氏傳聞之誤,固無礙其爲一人也。是李在總章先已聲稱早著,遂應詔赴闕,知其成書,更在以前,未必能下及開元,并取御注,固不能無疑也。

《唐書・藝文志》有陳庭玉《老子疏》,無卷數,自注云:"開元二十年上,授校書郎。"唐疏之傳於後者,强、御、杜三家外,僅陳氏一疏,宋明之間,猶屢見著録,王圻《續文獻通考》,尚著有是書,知明世猶有存者。此之顧《疏》,亦《道藏》中唐疏僅存之一,應顧《疏》即陳庭玉《疏》,當收入《道藏》之際,誤繫之顧歡耳。馬夷初先生以爲顧《疏》即是成《疏》,當是未詳究成公書之體製,惟見其間成《疏》文多,遂率爾謂即成書也;以顧書即成《疏》,此固賢於阮元輩之所論,然終有未諦。以强《疏》考之,凡顧書删成《疏》處,每以與《集解》他家義複,尤以與河上義複則删成《疏》爲最顯,足明顧書爲有取成《疏》而作,安得謂即是成書也。《唐書・藝文志》云:"成玄英,隱居東海,貞觀五年召見,永徽中流郁州。"《唐選舉志》言:“開元七年,注《老子道德經》成,詔天下藏其書。”是貞觀之初,成公之書已就,故得詔見,開元之初,誸已仙化,今顧《疏》備采御注,成公安能爲之?且顧本正文與成公出入亦多,安得以顧本即成本?唯謂顧《疏》即是陳庭玉《疏》,成於開元二十年,故得取及御注,至明猶存,故得刊入《道藏》,庶幾近之耳。又彭氏所言至宋猶存各家,有賈清夷,而賈大隱又有《述義》十一卷,亦疏類也,是顧歡《注疏》者亦或可定爲賈氏之書。但海東古籍有瀧川君山本《老子》,欄外雜引諸書,每徵賈大隱《述義》,而文皆不見於顧書,則亦未必爲賈作也。要之,此書之集,或陳或李,抑别一道流,均未可知,唯决非君相、非即成《疏》,則可斷言。至其徑題顧歡作者,應自有故。此書雖采衆家之注,究以取河上之《注》、成公之《疏》爲最備,河上之《注》固爲六朝以來羽流所宗,成公之《疏》亦爲有唐一代之魁製,然考之顧氏遺文,實頗申河上之説。杜光庭列六十家箋注,别爲五道五宗:曰“陶隱居、顧歡皆明理身之道”。又曰“顧歡以無爲爲宗”。宜此書編者,爲宗顧氏學派之徒,於衆家之中特題顧歡等著,編者未敢自名,於是徒留顧歡之名,致失編者姓字。安有書中明徵“顧曰”,而反誤以全書爲景怡之作乎?則仍舊稱爲顧之《注疏》亦無不可。隋唐道宗之盛,源於二孟,稱爲梁朝道士。顧爲南齊人,《弘明集》稱爲顧道士,宜孟氏之傳,出於顧氏,而道士之傳此爲最早,誠以景怡所造之宏也。李榮《集解》而曰顧歡述者,其以此歟!顧書所採,凡二十餘家,劉承幹君云十五家,亦不審之言也。

强、顧兩《疏》,皆據成《疏》而作,徒有纂輯之功,未嘗附以己意,編輯之際,復未精析文義,故排比多未適當,往往經文居後,而疏反居前,兩書皆然。唐代原爲疏自單行,故疏首皆先牒經文,次伸疏説,强、顧皆匯經於疏,於疏首牒文每刊削不盡,適爲冗累,而强本尤甚，以是知强、顧兩氏皆出以粗疏，編次之際，强尤草草，於同一疏注之文，又不免重出，猶爲非是。然即以此故，成《疏》原來面目藉以保全。采掇之際，兩書於成《疏》雖各有所遺，然以二書相校，所未取者皆不過百分之一耳；而顧所刊落，備在强書，强之所遺，亦顧書畢具，相互補足，頓還舊觀。其有訛倒羨奪，參相校正，亦得文從理順，焕若神明。其偶有强本有疑，又適爲顧書所遺，無從校正者，殆亦僅矣。要不過白璧微瑕，益增其美，宋槧唐寫，奪句誤文，皆所不免，况此沉薶千載舊籍，一旦忽顯，欲其無一字之疑，豈可得哉？近世敦煌重出舊籍，羅叔言氏編爲《古籍叢殘》，中有《老子義疏》一種，余校録成《疏》既竟，復因方叔軒氏假得鳴沙影本校之，原帙强半損失，始六十章"治大國若烹小腥"，盡八十一章至卷終，幸有完書。羅氏不考，疑爲梁道士孟智周疏。及細讀之，竟是成《疏》原帙之僅存者。亟以與余校録本相照，則余從顧、强兩本校録者，知其不佚一字，而唐寫之奪誤乃累累不勝數也。每有疏文全句亦奪者，僅"小腥"疏"河公本作小鮮"一事，爲顧、强所遺。蓋成《疏》原多校語，强本多遺之，而賴顧本以補其缺，至顧本有遺者，定無可據以彌此憾也。但以成《疏》六卷計之，鳴沙所存猶過五之一，以相戡校，僅佚此一事，而强、顧所存校語不見於鳴沙本者，如"百仞之高"河公作"千里"，"備衆人之所過"河公"備"作"復"，"以我大不笑"河公"笑"作"肖"，乃有三事，奪句奪字又復累見，則不能謂鳴沙爲勝也。舊書傳寫既久，異同自多。凡强、顧兩本，十九皆同，唯顧本文句多淵雅，而强本異文反失之俗近。中復有顧、强所引成《疏》文皆完備，而又各迥異者二事，豈成公先後本原有殊耶？抑後之傳者致誤耶？强本具載序次科文，"治大國"章科文即與鳴沙本異，疑强爲後定，知傳本固不同也。今則定其是者用之，録中仍用顧本爲主，至與强本異同，則唯存之校記中耳。宋世李霖作《道德真經取善集》，中采成《疏》十數條，亦大同强引，而小有出入，頗同强本與顧本稍遠；僅“佳兵”章疏多出顧、强兩本“吉謂朝禮，凶謂喪禮”二句；他復有絶異者二條，復一條中而異其後半，餘則文或爲李所删改，以便徵引，今亦概不引用，亦唯於校記中存之。凡李霖、鳴沙二本，皆於强書爲近，尤以鳴沙奪誤每與强同，知其顯爲出於一系，皆賴顧本以正之。余既疑顧書出於陳氏，陳書成於開元，文能古絜，殆傳寫既廣，同異滋多，不可遽珍奇文，改此完帙也。强書作於乾德，以顧本衡之，或失之冗近，以知鳴沙寫本，不得以“治”字缺筆，遽依羅氏定爲高宗時寫本也。元槧明寫，每存宋諱，豈可依以定爲宋代舊物耶？論傳本先後，義有進於缺筆者，不得泥於膠柱刻舟之説也。成《疏》“聖人亦不傷人”，顧本《疏》云：“諸本作‘亦’字，張係及陸先生本作‘之’字。”强引疏作“張係師”，甄鸞《笑道論》七云：“張陵子衡爲係師，衡子魯爲嗣師。”知“係師”亦僅稱“張係”，敦煌寫本“係師”作“係天”，殆以涉“天師”字而誤，則寫本不足據明矣。《隋志》、陸《序》皆有晉張嗣注《老子》二卷，知即嗣師張魯，亦僅稱“張嗣”，亦考《老》之家所宜究知者也。陸先生謂陸修静也，或謂陸德明，誤，姑附及之。《唐書・藝文志》載：“道士成玄英注《老子道德經》二卷，《開題序訣義疏》七卷，玄英字子實，陝州人。”杜光庭言道士成玄英作《講疏》六卷，知成公《經疏》六卷，其一卷則所謂《開題》者也。《隋唐・經籍志》有《老子序訣》一卷，葛仙公撰。《唐書・藝文志》有葛洪《老子道德經序訣》二卷，侯康《補三國藝文志》稱：“《初學記》二十三、《御覽》六百六十七引《道德經序訣》。”檢《初學記》引《序訣》文云：“周時復托神李母剖左腋而生，生即皓然，號曰老子。”此文全符葛玄《河上公注老子序》之第一節，杜光庭《廣聖義》引葛仙公《序訣》云：“河上公者，莫知其姓名也，漢孝文皇帝時，結草爲菴於河之濱。”此全符葛《序》之第二節。自世德堂諸本，已佚去第二節，僅存前一節耳，惟宋本尚存第二節。《御覽》引《叙訣》云：“尹喜知紫氣西邁，齋戒想見道真，及老子度關，授二篇經義。”此文唯《道藏》中《道德真經集注》所載葛玄《序》之第三節，與此文符，則三節皆《序訣》也。僅《四家集注》本備有此文，他本皆佚之。《集注》四家，惟有梁迥《序》，蔣錫昌君定爲文如海作，然杜光庭引文如海説，知文爲唐人，蓋劍南道士也，不能取及王雱，今不從其説。近見敦煌本有《老子序訣》，即此三節文字，知此葛玄三《序》，即《序訣》文也。《序訣》第二節文中有：“余注是經以來，千七百餘年，凡傳三人，連子四矣。”杜光庭《廣聖義》引此文，復徵成玄英法師解云：“三人者，務光、羨門子高、丘子是也。”知成書稱《序訣》云者，當依葛氏《序訣》爲稱，杜引成釋三人，即《序訣》成《疏》之佚文也。《唐志》言葛洪《序訣》二卷，“洪”或“玄”之誤。以第三節末有“道士鄭思遠曰”云云一段，鄭思遠即鄭隱，爲玄之弟子，師所作書而弟子繫辭於後，爲事之常。倘爲葛洪之書，洪爲鄭之弟子，不應洪書而師反附於後，又不應爲葛洪徵引師言而斥言道士。蓋洪於《抱朴子·内篇》，言必稱“先師鄭君”，如彼嚴敬，故知言葛洪撰者，《唐志》之誤也。然僅此三文，不應書有二卷，考《隋志》引《梁録》有《老子序次》一卷葛仙公撰，今强本每章之下，皆言相次之義，如《易》之《序卦》，則《序訣》原名《序次》，備言八十一章相次之義。每一章中，又開爲數別，式如釋家科判。合此録之，則二卷之本，可以復睹。强本備載《序訣》之文於每章之首，所謂顧本者則不載，且不分章，然顧本“不尚賢”章“使心不亂”下，引成《疏》有衍文“獨顯聖人虛懷利物”八字，以强本校之,乃下段《序訣》科文也。又"人之生也"章,顧本成《疏》衍"辯其勝劣"四字,以强本校之,亦下節《序訣》科文也。乃知强本仍爲成《疏》舊式,顧削落不盡,致留此迹,故校成《疏》,仍依强本,備列《序訣》,旋以校鳴沙寫本,幸得相同。李翹亦謂顧本即是成本,見顧不分章,即以爲成本原不分章,至爲疏略。蓋成本具載《序訣》,章復開數别,何云不分章耶?成於篇首科判文中云:"其委曲玄旨,具在《開題》義中。"是《開題》别自爲書,《道藏》中有薛致元《開題科文疏》五卷,首開二十題,皆爲有關老子及書之事義。若《周易孔疏》首之八論,杜光庭《廣聖義》篇首亦如此,知成《疏》稱《開題》,即杜薛二家文所由仿,惟以文既全佚,莫可考耳。其舊宜别有一卷,而《序訣》原爲二卷,則以散入各章,不復自爲卷也。强本每章之首,皆有儷文以讚全章宏旨,不知爲誰氏所爲,殆《隋志》所著《道德經章門》也,鳴沙寫本無之,則不可定爲成公之作。玆亦别録其文,重其爲唐人舊章,與葛公三序,别爲一卷,而七卷六卷之説,在昔六卷爲經疏,一卷爲《開題》,玆則一卷爲《章門》也。今鳴沙寫本於末卷云"卷第五"者,諒爲鈔者筆誤,或後來分卷略有改易,羅氏翻據誤文謂符孟《疏》卷帙,良非允論。惜葛《序》疏文及《開題》所論竟不可考,杜氏《廣聖義》、《宋史·藝文志》并云成《疏》六卷,豈首卷之佚更又早耶?《圖書集成》以葛玄《序》首節爲葛氏《節解序》,未知何據,至又載《河上公自序》一篇,則益不可信,惟其文已見於歸震川《評注》本,姑附卷首之末,以博異聞。考之《金樓子·立言》篇,實引《河上公序》,是河公固自有序,持以校歸本之序,文各不同,終未可信也。

强本"道可道"章第一"名可名非常名"句疏文,"思與希微通"下多出九十餘字,首再牒經文"非常名"三字,次爲解釋,於義爲複,校之李榮《注》本,全與相同,則此原爲李《注》,强本校讎不精,誤入成《疏》也。强本“天下有道”章第四十六“戎馬生於郊”句疏文,“故云生郊也”下重牒經文“天下無道戎馬生於郊”,復别爲之釋,凡百二十餘字,文不類成《疏》,當是强氏别引《節解》之文,校寫脱《節解》之名而誤入成《疏》也,以强引《節解》者凡有多處,此釋全爲《節解》一家之義,固有可言。“大成若缺”章第四十五“大成若缺”句《疏》下有“謂目光也”凡二十二字,亦當爲《節解》,而非成《疏》,文與義皆不類。此三事皆義之顯者,不可不删,故徑删之。又“視之章”第十四“故混而爲一”,《疏》云:“又解此真應兩身,作三乘義釋,具在《開題》卷中。”而强書《經》首於“道可道”句下引御疏下有“法師臧宗道又用三一爲聖人應身”云云,殆三百言,正言真應兩身義,文非開元御注所有,殆即成《疏》《開題》卷中之文,强公姑附之御注耳。强本“道可道”成《疏》自“夫道者何也”始,至“奚死生之能累乎已也”殆五百四十言,爲顧本成《疏》所無,與疏首段文義亦不貫,殆即《序訣》所云“境智相會,故稱道德,其委曲玄旨,具在《開題》義中”者也,强亦取此《開題》之文,姑附之成公疏中耳。此皆《開題》文之略可見者,而猥入疏中,亦徑删之,而備録其文於後,以俟讀者有所考正。“佳兵”章第三十一“殺人衆多,以悲哀泣之”句疏後“一解殺謂敵人”云云,凡三十八字,其爲成《疏》與否不敢定,則姑仍舊存之。《序訣》謂:“上卷三十七章大分三别,第一一章,標道宗致,第二、三、十五章,廣明道法,第三一章,總結指歸。《下經》一卷四十四章,大分三别,第一一章,正開德宗,第二、四、十二章,廣明德義,第三一章,總結前旨。”顧本已删《序訣》,文無可徵,强本備存《序訣》於小注中,不免因致缺佚,今考究全書,《上經》僅存“道常”章《序訣》云:“此一章即是第三大段文,正明結會。"《下經》則存"'昔之'章即是第二大段文第一章,正廣明德義"。"'信言'章即是第三大段文,總結前旨。"存者三事,而佚者亦三事,依其體例,《上經》應補"'道可道'章即是第一大段文,標道宗致"。次補"'天下'章即是第二大段文第一章,正廣明道法"。《下經》應補"'上德'章即是第一大段文,正開德宗"。此關全書大體,事有可徵,不可不補,兹徑補之,俾綱紀秩然,以便觀省。唯"不尚賢"章第三《序訣》徑自"就此一章"起,佚玄文首此章次前之故數句,已不可補。"載營魄"章第十"明白四達而無爲"句疏,後隔一墨圍,出"又解云:四達者達三界及道境"。成公每於疏竟,别出又解,更伸一義,校者於此衍一墨圍,遂若又解爲他家之文,兹謹删去墨圍,仍合又解於成公之疏,亦記之於此。又"有物渾成"章第二十五"先天地生"句《疏》云:"渾成之道,在天地先生,還是不先先、不生生義也。"疑本作"不先之先、不生之生義也"。應是奪兩"之"字,或是奪兩"而"字,以無别本可據,不徑補也。"天下"章第五十二"天下有始以爲天下母"句,依疏文應删下"天下"二字,以無他本可據,亦不徑删。"兵者不祥之器"《疏》"致兵革之主","致"上疑奪二字,"道生一,一生二"《疏》"有三才","有"上疑奪一字,皆以無别本可補,皆空格缺之。"守柔日强",他之敦煌本中"守"有作"用"字者,成《疏》正作"用"字,不依以改正者,以例不依此敦煌一本以校成書,或亦成《疏》以"用"釋"守",不可徑改也。"聖人無常心"章"百姓皆注其耳目",據《疏》"注"當作"淫",以無他本可據,故亦不改。"上善若水"章《疏》云"善有二種",强本誤"善"爲"水",顧本無徵,諒是涉上"水"字而誤,致義不可通,雖無他本可依,謹以文義定之,徑改爲"善",惟此一字爲據義改正者,亦僅著之。"善行無轍迹"章"善結無繩約而不可解"句《疏》,"就伏心文,有文尸三解，解有九品”。“文尸三解”，義不可通，疑是“聞、思、修三解”，以音讀相近而誤，然無他本可據，亦不敢徑改；全書中以文誤致義不可解者，僅此一事，亦著録於此。至顧本“道常無名”章、“知人者智”章、“大道汎兮”章三章，所録成《疏》凡二十三條，完全無缺，强本所録則不過七條，强用成《疏》例視顧本爲備，此三章乃微少若是，殆强所據成《疏》已先有缺佚也。强本此七條中，即有二條與顧本成《疏》迥異，即“衣被萬物”、“萬物歸之”二句疏文，在全部顧、强所録成《疏》中，此最爲特異，以他之疏文皆兩相符會，僅文字小有出入，亦有彼此删損不同者，未有疏文全不相似若此之甚者，豈强本取之他家，而校者不慎，誤以爲成《疏》耶？其文義亦不全可解，或又殘佚之餘，後來者以意補之耳，知其不足據也。初校成《疏》，以强爲藍本，以顧校之，故於此二條皆仍强本，而備存顧文以俟考；三復校訂，知仍應從顧本，而姑别存强本異文可也。至李霖本所取成《疏》中有異文三條，以强、顧兩本相校，此三處文字，皆强、顧相同，獨李爲異，則又李書誤以他家注説而冒成名也。顧本始“天地不仁”章至“持而盈之”章凡五章，徒有經文，諸家注説全缺，此五章之經，亦後人據他本補之，以顧書原爲損字本，後人不曉，誤據不損本補之，此其顯然可察者。乃顧本之缺者，强本成《疏》適不缺，强氏所據成《疏》之已缺者，又適在顧書不缺之中，是成書之得不終爲殘佚之餘，倖而獲全者，誠亦僅矣。顧書之缺，在書成之后，强本成《疏》之缺，在强氏之先，益知西華一疏在宋崇寧中已無存，在唐乾德中已不完，千餘年後，兹乃再顯，且經文、疏文字字從唐本出，非有鬼物呵護，安能致此。唐人義疏之作，實有多家，陸德明《經典釋文》，復爲羣經及《老》、《莊》書并作音義。今西華《莊疏》猶在，余因之有迹求《老疏》之事。兹考老氏成《疏》佚而復得，而唐人經疏若《論語》，若《爾雅》，若《孝經》，竟渺不可尋，益見舊書淪落者多，良可嘆息。而西華《老疏》，沉晦既久，竟可再見，何期玄珠赤水，罔象得之，此亦事之奇，可偶而不可恒者耶？將亦神爲之助，固有非人力者在而非余所克致也。

既已三校成《疏》，録成清本，以巴黎所藏敦煌卷子頗有《老子》無姓氏者注及疏義，思以影片致之，俾得四校，期成定本，道遠不可驟得，乃以餘暇，考求西華所用經本之舊，完成一家之學。以《老》書傳本，同異滋多，吾友蔣君錫昌先予治《老》二十餘年，爲《老子校詁》一書，既精且博，所取各本，都八十四家，唐人石刻凡有其五，乃無一同者，其惑繁可概見也。兹校成《疏》，據顧、强兩本，疏首先牒《經》文，强本猶存過半，未經删落，依此牒文以勘强、顧之《經》，多不能合，是知成《疏》雖存，而成《疏》所依之《經》則不可復睹，言顧書即爲成《疏》者，益證其不得爲確論也。反復疏及牒文，求之蔣校，再三考索，始決成《疏》之《經》，與唐遂州龍興觀《道德經碑》十同八九，最爲相近。遂州爲今蜀之遂寧，碑已久佚，惟《道藏》中《道德經次解》據以爲訓，頗詳論之。杜光庭言："唐朝道士張惠超、黎元興皆明重玄之道。"又言："臧、陶、顧、孟，霞舉於南朝，任、黎、二張，星羅於西蜀。"據杜所叙箋注六十餘家，則有成都道士黎元興，作《注義》四卷；道士張惠超，作《志玄疏》二卷；通義郡道士任太玄，作《注》二卷；岷山道士張君相作《集解》四卷：此所謂星羅西蜀之四家也。通義郡爲今之眉山，天寶初曰通義郡，乾元初復曰眉州，知任爲眉山人，在天寶之後、而乾元之前也。重玄一宗，創肇江東，入唐後猶餘響於西蜀，遂州本獨與西華合者，一宗之傳，淵源固有自也。遂州本與成《疏》偶異者，尚十之一二，殆亦任真本與西華本之比，各有取舍，勢固不得盡合。爰依《次解》遂本，而以成《疏》牒《經》異者改之，成《疏》無明文可決者，則一仍遂本，則又知成

《疏》牒《經》之文，亦頗有後人誤改以就顧、强二本者，非傳寫之誤，即校勘者誤據顧、强以改成，殆淺嘗學問者之爲也。尋繹疏義，足驗牒文之失，自可依疏以正之，往往還與遂州本合，則又校書之一快也。亦有牒文與遂州本合，而疏則又經誤改以就顧、强之本者，則徑改疏文，俾仍與遂州相合。其又有牒文、疏説自相同而皆與遂州本異者，則别求諸他家之本合於西華者用之，以徑易遂本，乃知唐易州龍興觀《道德經碑》大同西華、遂州二本，凡西華之與遂州異者，皆得與易州本合，足爲據驗。蔣君之校自勤，惟徒勘經本異同，不詳注家立義，漏此一例，猶爲千慮之一失耶？復就羅氏敦煌影本覈之，則兹校爲例之得失自亦可見，而益知所以求近真之方，蓋以易州輔遂州之不足，而於成《疏》皆可合也。於是西華一疏之舊，隱然若可見者，惟遂州、易州、敦煌，亦未免於奪誤，不盡可依，仍當斷以疏義，覈之衆家，考論碑本，左右采獲而尋究之，經文止於五千，雖視疏爲約，而校事之難，乃倍於《疏》也，是又安敢言取舍改易一一之悉當乎？既以遂州本爲主以校成書，而後知前之疑《疏》文尚有三數處佚奪不可復補者，證之遂本皆經無此句，始喜成《疏》之決爲完璧而無憾也。凡遂州本經文視他本删損者計有十事：爲第二章“生而不有”，第三十章“大軍之後，必有凶年”，第六十一章“以静爲下”，六十三章“是以聖人終不爲大，故能成其大”，七十一章“夫唯病病，是以不病”，七十三章“是以聖人猶難之”，凡此六事，皆西華無疏，而校之遂州本，皆《經》無其句，他本之略同遂州本者，惟易州本，亦無“大軍之後必有凶年”及“是以聖人猶難之”二事，此則易州本略近遂本之迹也。他若遂州本無二十一章“其精甚真”，五十五章“知常曰明”，及七十八章“是以聖人”，此三事雖遂本所無，而西華則有疏，明成公《經》自有此句，校之易州本亦有此句,與成《疏》同。第三章“爲無爲則無不治”,遂有“爲無爲”句,而成《疏》牒文無之,校以易州本亦無之,此易州能輔遂州之不足而可以求合於西華者也。三十四章“常無欲可名於小”,遂本無“常無欲”三字,易州本有,成《疏》無考,則徑從遂州,以兹校原主遂州,不輕以易州改遂州也。十四章“是謂惚恍”,《次解》經文有此句,而後附《道經異同字》,舉不同者六十九處,所列則無此句,此顯屬《次解》之誤,自爲矛盾。《老子翼》云“龍興碑無此句”,當是據所列不同六十九處而言。蔣君錫昌云:“《次解》此句實有,而焦氏謂無者,諦視未審之故,不足據也。”蓋蔣依《次解》經本,焦依後附異同,不能相非。惟成《疏》實有此句,遂州本既不可定,易州則固有之,足爲考定成本之據,此亦以示易州輔遂州之列也。其他文字同異多少,率依此爲例,以求合於西華之舊,期於字字有據,倘所謂不中不遠者乎。蓋自張係師本出,删損經字,以求合於五千之數,書益佶屈,句讀爲難,因有删字本及不删字本之殊,而羽客者流,實多依損字本爲説,遂州、易州、西華皆是,兹之所校,但以求復西華面目,若云柱下之舊,誠所未遑論也。晉唐注《老》其遺説猶可考見者四十餘家,既思别輯爲書,以補任真《集解》而存之,待諸言《老》者之自擇,以輔成《疏》立義之未諦,而各本文字同異,亦將於《補注》中擇要存之,以待言《老》者之去取,或差足匡成《疏》《經》本所未安,而爲治西華書者之一助。任真亦據損字本者,擬再依不損本章益其句,句益其字,以復其舊。蓋既存别家之義,不得不兼存别家之經,經注相扶,而義始有歸也。凡所增易,皆墨圍其外,以識别之,庶無傷重玄一宗之舊,亦可藉以尋《老經》之真,若云折衷是正,則以待諸賢哲,今則僅以篤守家法爲主,未敢有所放論也。兹理成書,《疏》依顧氏,而校以强氏,《經》依遂州,而校以易州,凡所是正,未必皆審,然字字皆從唐本出，而心力所及，亦止於是也。念唐人九經之本，孔、賈之《疏》，陸氏《音義》，皆與顔監定本有異，自宋以《音》、《疏》二者合於單注本，爰有八行本、十行本《注疏》，疏本、注本原非一源，故一書之間，矛盾迭出，今兹推求成《經》，於事既繁，於《補注》亦并著各家經文異同，爲工尤拙，然比於宋世校經之草率，庶鮮貽誚於將來。

成《疏》惟出《經》文，不牒注説，知不據注爲疏，與其作《莊子疏》同。六朝唐宋雖主河上者多，然成《疏》多違河義，又每顯駁河公之本，不肯曲從其説；亦不符於王義，知亦不據輔嗣；《唐志》成公自有《道德經注》二卷，殆於古人皆不欲依之也。至其持義，則有可言。六代注《老》顯有二派：王弼則專研玄理，河上則備言仙道，成則總此二派，不偏一隅，每疏文義竟，復起内解，内解皆仙術也。考隋、唐兩《志》、陸、杜兩《序》均有《節解》，或云尹喜所撰，或云河上公作，唯《宋志》謂葛玄作，當得其實。或復稱《内節解》，按《節解》遺文，皆屬仙法，成稱《内解》者，殆承葛氏之緒，蓋以葛等爲内、王等爲外也，成《疏》固内外兼舉者也。《河上公注》究爲何氏所爲，亦有可尋。由葛玄《節解》言之，最爲近似。考之嵇康《高士傳》云："河上公，不知何許人也，謂之丈人，隱德無言，無得而稱焉，安邱先生等從之修其黄老業。"而皇甫謐《高士傳》云："河上丈人者，不知何國人也，明老子之術，自匿姓名，居河之湄，著《老子章句》，故世號曰河上丈人，隱身修道，老而不虧，傳業於安期生，爲道家之宗焉。"嵇《傳》之河上丈人"隱德無言"，是明不見有《老子章句》；皇《傳》謂其作《老子章句》，是焉得謂無言耶？宜《河上章句》爲出於叔夜之後，而在皇氏之先，故葛仙公得序其書也。仙公《序》論河上公事，稚川即依之以著《神仙傳》，殆由左元放而來，仙道以葛氏爲一大派，正始之風既盛，神仙家不願《老子》獨爲玄宗所奪，因托史遷之河上公書，正以抑人揚己耳。《序訣》末道士鄭思遠曰："余家師葛仙公，受太極真人徐來勤《道德經》上下二卷，仙公曩者所好，加親見真人，教以口訣，云此大道之祖宗也，誦咏萬遍，夷心注玄者，皆必昇仙，尤尊是書，日夕朝拜。"所云"教以口訣"，所云"尤尊是書"，顯指《河上章句》，以《道德經》原爲顯書，不俟徐授也。豈於時實有隱士徐來勤者，出此《河上章句》本耶？是則《河上章句》者，魏晉間方士徐來勤之所作也。《雲笈七籤》每稱徐來勒，勤、勒自係字誤，徐稱太極真人，葛稱太極左仙公，殆皆仙者也，知《河上章句》者，誠不得爲周漢之作，其出於魏晉殆無疑也。斯則徐、王兩《注》，對壘抗行，成《疏》并此二家，聯驂并轡，滙於一帙。又成氏之疏，每别伸義云"治身者"，考杜光庭以"嚴君平等爲明理國之道，孫登、顧歡等爲明理身之道，羅什、圖澄明事理因果，何晏、鍾會明虚極無爲，臧静玄明重玄之道，梁武帝以非有非無爲宗"。知成重言"治身"者，以疏"理國"之義已竟，而又别伸治身之義也。或并言治身治國，則又合嚴遵、顧歡輩於一轍也。疏中嘗稱臧公或臧上人，固以同主重玄，示其宗仰，然又未嘗不屢言即事即理、非有非無，則亦旁取羅公、參之蕭老，是其搜羅宏富，兼該者多，六代勝言，猶寄於此。今以顧書所存、李霖所采六朝舊注核之，成書若自爲疏，而實多襲魏晉以來之説，是則熊、皇、孔、賈疏經舊轍，自爲一家之書，而實綜群儒之説，先師遺義，尤藉保存，不專臧氏一家之學也。"百仞之高"一文，成公即據孫登之本，所謂"孫登以重玄爲宗，宗旨之中，孫氏爲妙"者也。稽之晉唐注家，鍾會、何晏、羊祜、郭象之徒，致精於玄宗，義近於王弼，葛玄、顧歡、張氏、王玄辯，兼明仙道，説朋於河上，顧、王之疏，更顯依河公之注，斯其較著者也。羅什、圖澄皆注《老子》，其信否未可知，而惠琳、惠觀、惠嚴皆有《老子注》,《陸序》稱爲“宋世沙門”,則釋氏注《老》,先有其事,故《老》家亦沿而用釋,觀、嚴兩師,又皆什公弟子,自裴處恩、梁武父子、大小二孟以來,皆以四句、百非爲説,以暢重玄、三一之義,接踵釋氏,隋、唐道士劉進喜、蔡子晃之屬,亦其流也。成公之疏,不捨仙家之術,更參釋氏之文,上承臧、孟,近接車、蔡,重玄一宗,於是極盛,萃六代之英菁、而垂三唐之楷則者也。顧注“田甚蕪”云:“内明道德不修,丹田荒蕪。”則兼綜王、葛二派,并取羅公,以下開二孟,則顧氏之業,不其偉歟!疑二孟之業,即出顧氏,以釋言玄,斯爲最著,以下逮成、李,此李榮《集解》所由徑題顧氏者也。重玄之論,即暢於此,源遠流長,自爲足貴。盧裕、劉仁會徒襲魏晉之餘風,李約、陸希聲但爲宋元之前響,皆不足重;而西華一疏,更集重玄之大成,綜六代之奥論,疏成而道士王元慶邀文學賈鼎就受大義,以其書誠爲不可及也。李榮在高宗朝,應略後於成公,榮或即成公之徒,未可知也。故强思齊亦頗取其文,與成《疏》同入《纂疏》,以二家義説,最爲相近,文亦每同,蓋李之爲説,亦多取六朝舊訓,入己注中,亦成公法也。惟李氏之書,僅存其半,獨賴强帙,猶可補其佚缺,因并校之,俾唐初勝義,幸足研尋。至陸希聲、李約輩之書,雖同爲唐作,但殊類啖、趙説經,義自别出,希聲、李約二家爲近,與任真、西華之宗遠矣,不復及之。自白雲霽混此李榮於宋之李息齊嘉謀,殊爲違誤。李嘉謀,南宋初人,見《陳止齊集》,又《魏鶴山大全集》有《李嘉猷墓誌》,亦兼及嘉謀事。嘉謀别有《先天道德經注》,見於《道藏》,自號息齋,錢竹汀不知此息齋爲嘉謀,乃誤以爲元之李息齋。元人李息齋,又别一人,名衎,不容相混。以踵訛者衆,聊復陳之。《雲笈七籤》卷六“三洞經教”部“第二太平者三一爲宗”云:太平洞極之經一百四十四卷,自宋梁以來,求者不得,陳祚開基,至宣帝立,乃命太平周法師諱智響往取此經,“帝因法師得此經,故號法師爲太平法師,即臧靖法師之所稟業也”。此臧靖即臧玄静,則太平法師應即孟智周,而誤爲周智耳,是臧静實從孟智周稟業,此其傳承之僅可考者。又“第三者重玄爲宗”云:太玄道經二百七十卷,既説有三時,玄靖法師開爲三部。知孟、臧於道宗造述之宏也。《雲笈七籤》卷五“經教相承”部云:“王遠知,曇首之子,入華陽事貞白先生(陶宏景),又從宗道先生臧矜,傳諸秘訣,貞觀九年勅潤州於茅山置太平觀,并度七人。”王遠知而下次潘師正,次司馬承貞,次李含光,傳承有緒。云“臧矜”者,即是臧靖,宗道,即玄静字也。杜氏謂:“孟智周、臧玄静皆明重玄之道。”又云:“孟智周、臧玄静以道德爲宗。”孟、臧學術無往不同,故知周智響者决是孟智周之誤文。成玄英獨舉臧靖説,稱之曰臧上人或臧公,宜成爲臧之弟子,與王遠知同顯於貞觀之初。若李榮者倘又成公之徒,此其淵源之略可探尋者也。

反復重玄之言,即據又玄爲説,西華書謂:“有慾之人,唯滯於有,無慾之人,又滯於無,故説一玄,以遣雙執。又恐行者滯於此玄,今説又玄,以袪後病。既而非但不滯於滯,亦乃不滯於不滯,此則遣之又遣,故曰玄之又玄。”任真子言:“定名曰玄,借玄以遣有無,有無既遣,玄亦自喪,故曰又玄,又玄者三翻不足言其極,四句未可致其源,寥廓無端,虚通不礙。”尋二家之文,重玄之義,不外乎此也。詳究羅什之解“損之又損”,謂:“損之者無麤而不遣,損之至乎忘惡,然後無細而不去,去之至乎忘善,惡者非也,善者是也,既損其非,又損其是,故曰損之又損,是非俱忘,情欲既斷,德與道合,至於無爲,己雖無爲,任物之自爲,故無不爲也。”究乎注《老》之家,雙遣二邊之訓,莫先於羅什,雖未必即什公之書,要所宗實不離其義,重玄之妙,雖肇乎孫登,而三翻之式,實始乎羅什,言《老》之别開一面,究源乎此也。杜氏稱"梁竇略《注》四卷,與武帝、羅什所宗無異"。又稱:"羅什、梁武、竇略,皆明事理因果之道。"又稱:"梁武帝以非有非無爲宗。"梁武之言,無所考見,由非有非無之義以論,蓋與羅什之説不殊,釋氏之解入於羽流,殆自梁世而大倡其風也。成氏疏中每言即事即理、非有非無,殆其緒也。顧歡之説,遺文尚多,其釋"唯恍唯惚",謂:"欲言定有,而無聲無色,欲言定無,而有精有信,以其體不可定,故云恍惚。"是亦羅什、梁武之朋,非遽異也。其釋"有之以爲利,無之以爲用",謂:"轂中有軸,器中有食,室中有人,身中有神,皆爲物致益,故曰有之以爲利也。然則神之利身,無中之有,有亦不可見,故歸乎無物。神爲存生之利,虚爲致神之用,明道非有非無,無能致用,有能利物,利物在有,致用在無,無謂清虚,有謂神明。而俗學未達,皆師老君全無之道。道若全無,於物何益? 今明道之爲利,利在用形,無之爲用,以虚容物故也。"顧氏以無爲爲宗,於是可見其概。孫盛以來《疑問反訊》之作,景怡可謂能塞其難也,斯亦重玄之教也。杜氏言:"孟智周、臧玄静以道德爲宗。"《廣聖義》五云:臧玄静曰:"道者通物,以無爲義,德者不失,以有爲功;道無則能遣物有累,德有則能祛世空惑。"又稱臧玄静云:"智慧爲道體,神通爲道用也。"又云:"道德一體,而具二義,一而不一,二而不二,二而不二,由一故二,一而不一,由二故一,不可説言,有體無體,有用無用,蓋是無體爲體,體而無體,無用爲用,用而無用。然則無一德非其體,無一用非其功。尋其體也,離空離有,非陰非陽,視聽不得,搏觸莫辨。尋其用也,能權能實,可左可右,以小容大,以大容小,體既無已,故不可思而議之,用又無功,故隨方(不)示見。"此以道德爲宗之大較,正亦不越乎重玄之軌。至嚴君平之以虛玄爲宗者,唯以君平一家兼統何、王之徒耳。自王弼、何晏,及於君平,陳義虛薄,空穴來風,致招詬難。齊梁而後,孟、臧之徒以重玄爲説,始益深遠也。尋諸雙遣之説,雖資於釋氏,而究之《吕覽》之論圜道、《淮南》之釋無爲,知重玄之説最符老氏古義,而王、何清談,翻成戲論,孟、臧勝義,方協至言,固《吕覽》、《淮南》之舊軌,何嫌釋氏之借範也。孫盛《老子疑問反訊》謂:"《道經》云:'故常無欲以觀其妙,故常有欲以觀其徼,此兩者同出而異名,同謂之玄,玄之又玄,衆妙之門。'舊説及王弼解,妙謂始,徼謂終,夫觀始要終,睹妙知著,達人之鑒也。既以欲澄神昭其妙始……何以復須有欲得其終乎?宜有欲俱出妙門,同謂之玄,若然以往,復何獨貴於無欲乎?"此正正始虛無之説,而安國力排之者,亦王、何之徒所難置答者也。孫盛爲孫統之從弟,而登則統之子也,是知重玄之説,實由"有欲俱出妙門,同謂之玄"之難詰而啓之也,此《疑問反訊》之作,翻有暢道家之精旨,適爲攻錯之他山者也。杜光庭言:"河上公云:道者,空也;王輔嗣云:道者,虛無之謂也;惑者或謂常道乃至上德,實是虛無。今明'是以有德',此則除其無病,故《經》云:'杳冥中有精。'此是一往相翻,聞名遣病,及其進悟,義則更深,明道之爲無,亦無此無,德之爲有,亦無此有,斯則無有無無,執病都盡,乃契重玄,方爲雙絶。"是證重玄之道,即對虛無之談,此正孫盛所由興難。李榮言:"魏晉英儒,滯玄通於有無之際。"而孫登以來,齊梁道士專主重玄之論,所由益深者也。陸希聲曰:"王弼以爲聖人與道合體,老氏未能體道,故阮籍謂之上賢亞聖之人,蓋同於輔嗣。"又曰:"王、何失老氏之道,而流於虛無放誕,皆老氏之罪人也。"正以見正始清談未達《老書》微旨,故於老氏亦有微詞,賴重玄之説出,而後老以益尊,其所繫之巨如此;由杜、陸之言，益見齊梁羽流之説，與魏晉白衣之論，迥爲殊致也。重玄之説，倡於孫登，陸《序》："孫登《集注》二卷，字仲山，太原中都人，東晉尚書郎。"杜以孫登爲隱士，字公和，魏文、明二帝時人，此涉與嵇、阮同時前一孫登而致誤者也。

西華《疏》中，每言"三一"，知此一系，以"重玄"爲道，以"三一"爲歸。成於疏"希、夷、微"，舉臧公《三一解》云："夫言希、夷、微者，所謂精、神、氣也。精者靈智之名，神者不測之用，氣者形相之目，總此三法，爲一聖人。不見是精，不聞是神，不得是氣，既不見、不聞、不得，即應云無色、無聲、無形，何爲乃言希、夷、微耶？明至道雖言無色，不遂絶無，若絶無者，遂同太虚，即成斷見，今明不色而色，不聲而聲，不形而形，故云希、夷、微也，所謂三一者也。"又云："真而應，即散一以爲三，應而真，即混三以爲一，一三三一，不一不異，故不可致詰也。……此真應兩身，作三乘義釋。"此三一義之大較也。《雲笈七籤·玄門大論三一訣》稱孟法師云："言三言一、不四不二者，以言言一即成三也。……然三義雖異，不可定分；亦一體雖同，不可定混；混亦不混，故義別成三；分不定分，故體混爲一；混三爲一，三則不三；分一爲三，一則不一；不三而三，不一而一。斯則三是不三之三，一是不一之一；不三之三，非直非三，亦非非三；不一之一，非正非一，亦非非一。此合重玄之致也。"又稱"出體之義略有四家"，一者大孟法師解云："三一之法，以妙有爲體，有而未形，故謂之妙，在理以動，故言爲一。引經言道生一。又云布氣生長，貸（當作裁）成靡素，兼三爲用，即一爲本。"此大孟法師者，孟安排也。前所謂孟法師者，小孟孟智周也。皆見杜光庭《序》。二者宋法師解云："有總有別，總體者三一，即精、神、氣也。別體者精有三智，謂道、實、權；神有三宫，謂上、中、下；氣有三別，謂玄、元、始。”此所謂宋法師者,蓋宋文明也。《御覽》卷六六六引《道學傳》言:“宋文同字文明,吴郡人,梁簡文時。”杜《序》作宗文明,疑杜誤。三者徐素法師云:“是妙極之理,大智慧源,圓神不測,布氣生長,裁成靡素,兼三爲義,即一爲體。”此所謂徐素者,未知與杜所稱徐邈爲一人否?徐邈即徐道邈也。四者玄靖法師解云:“夫妙一之體,絶乎言相,非質非空,且應且寂。”此玄靖者應即臧玄静也。又稱孟法師云:“用則分三,本則常一。”又孟法師云:“涉學所宗,三一爲本,故七部九結皆有圖術。”及所謂“義有九條,用有五迹”者,皆廣如《七籤》所列。重玄、三一,一宗勝諦,略備於斯。《纂疏》云:“法師臧宗道(杜作道宗,即玄靖字也)又用三一爲聖人應身。所言三一者,一精、二神、三氣……總此三法,爲一聖體。此三者不可致詰,故混而爲一也。但老君法體,以三一爲身,自有應真之别,而解者義有三家:第一,散一以爲三,是聖人應,混三以歸一,是聖人真。第二云:三之與一俱是應,非三非一乃是真,爲三爲一俱是名數。第三云:豈有名數之外,别有無名數之真耶?即此三一非三一是真,非三一而三一是應,非三一(疑脱而三一三字)之應,此應是真應,三一而非三一之真,此真是應真,應真之真,不可定言真,真應之應,不可定言應,所以非真非應,而應而真。”此則西華所謂“又解此真應兩身,作三乘義釋”者也。蓋以聖人之果,示入教之行。任真子曰:“希、夷、微三者,俱非聲色,并絶形名,有無不足詰,長短莫能議,混沌無分,寄名爲一。一不自一,由三故一,三不自三,由一故三。由一故三,三是一三,由三故一,一是三一。一不成一,故三不成三。惟其三不成三則無三,一不成一則無一,無一無三,自協忘言之理,執三執一,翻滯玄通之教也。”皆廣辯三一,以合重玄之致。前《經》言“恍惚中有物,惚恍中有象,窈冥中有精”。

成《疏》言："中有物即是神，妙物爲名者也。雖復非無非有，而有而無，故是妙也。中有象即是氣，雖復非象非色，而爲色爲象，故是氣也。言道不物而物、不象而象也。中有精即精智也，精靈智照，神功不測，真精無雜，實非虚假。於三一之中，偏重舉精者，欲明精是氣色神用之本也。"臧公三一之説，用之以説希、夷、微，成公復用之以説恍惚窈冥，此固相承之道。《雲笈七籤》廣説有《三一九宫法》、《三一服氣法》等，而事益宏矣。然三一之説雖盛，而義更有進者，何晏之釋"復命曰常"云："復命當使不死，是道之所常。"是長生不死之説，非但《河上章句》、仙公《節解》專以此爲言，即正始名士如平叔、竹林名士如叔夜，胥亦游心於此。而羅什之注，亦有是言，其注"以其無死地"，固曰："以其攝生無生，故三毒不能傷害。"其注"勇於不敢則活"，則曰："活，長生也，若進心虚淡、不敢貪染則長生。"是羅公亦未始廢長生之義。惟松靈仙之注"知常曰明"，謂："不爲生死所傾動，故名曰常。能知此常，則智慧日明也。"松靈無名氏年代，不可具論。而重玄之勝流，於此則有彰著之論。蔡子晃之釋"知止不殆"曰："若能知止有名之末，復歸無名之本，此則不生不死，所謂不危殆也。"車惠弼之釋"往而不害安平泰"曰："若往於生死，有累憂悲，斯則有害。若往於大道，無爲安樂，此則無害。而言安平泰者，不爲生死所遷名爲安，諸法不二名爲平，無爲安樂名爲泰。"李榮之釋"天下之物生於有，有生於無"曰："迷者失道，不識本元，聖人垂教，明於祖始，若能歸道，超生死而出有無，必其昏俗，淪有無而繫生死，形神合而見相，故言生於有，形神散而無體，故言生於無。"成公闡發此義，更爲累見，其疏"使我介然有知，行於大道，唯施是畏"云："夫至道虚通，妙絶分别，在假不假，居真不真，真假性齊，生死一貫，入九幽而不昧，出三界而不明。"皆陳義深遠，以爲道超死生之外，而徹存亡之中，此重玄一宗，所以超越魏晉而抗衡儒釋者也。唐以來道家名德，皆不言白日飛昇，明長生之非形軀，其義豈無由耶？

杜氏《廣聖義》言："梁朝道士孟智周、臧玄静、陳朝道士褚糅、隋朝道士劉進喜、唐朝道士成玄英、蔡子晃、黄玄賾、李榮、車玄弼、張惠超、黎元興，皆明重玄之道，何晏、鍾會、杜元凱、王輔嗣、張嗣、羊祜、盧裕、劉仁會，皆明虚極無爲理家理國之道。"此知説《老》之家義有多途，考其大較，二宗而已。正始以還，玄風盛於江左，梁陳以降，清談漸息，竟不可振者，正以重玄一倡，卑視魏晉，河公、輔嗣，并遭譏彈，孟、臧之宗既張，遂奪河、王之席，駕而上之也。此宗悉屬羽流，前者并是白衣，道士一派，於是遂以完成。重玄之宗十一家，説義之可考者尚有七家，唐人自成玄英、李榮外，惟蔡子晃、車玄弼二家頗有佚文可見，李霖《取善集》取蔡説八事。車説五事，顧《注疏》，實本李榮《集解》，中徵"蔡曰"者十事，"車曰"者二事，是二家并在李榮之前，宜與成公爲并時也。《史記·老子列傳》正義引張君相云："老子者，是號非名。老，考也；子，孳也。考校（原作教，依《廣聖義校改》）衆理，達成聖孳，乃孳生萬物，善化濟物無遺也。"（杜光庭言："老者，以考校衆聖爲名；子者，以孳生萬物爲義。"即據張説。）《正義序》云："於開元二十四年殺青斯竟。"則君相書成應在開元以上。晁氏《讀書志》意張爲天寶以後人，未必然也。張爲《三十家集解》，二十六劉進喜，二十七蔡子晃，二十八成玄英，二十九車惠弼，是蔡、車又更在張氏前也。杜《序》言劉爲隋朝道士，《大唐新語》十一言："高祖幸國學，命道士劉進嘉講《老子》。""嘉"疑"喜"字之誤。足知重玄之盛，并在唐初，吴筠爲《注》在開元間，爲説已異。雖下至杜、强，猶不廢重玄之義，而比之陳、隋之風，則已替矣。杜氏以盧景裕、劉仁會同於王、何之道，固知北朝解《老》，猶習魏晉之遺，重玄雖盛，不過江東，未嘗行於河北。此宗始於梁陳，盛於唐初，若是而已。天寶以後，流風餘韻，猶存於蜀中，任太玄、黎元興之流是也。李白《送蜀僧晏入中京》詩有"黄金獅子乘高座，白玉麈尾談重玄"之句，是是時蜀中倡重玄者猶多。《昇玄經》："仙人竇子明問法師：'三一之談，當復云何？既爲一而復言三。'法師曰：'雖三常一，故名三一，三一者向道初門，未入真境，得見一分，未能捨三全一，是未離三，雖未離三，少能見一，故名三一。'子明曰：'此一者何所有也？'答曰：'無所有而有。'"《蜀中廣記》言："竇子明，江油人，入圌山學道，故名竇圌山。"是又三一重玄之緒，皆流播兩川也。至淵源重玄一派而注訓《老經》者，亦有可言。王遠知從宗道先生臧矜禀業，《茅山志》正作臧矜，當即臧玄静，以玄静字宗道也。遠知門下有徐道邈，杜《序》所稱道士徐邈作《老子注》四卷是也。與徐同門者又有潘師正，潘門下有吴筠，亦作《老子玄綱論》，所謂宗元先生也。與吴同門者有司馬承禎，授薛季昌，杜《序》所謂衡嶽道士薛季昌作《老子金繩》十卷、《事數》一卷是也。與薛同門者有李含光，亦説《老子》，見《新唐・藝文志》，有《學記》、有《義略》也。自薛而下次田虚應，次馮惟良，次應夷節，劉處静撰《靈寶三師記》，即田、馮、應三人，杜光庭爲應氏弟子，撰《道德經廣聖義》，號廣成先生。杜序《玄德纂疏》言："弘農强思齊，字默起，丱歲侍先師金仙觀，講論大德。"是强亦應氏之徒，賜號玄德大師，故書稱《道德經玄德纂疏》也。杜《序》重玄宗有黄玄賾，杜别作《洞淵神咒經序》，則稱黄氏而下次韋善俊，次葉法善，次尹愔，則又杜《序》所稱肅明觀主尹愔作《老子新義》十五卷者也。此并唐之道士詮解《老》書，其學術淵源有關重玄者也。其爲書或存或否，杜氏多不繫之於重玄派，倘旨義不定相同也。其若學本於唐而訓釋《老子》者，若劉海蟾一系，次張伯端，次石泰，次薛道光，次陳楠，次白玉蟾，作《道德經寶章》，授彭耜，作《道德經集注》，此亦淵源甚久、師承有自者也。至陳摶有弟子張無夢，號鴻濛子，次有陳景元，作《道德經藏室纂微》，以著其師説，次有薛致玄作《藏室纂微開題科文疏》五卷，及《手鈔》二卷，祖述陳氏，此皆唐代道家餘緒而顯於宋者。解《老》之家，重玄一宗之外，惟是二書所繫至巨。又若蔣宗英，實爲司馬承禎二十六傳，其弟子有杜道堅，作《道德玄經原旨》，趙松雪嘗師之。自杜氏而下，遂入於元，次張德懋，次趙嗣棋，次周德方，此皆源於重玄而流播較久，其傳授皆有可徵，而宗旨亦漸變，於上來諸家述作，其義皆可考而知也。

余既略研《老子》，因發現成玄英《疏》之可重，幸其書尚可整理以成完帙，遂竭力校訂，以畢其役，以李榮《注》與成《疏》相輔，亦并校録，遂得二書。二書固有突過前賢處，然漏失亦時有之，謝無量師深於《老》、《易》，囑宜并輯古注，以見源流，且補成書之不足。於是以顧歡本所收舊注即是李榮《集解》，以此爲主，以强氏《纂疏》所采益之，并以自宋以下如李霖《取善集》等所引六代唐人之説，録出以爲《補注》，并及唐人佚説者，以顧本、强《疏》皆取唐人説也。李約、陸希聲、傅奕、杜光庭、開元御注、御疏六書不取者，以原書具在，自易檢尋，無俟更出。《河上公注》爲各家所宗，且顧歡、王玄辯二氏，實依河公爲説，故并校之；以顧、强兩本校宋梁迥《集注》本、《道藏》本、涵芬樓影宋本、天禄琳瑯影宋本、世德堂本，詳爲校記附之。嚴遵《指歸》今存者僅其後半，然校以唐宋人所徵引，悉在其間，知爲舊書，非明代人妄作也，因采輯舊所徵引者以見其缺卷之梗概，其復見今本者亦僅存之，以資校理，别爲《嚴氏指歸拾遺》二卷。王輔嗣《注》,以宋、明以往,抑於河公,不爲世重,故鮮善本,晁以道求之久而後得,於政和間刻之,乾道間熊克再刻之,《正統道藏》本亦據熊刻,張之象又刻熊本,近所行者,但此本耳。兹取上各本,再以武英殿聚珍本校之,以其原出《永樂大典》,梁迥《集注》本備取王《注》,亦宋本也,并據以讎校,俾王《注》有善本;陸氏《音義》本據王《注》而作,并校《音義》附之。成《疏》之《老子》文大同遂州本,乃遂州本復有訛奪,近姜亮夫君所得巴黎藏敦煌寫《老子》,與遂本同源,足資校正,復作《遂州本老子校文》一卷,以與成《疏》相輔。從强《疏》别輯《老子章門》一卷,并存於後。《老子》一書舊解勝義略具於此也,俾世之治道家言者得以覽觀焉。凡得書共八種,次第刊之,以就正於博物君子。

《老子成玄英疏》六卷

《老子李榮注》四卷

《老子古注補》八卷

《老子指歸拾遺》二卷

《老子河上公章句校本》四卷

《老子王弼注附音義校正》二卷

《遂州本老子校文》一卷

《老子章門》一卷

民國三十四年十二月蒙文通識於四川省立圖書館

【附記】成《疏》、李《注》所據《經》本,原無章次,遂州本亦然,兹校印各籍,謹注章次於書眉,以便檢閲,未敢闌入文中。後日復印,當改注章次於書耳,以從宋人刻書之式。三十五年五月文通又識。

附:代擬郭有守《道德經義疏》序

有守於抗日戰期中,受命典蜀學政,以四川爲復興基礎,而文化事業類多未備,爰首建圖書、博物、科學各館,以鹽亭蒙文通君治學精勤,任以柱下之守,邦之人士咸慶得人。維時蜀與國内外交通既阻,求書匪易,值亦漸昂,而公帑尤奇絀,有守勉力爲助,三四年間,幸聚書四五萬册,雖全部庋藏未臻美富,然固已竭其棉力。此中艱苦,人所難知,多以收藏善本爲詢者,蒙君笑曰:善本豈易得哉? 余惟日坐其間新勘善本耳。蓋每得世所稱明清精刻,蒙君恒以未盡美善爲憾,日偕館中諸子以舊本舊鈔與群籍相檢校,數年之中,所校書計二十餘種,以《史通》、《文心雕龍》爲最精,以《書苑菁華》、《墨池編》校《法書要録》爲尤貴。緣《墨池》、《書苑》同出《要録》,三書皆無善本,蒙君用相互校,復參之類書文集,是正羡奪,易其訛誤,然後三書胥有精本,斯則有關學術,非獨勘校之勤也。今歲秋間,蒙君復從《道藏》唐人著述中,輯得唐西華法師成玄英《老子義疏》,則更爲奇迹。夫成《疏》之亡已千餘載,唐之末季或已不完,僅强思齊《玄德纂疏》頗多徵引,因强書以驗顧歡《注疏》之稱"疏曰"者,亦成氏疏也。自宋李霖《取善集》等以下,或亦頗存成説。蒙君參合輯録,除其複重者泰半,而成氏之《疏》復有完籍,錢君賓四見而嘆曰:有清二三百年間,所輯逸書率多殘帙,何意今日竟得全編,非治學精勤者惡能獲此。蓋蒙君初從唐人著述中校出是《疏》,輯録成帙,疑若完整,猶未敢必其無所佚漏,嗣以羅叔言影印敦煌唐寫《老子義疏》殘本一卷,與所輯本相校,竟輯本優於唐寫，始決成書之爲完璧也。又蒙君既校成《疏》略竟，乃復知成公之經與强、顧諸家所據《經》皆不能合，深惜西華之《疏》雖備而西華之《經》竟亡，爰更取《老子》異本數十種勘之，最後始決唐遂、易二州龍興觀《道德經碑》最與成公《經》合，爰據遂碑以求成公之《經》，偶有違者更以易碑輔之，即無一不符。凡成《疏》之章損其句、句損其字若有闕佚者，二碑皆與相同，然後知成公之《疏》爲完疏、二碑之《經》亦完經，而校經之難又倍蓰於校疏也。於是西華此書經與疏字字皆從唐出，以云善本，則其超於宋槧明鈔不已遠乎？豈僅得不傳之籍於千載之後而已哉！先是博物館長馮君漢驥既發掘王建永陵，爲世所貴，今蒙君兹考亦可抗顔行，兩館諸同志固能無慙於職司，而有守年來殷勤輔導之意庶亦差足自慰耶！雖然，千載沉薶之籍得之自不易，校之亦大難，謂宜多求異本，虚心從事，一字苟益，賢於球璧，吾聞巴黎所藏敦煌古籍《老子疏》皆有寫本，每章之首備言各章相次之故，正與成《疏》合，殆即成書。羅氏影印敦煌此疏時，未檢《道藏》，乃誤疑其爲孟智周書，則巴黎之各卷當亦不能定爲誰作。今者成《疏》既顯，可以持校，或即從敦煌寫本而證成《疏》早有完書，未可知也。吾曾托法人李佳樂爲致巴黎此《疏》五卷影片，欲校兹輯，徒以交通阻滯，未可遽得，或當期諸異日。今成《疏》一卷中始四章至九章，適爲顧本缺卷，僅賴强本輯録疏文，而三卷始三十二章至三十四章，則强本所徵成《疏》已有佚缺，又僅賴顧本爲輯取之據，故此數章文多疑異，更觀此本《序訣》之文，即復顯有訛奪，是安可必新輯之《疏》定無一誤耶？昔阮伯元於《道藏》中得成公《莊子疏》及《老子》顧歡《注疏》，定爲張道相《集解》，俱寫呈進，并列於四庫未收書中，則阮氏既識顧書中有成《疏》矣，是殆由强思齊而決之，知阮氏亦爲合研强、顧兩書者。今蒙君亦由二家書中察見成書之全,與阮氏術同,然阮氏不先輯出成《疏》完帙而留待蒙君者,或未嘗詳審疏文,疑其殘缺故弗致力耶!阮氏一間未達者,蒙君以考校之精勤而得之。又阮氏定顧歡《注疏》爲張道相《集解》,蒙君獨定顧書爲李榮《集解》,所考論皆視阮爲精密。夫前以考校偶疏致此巨大發現遺之後人,兹苟不慎,顧以今日之疏復遺後人以口實耶!今蒙君所據顧、强二家書爲正統《道藏》,嘗聞海内所存尚有北宋藏、有金藏、有元藏,明初復有南藏,皆在正統之前,又阮氏進呈未收書多得之天一閣,《老子顧歡注疏》、《莊子成疏》天一閣所藏皆明時鈔本,於後嘉業堂所刻《宛委别藏》中存之顧歡書,應皆出天一閣,胥足正正統《道藏》,而爲今者此書校勘之助。願徐徐求得,博考復校,俾此書益臻完善,又不但一巴黎寫本已也。蒙君别有《校理成玄英老子義疏叙録》數萬言,載《圖書集刊》第七期,附闡重玄之妙義,紬繹老氏之墜緒,兹不詳述,但舉有裨此書校事者論之。《叙録》中依甄鸞《笑道論》定張係師爲張衡,以損字本五千文出於此,爲成公及遂州碑之所據。余按《登真隱訣》云:隱居云:《老子道德經》有玄師楊真人手書張鎮南古本,鎮南即係師魯,係師内經有四千九百九十九字,由來闕一,是作三十輻應作卌輻,蓋易省文耳,非正體也。兹所陳義或足爲蒙君之一助而復小異。甄鸞爲北周人,隱居值梁武世,殆南北所傳又各殊耶!宜更考之。此書方將付印,余適有倫敦之行,未觀厥成。然蒙君固告余此書爲其尊人君弼先生手録,漬石時苟有一字之誤,不憚改印全頁,其精美可以想見。他日書成問世,方將與學林共賞之,固不獨有守一人之快也。歲在旃蒙作噩相月資中郭有守序。

并據《道書輯校十種》整理

輯校《老子李榮注》叙録

《正統道藏》有唐道士强思齊《道德經玄德纂疏》，又有顧歡《道德經注疏》，兩書中引成玄英疏頗富，合而輯之，此無彼有，互爲補正，成《疏》之亡殆千年，至是疑有完編也。自餘李霖《道德經取善集》、范應元《道德經集注》，皆每徵引成《疏》，悉取以相讎校，亦時得異同。敦煌秘籍之出，於今數十年，每有殘卷佚篇，莫知作者，取羅叔言影印《老子義疏》閲之，定羅所印固成《疏》也。以寫本校輯本，然後知兹之所輯，確爲完書。凡寫本之訛奪，皆可一一以輯本補正。至羅氏疑此殘卷爲孟智周疏，或又疑爲劉進喜者，兹皆不必論也。因輯校成《疏》之故，見凡引成説諸籍，皆引李榮《注》，因并輯之。李榮《老子注》，見於唐宋志，今惟《正統道藏》中有李《注》殘卷，僅《道經》而又不完，且多羨奪誤字，《德經》則久佚也。今此輯本二篇皆備，亦庶幾足以補之，倘又得一完書也。爰以輯本《道經》之《注》，校之正統殘本，凡改四十六字，補五十七字，删十一字，而李《注》倏然可誦矣。惟正統本原闕第三十七"道常無爲而無不爲"章，兹所輯録，亦適未見。則李《注》幾有完書而復不得完。《道經》之《注》有輯本、有正統本，可資校勘；《德經》之《注》，則徒輯本，其間仍多疑誤，無可據以是正，固皆此書之憾也。因念成、李二家，名重唐代，以故徵引特多，今敦煌寫本《老疏》羅氏所影印者，余既考知其爲成公之書，則敦煌他之寫本稱爲無名氏注《老子》者凡四種,倘即李《注》之佚歟?因函巴黎訪之,且告以成《疏》復見事;復別函余君讓之,探詢北平圖書館所藏敦煌本。旋得余君復書,謂果如余所懸想,確爲李《注》,且允代爲鈔寄。而巴黎所贈敦煌《老》卷影本全部適至,無名氏《老注》三種在焉,驗之其一爲開元御注,其他二種爲李注《德經》之後卷。以此敦煌本校余輯李《注》,擇善取之,凡改二十四字,補八字,删一字,而敦煌訛文奪句,或且并經、注皆奪之,其誤則不可枚數也。乃正統殘本所佚第三十七章經注全文,皆存於此本《德經》之末,於是佚亡已將千載之李《注》,遂亦爲完璧,固可異耶!昔孫淵如校《晏子春秋》,以章計之,知闕其一,後於《御覽》所引得之。兹校李《注》,事殆又奇,孫氏未可獨傲於前也。於時北平圖書館所藏李《注》亦鈔成寄至,而適爲《德經》李《注》之前卷,復依之補三十九字,删八字,改十四字,於是先所疑者,皆涷解冰釋。自餘李霖《取善集》、顧歡《注疏》、焦竑《老子翼》,於李《注》皆有徵引,一皆取校,惟無多益耳。竊怪正統、敦煌所存,一爲《道經》,一爲《德經》;巴黎、北平所寄,一爲《德經》前卷,一爲《德經》後卷,事之巧合,乃至於此;正統所闕《上經》一章,敦煌於《下經》之末補出之,宇宙間之詭奇,竟有如是者,非鬼物呵護,曷克臻此。前校成《疏》既竟,以得敦煌本而後知《疏》爲完疏,兹校李《注》,又以得敦煌本而後定《注》爲完注。凡敦煌本奪誤,皆可由輯本正之;敦煌寫卷舊皆不知作者,由今論之,一爲成氏,一爲李氏,皆鑿鑿不待論,此固爲古今之一快耶?羅氏所印敦煌本成《疏》,僅存全書五分之一,而李《注》則巴黎、北平所寄敦煌本,已及全書之半,則校李《注》之幸,又遠過成《疏》也。前校成《疏》,於成公之《經》,致力摸索,僅乃成之。兹校李《注》,以《道經》有正統本,《德經》有敦煌本,經文皆具,即有誤奪,而大較可知，以校余所定成公之《經》，頗能符合，殆一系之傳，固不相遠，亦更足驗前定成《經》，尚無大失。而正統本李《注》經文，每與注違，則爲後之樸野羽流妄依他本改易者，皆爲之是正，俾復其舊，得與注合，蓋亦事之不可不然者。凡經之與注，所改正者，皆有明據，其去取皆斟酌數四乃得定，當别爲校記，備著異同，詳其所以，或得或失，將與學林共見之。

李《注》《上經》末所闕一章，敦煌寫本於《下經》之末出之，此事最奇，殆别有其故。考董思靖《道德經集解》稱："劉歆《七略》云：'劉向定著二篇八十一章。'而葛洪等又加增益，乃云天以四時成，故《上經》四九三十六章，地以五行成，故《下經》五九四十五章，通應九九之數。"此所云葛云等又加損益，敦煌卷子張係師五千文本，前有太極左仙公葛玄名，删損之本，後人托之張、葛，此五九、四九之説，云"葛等損益"，當亦後人之所托也。惟四九、五九之分，不可具知。今本《上經》三十七章，《下經》四十四章，移《上經》一章於《下經》，亦可符於葛氏之説，豈唐世李榮注本"道常無爲而無不爲"一章，原移《下經》之末，即以此耶？以無確據，固未敢意爲之説也。後於唐杜光庭《道德經廣聖義》卷三十，見杜云："或有移《上經》末章居下卷之末，以取上卷四九三十六章法陽，下卷五九四十五章法陰，此亦後人妄爲，其意穿鑿，將恐乖失玄聖之旨也。"依此，則唐代李《注》傳本，真所謂後人妄爲者也。《廣聖義》引《道德玄叙》言："開元二十一年，頒下其所分别上卷四九三十六章法春夏秋冬，下卷五九四十五章法金木水火土。"知四九、五九之説出於開元，李榮作《注》遠在開元之先，則李本之改易，又開元後人移之也。故五千文之本，雖已見於《登真隱訣》，遠在梁世，而唐時所寫五千文本，究無移《上經》末章於《下經》末者，是董思靖所云者，究爲開元後人托之葛氏耳。惟開元頒下之本,仍與移一章本不同,董逌《藏書志》云:"唐玄宗既注《老子》,始改定章句爲《道德經》,凡言道者類之上卷,言德者類之下卷,刻石渦口老子廟中。"是開元之本,悉亂舊次,非僅一章,如李《注》本者。江袤言:"昔於藏書家見古文《老子》,次序先後,與今篇章不倫,疑後人析之也。"此當即開元本也。《唐書·司馬承禎傳》言:"帝命以三體寫《老子》,刊正文句。"此宜江袤所見古文《老子》所自出。董氏所云"刻之渦口"者,固即司馬承禎之所書也。董思靖言:"司馬子微三體寫本,有五千三百八十字。"而世傳五千文本,次第皆無改易,知復爲二本。雖皆托之葛氏,其先後實不同。開元以前有五千文本,而無改定章次本,四九、五九之説肇於開元,後人更依其説,乃移《上經》末章於《下經》之末,又非開元之舊,故杜光庭徑斥爲後人妄爲。唐世李《注》傳本雖如此,知非任真之舊,兹者注爲新輯,則不得依妄改之本,以爲任真實然,故仍以第三十七章經注,還之《上經》之末,庶乎任真之舊貫也。

李榮時地,亦略可考。《唐志》有《道德經集解》二卷任真子注。杜光庭《廣聖義》云:"任真子李榮注《道德經》上下二卷。"知任真子爲李榮,惟均未言李榮爲唐何時人,其郡望亦不著。《廣聖義》又云:"唐朝士成玄英、蔡子晃、黄玄賾、李榮、車惠弼,皆明重玄之道。"是榮之時代僅次於成公。《玉海》言:"張君相《道德經三十家集解》,第二十七蔡子晃,二十八成玄英,二十九車惠弼。"所言略與杜同。張守節《史記·老子列傳正義》引張君相云:"老子是號非名云云。"而《正義自序》言:"於開元二十四年,殺青斯竟。"則張君相書應在開元以前,而李、車諸人又在張君相前也。《郡齋讀書志》意張爲天寶後人,誤也。求之於道家言李榮之可知者如此。更於唐初史乘求之。《舊書・儒學傳》稱:"羅道悰每與太學助教康國安、道士李榮等講論,爲時所稱。"又言:"道悰於貞觀上書忤旨,高宗末官至大學博士。"宜李榮即高宗時人。《大唐新語》十三《諧謔》稱:"京師僧道常争二教優劣,遞相非斥。總章中,興善寺爲火所災,尊像蕩盡,東明觀道士李榮詠之曰:道善何曾善,云興遂不興。如來燒亦盡,惟有一羣僧。時人雖賞榮詩,然聲稱從此而減。"總章爲高宗年號,是李榮當總章之先,譽名早播,故與道悰、國安爲時所稱。今正統藏本李榮《道德經注》殘卷,首題元天觀道士,與此稱東明觀道士不合,當是李榮先後住二觀不同,或是劉肅作《新語》傳聞有誤,不礙其爲一人也。惟明白雲霽《道藏目録詳注》於《道德經義解》下注云:"九天觀道士息齋李榮注。"丁丙《善本書室藏書志》言:《道德經義解》四卷,息齋道人解,即徵《藏目》爲説,云"榮字嘉謀,宋時人,行事無所考"。此真踵訛襲謬之説,元天觀道士爲唐之李榮,而息齋道人爲宋之李嘉謀,二人固不相涉,誤混爲一,則自白雲霽書爲始,道家記述每誤,若此之比,非特一事,不足深論也。

李榮行事更於初唐人集部中究之,盧照鄰《幽憂子集》有《贈道士李榮詩》云:"敷誠歸帝闕,應詔佐明君。"此李榮之應徵入長安也。李榮《上道德經注表》云:"猥以擁腫之性,再奉涣汗之言,遂得揮玉柄於紫庭,聽金章於丹陛。"與盧贈詩語意正合,是李之交游,皆一代重名。復於《駱賓王集》得《代女道士王靈妃贈道士李榮詩》,輕麗綺旎,此與盧集之李榮應是一人,即爲此《老子注》者,然竟亦不能得其故實,倘亦文人薄戲之爲乎?《代王靈妃》詩有云:"不能京兆畫蛾眉,翻向成都騁騶引。"又云:"爲想三春斜邪路,莫辭九折邛關道。"是任真子李榮者,殆蜀人也。何意昔人諧戲之作,翻足爲今日考論之資。考《朝野僉載》言:"盧照鄰弱冠拜鄧王府典籛，後爲益州新都尉，秩滿婆娑蜀中，放曠詩酒。”觀照鄰《幽憂子集》中，頗多益州、梓州、綿州之作，則其《贈李榮道士詩》，或即爲在蜀中之作，故詩云：“獨有南冠客，耿耿泣離羣。”是固客游中語也。又駱賓王蓋亦曾遊蜀者，集中有《秋日於益州李長史宅序》，又有《憶蜀地佳人》，皆其游蜀之證。至李榮爲蜀何地人，則不可知。遍檢志乘，於梓州、益州、綿州求之尤力，旋於《綿陽縣志》中見云：“舊志載唐駙馬蔣曜《登富樂山别李道士榮詩》云：‘珠闕崐山遠，銀宫漲海懸，送君從此路，城郭幾千年。’”云云，此詩《全唐詩》失載，《志》又據鄭樵《通志·藝文略》有李榮《道德經注》，云“當即此人”。則李榮者綿州人也。惟蔣曜不可考，《唐會要》記載唐室尚主人姓名無蔣曜者，則以唐之《實録》，後多零落不完，固爲書之未備。惟《唐書·蔣乂傳》“乂二子係、伸，係子曙耀之，咸通末由進士第官至起居郎。”蔣伸相宣宗，曙以世族，宜尚主者，《傳》稱：“曙以黄巢之亂，絶意仕進，隱居沉痛，中和二年表請爲道士，許之。”若蔣曜即此蔣耀之，則與曜同時者固别有一道士李榮，非住東明觀號任真子者也。及求之《唐詩紀事》十三言：“薛曜尚城陽公主。”而《唐會要》六紀公主事云：“太宗二十一女，城陽公主初降杜荷。”亦不言薛曜。《全唐文》亦言“薛曜尚城陽公主”，則《綿陽志》云唐駙馬蔣曜者，殆薛曜之誤文歟？《舊唐書·薛收傳》云：“元超子曜，亦以文學知名，聖歷中修《三教珠英》，官至正諫大夫。”《新書·宰相世系表》云：“元超相高宗，子曜字昇華，給事中，襲汾陰男。”聖歷爲武后年號，薛曜固與盧、駱同時。《王子安集》有《秋夜於綿州群官席别薛昇華序》，知昇華適官綿州，其事正合。則蔣曜決薛之誤，而登富樂山贈别之李榮，宜即盧、駱集中之李榮，無足疑者。是任真子者誠蜀之綿州人也。余於《校成疏叙録》中論重玄後多在蜀，兹又知李榮亦即蜀中之爲重玄論者也。友人鄧君少琴亦於《全唐詩》第十二函第八册《諧謔》中得李榮《興善寺詩》,即《大唐新語》所著,而注云:"榮巴西人也。"與此考正合。《全唐詩》所云,必有所本,惟未知所據耳。《全唐詩》亦記僧法軌與李榮互謔云:"法軌形容短小,開講時李榮與論議往復數番,軌有舊作詩詠榮,於高座上誦云:姓李應須禮,言榮遂不榮,未及得道下句,榮應聲接云:身長三尺半,頭毛猶未生。四座伏其辨捷。"於此遺事,合前詩觀之,亦足見榮之風趣。至榮所著書别有《莊子注》,其佚文已不可考。又有《西昇經注》,宋碧虚子陳景元《西昇經集注》中頗引其文,惟非全帙,知榮誠富於著述者也。

《唐志》原有李榮《老子集解》四卷,今不可見。正統藏有顧歡《老子注疏》,阮元云:"顧歡齊時人,《唐志》有《義疏》四卷,不特書名卷數均與不合,不應顧爲齊時人,而先引及陶弘景、成玄英諸人。惟晁公武《讀書志》、王應麟《玉海》有岷山道士張君相《三十家道德經集解》,今以其言考之,頗與是書合,則爲君相所集無疑。至書中兼有唐玄宗御注,又爲後人所羼入。"自阮氏之書出,言者殆皆以顧歡書爲君相書。劉翰怡嘉業堂刻本《跋》云:"君相《集解》三十家,今本只有十五家,又有缺佚也。"然就顧書論之,晁氏所舉三十家,其可見者凡有十七家,劉云十五家,誤。其不可見者十三家,是闕佚者幾及其半,復别有御曰,則開元也;有想爾則張道陵也;有陳曰,宜陳嗣古也;有王曰,非王弼,而爲解《河上公注》者,則杜光庭所謂"道士王玄辯作《河上公釋義》十卷"者也;有榮曰,以李榮《注》校之,一一能合,則任真子也。溢出張氏三十家外者凡五家,則不可以阮氏以後人羼入爲解也。其與君相書之異同,若是其遠,安得定爲即君相書!李霖《道德經取善集》中引張君相曰凡十數條,殆皆君相《集解》文也,乃無一見於顧書中者,是顧書之非張氏《集解》又審也。今顧氏書中徵引各家,皆舉姓氏或書名,獨任真之説稱榮曰,知是書爲李榮之作,乃李之《集解》,非張之《集解》。李霖書既取張君相説,所集晉唐人注凡二十餘家,宜亦采之張氏,則求張書宜於李霖之《取善集》,以校顧歡之書,而君相、任真兩家異同可立見也。惟李榮書不能下及開元御注,倘後之羽流以李榮之《集解》爲注,而以成玄英之《疏》爲疏,并以開元之注入之也。竊意成《疏》、御注、李《注》,既有全書,則宜剔出任其别行。顧本始“天地不仁”至“持而盈之”凡五章徒有經文,注説全缺,是李榮《集解》久非完書。李、張皆唐初人,一爲綿州道士,一爲岷山道士,是宜取張氏《集解》之存於《取善集》者,録出以附於任真之書。宋之范應元《古本集注》,亦存晉唐人説二十許家,亦應附之。褚伯秀言范爲蜀之順慶人,乃《老經》古注之存,皆以蜀人著述,事亦足喜。因以余所散見晉唐舊注舉以附之,都四十餘家,欲自托於驥尾之附,凡所增益,悉謂之補,以别於原書,而各注其所自出,以資考按,於治老子書者,或有裨焉。民國三十六年七月二十日蒙文通識。

據《道書輯校十種》整理

坐忘論考

《玉澗雜書》言:“司馬子微作《坐忘論》七篇:一曰《敬信》,二曰《斷緣》,三曰《收心》,四曰《簡事》,五曰《真觀》,六曰《泰定》,七曰《得道》。”又言爲《樞》一篇,以總其要,而別爲三戒:曰《簡緣》,《無欲》,《静心》。且謂“得道者心有五時,身有七候”云云。《坐忘論》今存《正統藏》,七篇無缺,獨所謂《樞》一篇、三戒、五時、七候則不可見。是仍不可謂無缺也。吴筠《玄綱論》今亦猶存《道藏》中,此皆唐世道家言之足貴者。碧虚子(陳景元)《道德真經藏室纂微篇》卷六引《玄綱論》云:“功欲陰,過欲陽,功陰則能全,過陽則易改。”薛致玄《道德真經藏室纂微手鈔》卷下謂爲《玄綱論》“立功改過”章,備引其殆百言。今《玄綱論》無之。是《玄綱論》亦多缺文。《道德真經玄德纂疏》中“道可道”章所引成玄英《疏》中竄入五百餘言,首尾皆爲《玄綱論》,而中一段不可知者,殆亦《玄綱論》之佚文也。曾慥《道樞》中有《坐忘論》上、中、下三篇,其中篇則司馬子微《天隱子》也,其上、下篇皆子微《坐忘論》,上篇言三戒、五時、七候,知爲《樞》一篇之文。而下篇有“定心之上,豁然無覆;定心之下,空然無基”。驗之《玉澗》所記,則亦《樞》一篇之文也。然則上下二篇舉凡不見於七篇者,殆皆《樞》一篇之文也。《道樞》載《至游子》曰:“吾得《坐忘論》三焉,莫善乎正一。(司馬子微)先生曰:吾近得見道士趙堅造《坐忘論》七篇,其事廣,其文繁,其意簡，其辭辨。”是《坐忘論》有三：天隱、趙堅、正一三家也。《通志》復有吴筠《坐忘論》一卷，而文無所徵見，豈鄭氏之誤歟？天隱書今存《道藏》，而文有奪佚，翻不如《諸子彙函》之完整。趙《論》不可得見，《道藏》中有趙志堅《道德真經疏義》六卷而不完，《道德真經廣聖義》記箋注六十家有法師趙堅作《講疏》六卷，則志堅即趙堅也。或以趙志堅爲宋人者，誤也。志堅之《疏》云：

> 觀有多法，今略言三：一者有觀，二者空觀，三者真觀。一有觀者，《河上公》云：以修道身觀不修道身，孰存孰亡，鄉國天下例然。但以存亡有迹，觀迹以知修與不修，故云有觀。二空觀者，觀身虚幻，無真有處。《定志經》云：要訣當知三界之中，三代皆空，雖有我身，皆應歸空，故云空觀。三真觀者，則依此《經》爲觀，當觀此身，因何而有，從何而來，是誰之子，四肢百體，以何爲質，氣命精神，以誰爲主，尋《經》觀理，從道流來，初經一氣，次涉陰陽，道爲精神，元和爲氣命，陰陽爲質緒，大道爲都匠，總此數物，陶冶成身。心是陰陽之精，而爲嗜味之王，神是至道之精，而爲氣命之主，一身之用，無不固矣。諸緣共聚，各有精粗，精者爲賢聖，粗者爲庸愚及諸鳥獸，皆遇然耳。此謂初生，從此以後，則以形相生，有識無情，各自爲種，蓬惡漸起，續以成業，草木無情，種性不易，人獸有識，隨業流轉。以此文理，次第審觀，歷歷分明，知道爲母，道即是母，己即道子，識母知子，應早歸母，故文云：“天下有始，以爲天下母，既得其母，以知其子，既知其子，復守其母。”此誠真理，非明慧不知，故云真觀。以是當須自愛自惜，不墜道風，專心事母，竭誠孝養，不可從情貪染，輕入死地，將道種性，淪没三塗，既知有

母,不可安然,有意尋求,先須知母所在,作何相貌。今且當觀母之爲物,既不是有,又不是無,來無所從,去無所適,離諸色象,不可以相貌求,出彼空有,不可以方所定。迎不見首,隨不見後,恍惚如失,不知所之。觀母既知神妙莫測,實可尊貴,深憶深思,勤行法則。法則之要,事須異俗,不得住有,不得住無,空無所據,孤然不動,久而又久,不覺怡然如有所得,向心比母,安措之法,虛静相類,心既類母,與一和同,道至神怡,故如有得,心冥此地,則是弱喪至家,玄珠已得,萬事畢矣,餘何所求!身既如是,次觀家國,乃至天下,上從真聖,下及蚑蟲,同母共氣,一法性耳。孔懷兄弟,未獨爲親。故《西昇經》云:"道非獨在我,萬物皆有之,萬物不自知,道自居之。"以身觀身,要在於此。(《道德真經疏義》卷五)

此所云三觀,正佛門天臺宗三觀之法。司馬子微《坐忘》之五曰《真觀》,即由此出。趙堅《坐忘論》不可見,然觀於此,而其大要可知也。《玉澗雜書》言:"道釋二氏,本相矛盾,而子微之學,乃全本於釋氏,大抵以戒、定、慧爲宗,觀七篇叙可見。而《樞》所載尤簡徑明白:'夫欲修道,先去邪辟之行,外事都絶,無以干心,然後端坐内觀,正覺一念起,即須除滅,隨起隨滅,但滅動心,不滅照心,但冥虛心,不冥有心,不依一物,而心常住,定心之上,豁然無覆,定心之下,曠然無基。'又云:'善巧方便,惟能入定,發慧遲速,則不由人,勿於定中急急求慧,求則傷定,傷定則無慧,定而慧自生,此真慧也。'此言與智者所論止觀,實相表裏,子微中年隱天臺玉霄峯,蓋智者所居,知其源流有自。"然則《坐忘》之旨,出於天台,昔人已先言之。《玉澗》所記,略見曾慥書,而各有詳略,合而觀之,則《樞》

一篇之文亦可得其大較也。

張耒《送張堅道人歸固始山中序》:“(至柔)教余以養性之妙,其言曰:大道甚簡,守心而已。守心無他,守一而已。静一之極,則玄通四達,而真氣應之。大非意之所能測、言之所能盡也,惟得者知之矣。真氣來降,則百疾除而永年矣。……《老子》曰:‘虚其心,實其腹,弱其志,强其骨。’心虚志弱,而腹自實、骨自强矣。是道也,智者得之而爲止觀,司馬子微得之而爲《坐忘》,皆一道也。此皆真人修身之要,而今人忽之,乃苦其形骸,妄想變怪,吞餌金石,去古道遠矣。”(《張右史文集》卷五十一)斯則宗子微之論者,其言亦與《玉澗雜書》合,則《坐忘》之與天台同出審矣。

范應元《道德經古本集注》稱朱真人桃椎曰:“道者,氣也;道體者,虚無也;虚無者,自然也;自然者,無爲也;無爲者,心不動也。内心不動,則外境不入。内外安静,則神定氣和。神定氣和,則元氣自正。元氣自正,則五臓流通。五臓流通,則精液上應。精液上應,則不思五味。五味已絶,則饑渴不生。饑渴不生,則三田自盛,則髓堅骨實,返老還元。如此脩養,則真道成矣。”此其爲説,與張至柔所言“養性之妙”最爲符合。朱桃椎,唐初人,不聞有書。范,南宋人,於何得之?《宋史·皇甫坦傳》言:“坦,蜀之夾江人。……高宗召見,問何以修身?曰:心無爲則身安,人主無爲則天下治。復召問以長生久視之術。曰:先禁諸欲,勿令放逸,丹經萬卷,不如守一。”坦自言遇朱桃椎受法,然則范所引朱真人説,當即坦之所傳耶?褚伯秀言:“范應元,蜀之順慶人。”(《南華真經義海纂微序》)坦爲蜀之夾江人,宜范應元所稱,爲得之皇甫之傳,皆《坐忘》之旨趣也。

晁文元曰:“惟定明者,内覺其身心空,外覺其萬物空,於是諸相既破,無可執無可争矣。諸有者,幻夢也。……吾嘗坐玉堂見甕人汲水,吾觀空純熟,自無全人,觀汲水者惟一塊之空,自西而東,豈非在幻知幻乎!故曰本無一物,隨之視而起異端焉。學道者必先止念,念起則知之。……故不畏念起,惟畏覺之遲也。覺速止速,此其妙用者歟?吾嘗謂心息相依,息調心静,念起即覺,覺之即無,此最道之權輿也。……夫未能無念,即用觀空,未能頓空,即用對治。三策次第用之,《莊子》坐忘,達磨壁觀,始學者不能知也。"(《道樞》卷三引《集要》)究文元觀空止念之説,斯亦《坐忘》之道。《蒙齋筆談》言"晁文元迥早年從劉海蟾遊",豈劉亦以《坐忘》爲教哉?

劉鑑泉先生言:"唐以還道教諸名師,皆明藥之非草,長生之非形軀,不言白日昇天。"(《道教徵略》上)由今觀之,道家自齊、梁而後,已受佛法影響,以不生不死言長生。顯與漢、魏殊致。湯錫予先生論儒家易道與《太平經》,皆主積善之家必有餘慶,積不善之家必有餘殃,是以作業,爲子孫受報;佛法主三世輪迴,作業爲自身來生受報。隋、唐以還道教諸師,皆信輪迴之説,不以形軀即身成道爲旨要,以不生不死言長生。此爲羅什注《老》以來,道家之一變。道家以三一爲宗,而歸於神與道合,神與道合則不生不死,此余所知於唐、宋道家之説也。隋、唐道士所取於佛法者,爲羅什以來之般若宗,司馬子微後逮於兩宋,道家所取於佛法者爲智者之天台宗。不言白日飛昇,爲隋、唐道教之一變。宋之道教,凡鐘吕傳道所謂,實近於陳圖南之傳,遠紹子微,而經籙外丹之説以衰,此道教之又一變也。余於陳景元《老子注》跋文中已稍言之。至全真教出,殆又不同,李道純《中和集》中《全真活法》一篇,可以概見。其言曰:

全真道人,當行全真之道。所謂全真者,全其本真也。全精、全氣、全神,方謂之全真。才有欠缺,便不全也。才有點污,便不真也。全精可以保身,欲全其精,先要身安定,安定則無欲,故精全也。全氣可以養心,欲全其氣,先要心清浄,清浄則無念,故氣全也。全神可以返虚,欲全其神,先要意誠,意誠則心身合而返虚也。是故精、氣、神爲三元藥物,身、心、意爲三元至要。學神仙法,不必多爲,但煉精、氣、神三寶爲丹頭,三寶會於中宫,金丹成矣。豈不易知,豈爲難行,難行難知者,邪妄眩惑爾。

《弇州續稿·書中和集後》:"此書於一切内外丹藥吐納伸經之術,如《黄庭》、《參同》、《悟真》之類,皆指以爲傍門小道,而究其大旨,多出禪門。"此數語者直足以抉全真之秘要。蓋北宋之傳,於後對全真稱南宗,前者於佛家取天臺,後者於佛家取禪宗,其大較也。自佛法來東土,般若最盛。繼之則天臺最盛。又繼之則禪宗最盛。宜道家進展之迹,亦依此三宗。宋之道家,固有異於唐;金、元道家,亦復異於宋。雖茅山正一之流,其傳不絶,要爲已陳之芻狗,大吕之餘音,不足言也。惟自明以後,釋、道二家皆衰,儒亦漸替。全真教之始至南方,爲武當一派。而武當派自張道貴、張守清後,其教頗行於兩湖、江、浙、滇、蜀,而亦兼脩正一清微之法,而正一與南、北二宗遂多通而爲一。王圻《續文獻通考》言:"黄房公姓宋名有道,字德芳,號黄房公,時號披雲真人。遇丹陽(馬鈺)授以金丹火候秘訣。李珏字雙玉,蜀之崇慶州人,得黄房公金丹之道,以授張紫瓊。張模,字君範,號紫瓊真人。太虚真人(李珏)授以金丹之道,後以道授緣督子。趙友欽字緣督,得紫瓊授以金丹大道,後以授上陽子。上陽子姓陳(名致虚)字觀吾,得趙友欽金丹妙道,精於其術,有《金丹大要》行世。”王圻所云即出於《金丹大要·總旨》篇,爲上陽所自述。致虚注《參同》、《悟真》,爲南宗要籍,流布最廣。而自云出宋披雲,導源丹陽。果披雲即黄房公,豈此一系與南宗之混,固已久耶?惟陳教友《長春道教源流》則固疑之也。《道教徵略》詳於授受淵源,而於上陽一家,源流既遠,乃忽而不録,蓋劉先生未見《續通考》耳,故於兹特詳論之也。

求漢以下道家之學,魏、晉諸家固爲重要。至僞托先秦諸子之書,亦未可忽。凡見於《隋志》而不見於《漢志》之書,多屬疑僞。然《羣書治要》中《六韜》、《鬻子》、《鶡冠》、《尉繚》、《三略》之類,所存文字,皆與今世傳本大同。則此類古籍,以爲先秦之言固未必,然又焉不得謂爲隋前之作也。《抱朴子·釋滯》言:“五千文雖出老子,然皆泛論較略耳,至於文子、莊子、關令尹喜之徒,其屬文華,雖祖述黄老,但演其大旨,永無至言。”是《文子》、《關尹》之書,更出《抱朴》之前。論魏、晉道家之旨者,又烏可忽諸。陶、葛之書,正足以見一時議論。若《雲笈七籤》之論六朝與唐,曾慥《道樞》之論唐、宋,搜奇拾墜,所益爲多。以下接於南、北宗專集,《漢》以後道家之學,於此可窺其大致也。至歷代《道德經注》,尤爲要籍。由今之所存,以推見所亡,大要先後道家思想之變,無不可於《老經》之注求之者。苟從事於此,雖有遺略,殆亦寡矣。

載《圖書集刊》第八輯,四川省圖書館
一九四八年六月編印,兹據整理。

陳碧虛與陳摶學派

——陳景元《老子》、《莊子》注校記

唐代道家,頗重成(玄英)、李(榮);而宋代則重陳景元,於徵引者多,可以概見。考《宋史·藝文志》有陳景元《道德經注》二卷;復有碧虛子《老子道德經藏室纂微》二卷,自注云:"不知名。"然碧虛子即景元,不知《宋史》何以失誤如此。《正統道藏》有《道德真經藏室纂微篇》凡十卷。《道藏》每開析卷帙,以爲誇炫,自不足論。惟此十卷者文高義美,而劉惟永《道德真經集義》所徵陳説,竟視藏本爲稍繁。劉引諸家,文無删節,一仍舊貫。惜劉書殘闕不完、僅存《道經》十一章,不得見劉據陳書之全璧。彭耜《道德真經集注》引陳説頗富,文雖割裂,然校知與劉書同出一本。即其節引文字言之,亦頗出此十卷本外。宋李霖《道德真經取善集》,亦每徵《纂微》,文字異同,亦符劉本。薛致玄《道德真經衍義手鈔》引陳《注》亦同劉、李,合彭、李、劉、薛四家求之,實見别有一《纂微》篇。惟溢出之詞,多非精卓,文稍傷蔓。而此約本十卷頗列各家文句同異,校正得失,胥出劉、彭諸本外。知此約本爲後定,殆從前本出,後乃加以剪裁耳。是陳書之行,原有先後二本,故《宋志》云然。以劉、彭、李、薛四書校此十卷,《正統藏》縱多奪誤,幸皆可是正,詢足以當善本。景元《自序》言:"依師授之旨,略纂昔賢之微。"此則名書之意。楊仲庚《序》曰:"碧虛子陳君景元,師事天台山鴻濛子張無夢,得老氏心印,有《道德經藏室纂微篇》,蓋摭諸家之精華,而參

以師傳之秘。”(《藏室纂微開題》)薛致玄《道德真經藏室纂微開題科文疏》卷一言:“陳景元字太初,號碧虚子,家世建昌。……慶歷二年,即高郵天慶觀禮崇道大師韓知止爲師。三年,試經度爲道士。十八負笈遊名山,抵天台,閱《三洞經》,遇高士張無夢,得《老》、《莊》微旨。……熙寧五年,進所注《道德經》。……所藏内外書數千卷,皆素所校正。又親扎三百卷,善小楷,深得褚、歐法。……凡詩篇雜文得陶、葛體。”豈碧虚所上書原名《道德經注》,李霖所引皆稱《纂微》,爲先時之作;於後刊正,遂稱《注》耶! 劉惟永《集義》謂:“碧虚乙未造《解》。”蓋當仁宗至和二年,碧虚年三十一歲也(乙未應爲己未之誤,己未爲神宗元豐二年,碧虚年五十五)。熙寧五年進書,歲在壬子,碧虚當已四十八。劉、李同出一本,李稱《纂微》,爲先成之書。熙寧五年進書稱《注》,則《注》爲後定之本審矣。《正統藏》中約本,宜以稱《注》爲允。是《宋志》分列二書尚非大失,至不知爲一人之作,則誠過矣。景元復有《南華真經章句音義》,亦存《藏》中。而褚伯秀《南華真經義海纂微》則引陳景元《注》。云:“景元,熙寧間主中太一宫,召對,進《道德》、《南華》二經解,頒行入《藏》。”褚引之《注》,推釋大義,與《章句》之言訓詁者爲例各别。按碧虚《老注》既兩見於《宋志》,而《莊注》則《宋志》無之。《通志·藝文略》有《莊子餘事》一卷,注“陳景元”(元誤作先),又《南華總章》一卷,《南華章句》七卷,并注云“碧虚子”。高似孫《子略》有碧虚子《南華總章》二卷,章句七卷,不言《餘事》。薛致玄《開題科文疏》稱碧虚所著有“《南華經章句》七卷,《總章》三卷,《抄義》三卷。”《抄義》不知亦屬《南華》之學否?亦不言有《餘事》。《總章》之爲三卷、二卷、一卷,亦不可定。《總章》、《抄義》二書,後皆不存。今《正統道藏》所存有《章句》、有《餘事》,《餘事》則亦校定文字同異者也。至褚伯秀所引陳《注》,則專陳大義者,乃《宋志》、《通志》、薛《疏》皆未言及。道家記述不詳,自其恒事。兹合碧虚《老》、《莊》兩著論之,其述書體例,殆有可尋。余既考《老子注》爲後定之本,後定本備校文字異同,而《纂微》先成之稿無之。此宜别有《老子餘事》,一如《莊子餘事》,而後來合之《注》中者。則《老注》之既詳訓詁、復陳大義,倘亦先爲二書,而後合之耶?《老注》爲合訓詁、義理、校勘三事以爲書,而《莊注》則三事各别爲書,未合爲一,則固一未完成之作耶?既有《莊子餘事》以言校勘,而今存《章句》卷中凡校文皆在焉,則《餘事》、《章句》又已合而爲一也。依褚氏《義海纂微序》言:"陳景元注《卷首序》云:'莊子師長桑公子,受其微旨,著書十餘萬言,目曰《南華論》。内篇三字標題者,是其舊,外雜篇則爲郭象所删脩。今通計正文止存六万五千九百餘字,唐開元十九年侍中裴光庭請册四子,天寶元年詔册《莊子》宜依舊號曰《南華真經》,義取離明英華、發揮道妙也。'"云云。褚所云碧虚《莊子注序》,今皆在碧虚《莊子章句序》中,因疑《章句序》即《注序》,非有二也。《章句序》云"今於三十三篇之内,分作二百五十五章,隨指命題,號曰《章句》。逐章之下,音家解義釋説事類,標爲《章義》,書成"云云。則《陳書章句》之下,復有《章義》。今《章句》後無章義,豈褚氏所引者即《章義》歟?然則《通志》、《薛疏》所云《餘事》、《章句》、《總章》三者,《總章》殆即《章義》也。《薛疏》五又稱《南華經章句解義》,則《章義》、《解義》一也。豈《章句》、《總章》原爲二,殆至此遂合於一耶?《章句》作於元豐甲子歲,爲元豐七年,碧虚當年已六十,則書成已晚,非《老注》同進可知。褚氏蓋約舉其事言之耳。《序》云:"别疏《闕誤》一卷,以辨疑謬。"而今本《闕誤》已合於《章句》,則今本又在碧虛年六十以後,而《序》則仍前。碧虛書之稱《注》,必仍六十以後事,以《序》言"號曰《章句》",則固不名《注》。褚稱之《注》,諒爲後定。《序》言"標爲《章義》",殆即以原之《總章》,合於《章句》。今之《章句》,已合《闕誤》,而不見《章義》,則已與元豐七年本不同。所謂《注》者,殆合三者爲一。褚氏所引,似即《總章》,而無《章句》。世傳《章句》本,又不見《章義》。豈後人徒取菁華,仍以《總章》别行,致與《章句》裂爲二耶?則陳氏書之一離一合,究其先後之故,而入《藏》之《注》,其體製亦可思也。余既於褚氏書中輯出所引碧虛《注》文,念徒《注》不可以無《經》,而《章句》例同陸氏《釋文》,《經》亦不備,於紬繹殊不便,今《注》既爲新輯,不嫌重爲編次,因爲補入《經》文。《章句音義》則雙行小注於當句之下,而陳《注》之文則正行低格,録於各章之後,仍依褚書之式,不改其舊。雖合爲一書,而三書體製,亦自分明。《餘事》原書首爲分章篇目,次爲《闕誤》,則專爲校事。今二者既已備於《章句》,無事複出,因削而不録。至《餘事雜録》,則謹附之全書之末。而音訓、校勘、義理三者,遂萃於一編,或於學者爲便。雖變異原書,倘固碧虛之意歟?此考尋其述書體例,而事有可知者也。《章句音義》原缺《天地》、《天道》、《天運》、《秋水》四篇,所幸餘事之首,章名備在,今尋諸經文,一依分章篇目,析四篇爲四十一章。陳書篇次頗異郭本,皆不爲改正,仍存其舊。俾讀碧虛書者校論之。褚氏之書,皆稱陳景元《注》,則碧虛《老》、《莊》二書,於奉進之際,皆名爲《注》。《宋志》、《通志》或稱景元,或稱碧虛,爲例不一。正其先成之篇稱碧虛,後定進呈之本稱景元,事有固然。倘陳氏原書之題實如此,而二志因之耳。兹合陳氏三種未爲完成之書,以求合於進呈後定之本,殆亦事之不得已者耶?至薛疏惟言進《老子注》,不言《莊子》,與諸說異。然薛據《纂微》前定本爲之《疏》,且未知陳氏後定之《注》,遑論《莊子》。况《莊子》之進,又在其後,則不能據薛說以疑褚也。褚據入《藏》者言之,謂之爲《注》,今仍依以爲據。於此新輯重編之本,仍以《莊子注》名之。《正統》多奪誤,然褚伯秀書,《四庫》有傳鈔本,明朱得之《莊子通義》實取褚書,亦有刻本。將徐求校之。余既合劉、彭、李、薛四本以校《老注》,兹復重編《莊注》,是碧虚一家老、莊之學,庶足據以爲研討之資,亦可以無所於憾也歟?

彭鶴林《道德真經集注》引《高道傳》:"鴻濛子張無夢,字靈隱,好清虚,窮《老》、《易》,入華山與劉海蟾、种放結方外友,事陳希夷先生,無夢多得微旨。久之,入天台山。真宗召對,問以長久之策。無夢曰:'臣野人也,但於山中嘗誦《老子》、《周易》而已,不知其他也。'除著作佐郎,固辭還山,賜金帛、處士號,并不受。"於是始知碧虚之學,源於希夷。昔人僅論濂溪、康節之學源於陳氏,劉牧《河圖》《洛書》之學,亦出希夷,而皆以象數爲學。又自附於儒家。今碧虚固道士之談《老》、《莊》者,求摶之學,碧虚倘視三家爲更得其真耶!無夢事不多見,《歷世真仙體道通鑑》有傳,王圻《續文獻通考》、《說郛》、曾慥《集仙傳》及《天台縣志》(《圖書集成》引),亦頗言無夢事,視彭書稍具,其出於《高道傳》否不可知,稍集比其文,亦足有裨觀省。蓋張無夢鳳翔盩厔人,字靈隱,號鴻濛子,永嘉開元觀道士。幼入華山,與种放、劉海蟾爲方外友,師事陳摶,多得微旨。久之,遊天台,廬於瓊臺,博通古今百家之學。真宗召對,講《易·謙卦》,上問曰:"獨說《謙卦》,何也?"對曰:"當大有之時,守之以謙。"復命講《還元篇》,答曰:"國猶身也,心無爲則氣和,氣和則萬寶結。有爲則氣亂,氣亂則英華散,此還元之大旨也。”敷對詳明,真宗大悦,賜處士先生號,亦不受。宸翰特賜以詩,寵其還山。朝士咸賦詩贈其行。後終金陵,有《瓊臺集》行於世。《天臺志》云幼入華山,恐失辭。种、劉、張皆不世之才,結友而師希夷,固不得云幼也。又《中山詩話》云:“道人張無夢,在真宗朝以處士見,除校書郎,年九十死。”殆傳聞之辭又異。陳摶事則《宋史》外稱道尤多,兹不詳爲論例。至《還元篇》義,至游子《道樞》采之較備,附録於下:

> 鴻濛子曰:國猶心也,心無爲則氣和,氣和則萬寶結矣。心有爲則氣亂,氣亂則英華散矣。游玄牝之門、訪赤水之珠者,必放曠天倪,囚千邪,翦萬異,歸乎椃朴守静。静之復静,以至於一。一者道之用也。道者一之體也。一之與道,蓋自然而然者焉。是以至神無方,至道無體,無爲而無不爲,斯合於理矣。故得其道者見造化之功,贖鬼神之妙而無所不變焉。糞蟲變蟬,腐草變螢,雀入水變蛤,雉入水變蜃,田鼠變駕,魚變龍,此其小者耳。其大者,人可以變仙也。吾常觀天地變化,草木蕃蔓,風雲卷舒,日月還轉,水火相激,陰陽相摩,遠取諸物,近取諸身,著還元詩百篇云云。(《道樞》卷十三)

伊洛之學,得統於濂溪。而周子之書,僅《通書》、《太極》而已。重以邵氏、劉氏之傳,致後人每歎希夷之學,僅於象數、圖書焉爾。及讀碧虛之注,而後知伊洛所論者,碧虛書殆已有之。其異其同,頗可見學術蜕變演進之迹。其有道家言而宋儒未盡抉去,翻爲理學之累者,亦可得而論。皆足見二程之學,於碧虛淵源之相關。依是以上探希夷之説,其端緒固若可尋,而象數、圖書者,將其餘事也。是二程之於濂溪於耳提面命之間,將有超乎《通書》、《太極》者在。二程之學以有語録之作,故能闡發盡致,而濂溪語言不著,其精詣所在,若存若亡。此余於碧虚之書,益信伊洛淵源之有自,校其同異,而希夷之卓絶淵微,更有足驚者。蓋希夷、鴻濛、碧虚,皆懷博通浩翰之學,而察理淵微,胥不可以方外少之。碧虚之《自序》曰:"若九丹八石,玉體金液,存真守元,思神歷藏,行氣鍊形,消災辟惡,治鬼養性,絶穀變化,厭固教戒,役使鬼魅,皆老子常所經歷救世之術,非至至者也。"則皆鄙而棄之。此正寇謙之、陸修静之徒所有事,若爲希夷之門所不道者。彭耜《集注序》言:"秦、漢方術之士,所謂丹竃奇技,符籙小數,盡舉而歸之道家,此道之緒餘土苴者耳。"正與碧虚之旨合。觀於希夷、鴻濛受詔酬對之際,正其宗風所在。視林靈素輩之術,非能之而不言,殆有不屑爲者。則已厭上來隋、唐之舊轍,而極深研幾於圖書象數,此又新舊道流之一大限也。吕東萊編《宋文鑑》,於希夷取《龍圖序》一篇,此正宋之道家,所以異於隋、唐符籙丹鼎之傳者,故東萊取之耳。就高道傳言之,劉海蟾正出於希夷,殆所謂南宗之祖,後乃易之以鍾吕傳道無稽之説。而五祖葛長庚、彭鶴林輩,若皆無系於希夷,且又并希夷而系之於鍾吕。全真既盛之後,而重陽北七真出於鍾吕之説又興。陳摶之事,若存若亡,而鍾吕傳道之説大盛。鍾吕之事,倘猶釋氏之有惠能,要爲唐宋新舊道教之一大限,而前茅實爲希夷,安有所謂鍾吕者哉?此因究碧虚之書,有足以見之者。碧虚之書於篇端首附以葛次仲之《老子論》,以明孔、老之爲一,此宜亦希夷以來之旨,亦周、邵所由入於儒家者也。是亦不異於重玄之風,特唐人闡發之精,未至於是,希夷誠爲有開來之功。邵伯温言:希夷始有大志,种放言其有皇帝王霸之學,皆足見其識量之奇偉,非徒枯槁山林者也。觀其流風所被，甄陶群傑，更足驗也。因并考其學脈所及，譜而存之，凡所表見五十餘人，固亦偉矣！邵、周之徒，以《學案》言之既悉，皆削而不録。

附：陳圖南學譜

朱震《漢上易解》云："陳摶以《先天圖》傳种放，放傳穆修，修傳李之才，之才傳邵雍。放以《河圖》、《洛書》傳李溉，溉傳許堅，堅傳范諤昌，諤昌傳劉牧。穆修以《太極圖》傳周敦頤，敦頤傳程顥、程頤。"(《宋史·震傳》此三宗最顯，周、邵之傳備於《宋元學案》，衣被遂廣，玆弗論也。

邵伯温《易學辨惑》言："陳摶好讀《易》，以數學授穆修，修授李之才，之才授邵雍堯夫。以象學授种放，放授廬江許堅，堅授范諤昌，此一枝傳於南方也。"邵説稍異於朱，邵於先天之傳爲家學，其言源流殆不誤，而於《河圖》、《洛書》之傳，或不如朱爲悉也。

《辨惑》又言："穆修師事陳圖南，而傳其學。其後尹源（子漸）、尹洙（師魯）兄弟從之學古文。又傳其《春秋》學。"又言："李之才挺之簽書澤州判官廳公事，澤人劉羲叟晚出其門，受曆法爲名士。"而《邵氏聞見録》又云："祖無擇，蔡州人，少從穆伯長爲古文。"《宋史·穆修傳》言："蘇舜卿兄弟多從之游。"則穆氏之傳有尹源、尹洙、蘇舜卿、祖無擇，皆雄於文，而挺之之門有劉羲叟，此皆世罕能言者也。

《東都事略》言："高弁從种放學於終南山。"《宋元學案》言劉顔學於高弁，而顔之門下有張洞、曹起。見《士劉諸儒學案》。《直齋書録》有《易證墜簡》:"毗陵從事范諤昌撰,天禧中人。序……又言:得於溢浦李處約。李得於廬山許堅。"此亦視邵之説爲詳。《直齋書録》又有《易解》十四卷:"尚書右丞皇甫泌撰,曰《述聞》,曰《隱絶》,曰《補解》,曰《精微》,曰《師説》,曰《明義》(晁氏作《辨道》)。其學得於常山抱犢山人,而莆陽游中傳之。……山人不知名,蓋隱者也。泌嘗守海陵,治平以前人。"《宋元學案》記劉牧門下有黄黎獻、吴秘。黎獻"所著有《續鉤隱圖》一卷,《略義例》一卷,《室中記師隱訣》一卷"。秘"所著有《周易通神》一卷,今世所稱長民《周易新注》十卷,蓋合黎獻之三卷,及秘《通神》一卷,皆在其内。其《記師説》一卷,《指歸》一卷,《精微》一卷,又不知何人所作,蓋亦門人之筆"。全祖望云:"皇甫泌《易》書中有《記師説》一卷,《精微》一卷,當即此十卷之二也。泌受之常山抱犢山人,三衢亦有常山,即長民也。特故諱之,以神其説耳。"(《泰山學案》)知劉氏之徒,黄、吴外又有皇甫泌,泌之徒有游中。《郡齋讀書志》有鄭夬(楊庭)《周易傳》十三卷:"姚嗣宗謂:劉牧之學,授之吴秘,秘授之鄭夬。"邵伯温《易學辨惑》極詆之,謂夬竊王天悦書以爲己學,天悦從康節問《易》者也。

彭鶴林《集注雜説》引《高道傳》言:"張無夢與劉海蟾、种放結方外友,事陳希夷先生。"劉鑑泉《道教徵略》,圖劉海蟾門下有藍方、馬自然、王筌,元翁碧天、張伯端。碧天下有魏景,伯端下有石泰、劉奉真。泰下有薛道光,道光下有陳楠,楠下有沙蟄虚、白玉蟾、鞠九思。玉蟾下有彭耜。九思下有朱橘,橘下有鄭孺子。鑑泉先生系劉氏於鍾吕傳道,愚意不若據彭鶴林言系之希夷爲得其實,以彭固海蟾、紫陽之徒也。劉書於希夷之門,但言:"种、穆傳儒業外,其爲道士者有賈德昇、楊扆。"於陳氏之徒,多所撮略。謹依彭説,以劉、張之傳系之。

龍眉子《金液還丹印證圖後識》云:"余師若一子嘗曰:曾聞我師無名子翁先生云,吾師乃廣益順理子劉真人,於紹興戊午,劉遇悟真得其道。"無名子,翁葆光也,字淵明;順理子劉真人,豈即劉奉真耶?若一、龍眉,皆未可考。《道樞·修真要訣》篇稱:劉海蟾弟子王庭揚,而《集要》、《碎金》二篇皆爲晁文元説。《蒙齋筆談》則言:"晁文元迥,早從劉海蟾遊,得長生之術,六十後兼言佛理。"曾慥《集仙傳》亦著文元。王圻《續文獻通考》言:"伯端著《悟真篇》,授扶風馬默。"薛致玄《手鈔》言:"陳景元度門弟子許修真而下四十人。"凡此皆《劉圖》之闕,所未叙及者也。

陳摶事見《續通鑑長編》雍熙元年。《東都事略》亦有傳。言"摶少年舉進士不第,遂不樂仕。有大志。隱居武當山,好讀書,自號扶摇子。"《宋史》本傳言:"摶長讀經史百家之言。"知希夷固優於學術,於其傳授之衆,足考見其藝能之博,固奇逸之士耶?种明逸(放)立碑叙希夷之學曰:"明皇帝王霸之道。"則又不僅多能也。《東軒筆録》言:"圖南有經世之才。"《青瑣集》言:"陳摶負經綸之才,歷五季亂離,每聞一朝革命,顰蹙數日。"《邵氏聞見前録》言:"摶長興中進士,游四方,有大志,常乘白騾從惡少年數百人欲入汴州,中途聞藝祖登極,遂入華山爲道士。"《易學辨惑》亦言:"其游四方,志不遂,入武當。"邵氏之學,導源於陳,其言固可信,殆誠一雄偉驍傑人也。《畫墁集》言:"太祖鑒唐末藩鎮跋扈,盡收諸鎮之兵,或云陳希夷之策。"則圖南不徒爲高隱,而實博學多能;不徒爲書生,而固有雄武之略;真人中之龍耶!方其高卧三峰,而兩宋之道德文章,已系於一身。群書多記陳摶事,如《澠水燕談》、《東軒筆録》、《玉壺清話》、《倦游雜録》、《湘山野録》、《兩朝寶訓》、《五朝名臣言行録》、《談苑》之類凡其逸事瑣聞，何可勝記。復有龐覺《希夷先生傳》，兹皆不遑采，惟取可以想見其人者，以見一代學術之淵源，非奇豪傑出之才，未易爲之倡也。

【附記】《唐才子傳》卷十《陳摶傳》言："洛陽潘閬逍遥、河南种放明逸、錢塘林逋君復、鉅鹿魏野仲先、青州李之才挺之、天水穆修伯長，皆從學先生，一流高士，俱有詩名大節。"此以潘、林、魏三人皆學於希夷，群書未有言之者。殆辛文房誤讀宋人史傳，以陳摶、潘、种、林、魏、李、穆相次，因疑皆圖南之弟子也。兹未敢從，謹附識於後。

前考張鴻濛、陳碧虚事，多有未備，兹從《真仙通鑑》得張、陳兩傳，述首尾較詳，録之於下：張無夢，字靈隱，號鴻濛子，鳳翔盩厔人也。身長六尺，風格俊爽，居常好清閑，窮《老》、《易》。父爲儒，肥遯不仕。有二子，無夢即其長也，篤孝聞於鄉里。及長，以貲産委其弟，遂入華山，與种放、劉海蟾結方外友，事陳希夷先生，無夢多得微旨。久之，游天台，登赤城，廬於瓊台觀，行赤松導引、安期還丹之法。僅十餘載間，以修煉内事，形於歌咏，累成百首，題曰《還元篇》。夏英公倅台州，入山見之，得此篇歸輦下。時王冀公執政，訪隱逸人，英公以《還元篇》獻之。未幾，以聞於上。宋真宗時召對，問以長久之策。無夢曰："臣野人也，但於山中嘗誦《老子》、《周易》而已，不知其他也。"上令講《易》，即説《謙卦》。上問曰："獨説《謙卦》何也？"曰："方大有之時，宜守之以《謙》。"上喜其説，除著作佐郎，無夢固辭曰："陛下德如堯、舜，山林中豈不容一巢父、許由耶！”因舍建隆之翊聖院。復召講《還元篇》，無夢曰：“國猶身也，心無爲，則氣和，氣和則萬寶結矣；心有爲則氣亂，氣亂則英華矣；此《還元》之大旨也。”略說十數篇而退，遣使賜金帛皆不受，乞還山，復賜處士暢飲先生號，亦不受。上以歌一闋賜行，其辭曰：混元爲教含醇精，視之不見聽無聲；惟有達人臻此理，逍遥物外自沉冥。浮雲舒卷絶常勢，流水方圓靡定形，乘興偶然辭澗谷，談真俄爾謁王庭。順風已得聞宗旨，枕石還期適性情，玉帛簪纓非所重，長歌聊復寵歸程。冀公邀入私第，意欲款延。無夢曰：“萬乘且辭矣，相公人臣，徒煩見留。”明日遂行，有旨令台州給著作郎俸以養老。至山亦不請。其始卒守節如此。有黄白術，秘而不言。居瓊臺又十餘年，復隱於終南鶴池。久之，遊嵩山，泛湘、漢，抵金陵保寧壽寧佛舍，杜門不出，士人或有見而請問，則對之以聾，而後人事幾廢。然博通古今百家之學，至於圖經小史，記之歷歷無遺。有二經生侍几案，久之因度爲道士。無夢年九十九終於金陵。經三日，頂中有白氣勃勃然出，高三尺餘，移時方散，乃就棺，肢體柔軟，指甲不青，心胸尚暖，史君玉琪遣吏藏於悟空禪師塔前。有《瓊臺詩集》行於世。碧虛子陳景元嘗預弟子列，得《老》、《莊》之深旨。陳景元號真靖，自稱碧虛子，建昌之南城人。……有《注道德經》二卷，《老氏藏纂微》二卷，《注莊子》十卷，《高士傳》百卷，《文集》二十卷，《大洞經音義》，《集注靈寶度人經》，傳於世。

陳摶學系表：

- 陳摶
  - 种放
    - 高弁—劉顏
      - 曹起
      - 張洞
    - 李溉—許堅—李處約—范諤昌—劉牧
      - 黃黎獻
      - 吴秘—鄭夬
      - 皇甫泌—游中
  - 穆修
    - 李之才
      - 劉羲叟
      - 邵雍
    - 周敦頤
      - 程顥
      - 程頤
    - 尹源
    - 尹洙
    - 祖無擇
    - 蘇舜卿
  - 劉海蟾
    - 王揚庭
    - 藍方
    - 馬自然
    - 張伯端
      - 劉奉真—翁葆光—若一子—龍眉子
      - 石泰—薛道光—陳楠
        - 白玉蟾—彭耜
        - 鞠九思—朱橘—鄭孺子
        - 沙蟄虛
      - 馬默
    - 王筌
    - 元翁碧天—魏景
    - 晁迥
  - 賈德昇
  - 楊扆
  - 張無夢—陳景元—許修真

《陰符發秘》校後記

友人鄧君少琴,得自牧道人張子還著《陰符發秘》於東川書肆敗紙堆中,以示余。道人住蜀青羊宫數十年,善書翰,兼工詩,相傳尸解去。所著書,舊無刻本,此鈔蠅楷差工,而訛奪稍多,兼以寫官無學,字句亦誤有增損,可慨也。《道藏輯要》中有潘陽范宜賓《陰符玄解》一編,其序云:"得自牧道人所著《陰符發秘》一册,其中秘密,道人已流露於前,則隱而未發之義,不得不解之於後,以成上下符合,名曰《玄解》。"則范解實踵此注而作。今范書存於《道藏》,乃此編反沉埋塵壤百餘年,世鮮知者,非少琴之勤於搜討,烏能得之。道人所爲注,皆静中體認,會心自得之言,固非泛爾詮釋文句之比。余嘗論禪宗爲中國唐後自成之佛學,而宋人理學因之,爲唐以後更有深詣之儒學。全真教則爲繼禪宗理學而起,又非六朝唐宋往昔道教可比擬。於《陰符》此注,益信之也。融會唐後之儒釋而獨取其精,三教合一之然否,其故豈可以口舌論邪? 原有沈裕雲序,及道人自序,稍有殘缺,審其文義上下,與范解序語義合,因取范文補之,以其爲説淵源固有同也,而字數乃適相當,道人序遂有完篇,事亦至奇。仲氏文敦旋得羅氏觀妙齋聚珍本,頗足是正,以校余據范文所補竟能合,洵足快也。羅本注文亦每有奪誤,幸抄本可以正之,抄本之失,則從羅本,其可兩從者,不徑改也。自牧道人書,於此有定本。書後有《玄門戒白》一篇,仍其舊亦校而存之。道人以《經》舊爲四百四十四字，不分經傳，於三百字之數太溢，重爲訂正，别出百四十二字以爲傳文。“愚人以天地文理聖”句眉注云“六句乃岐伯贊詞”。是道人謂傳爲岐伯之作。而注《經》時仍未刊落，僅於卷後詳分别之，猶乎考異之作，則道人之慎也。而羅氏本佚之，誠棄所不當者也。稍整比其行列，仍附卷末，則幸此抄本之存，而道人書尚得爲全璧。又考李筌序言：“《陰符》三百言，百言演道，百言演法，百言演術。”此三百言之數也。然李《疏》實止“時物文理哲”，適足三百。舊爲注者，多止於此。後溢百一十二言，固非李本所有。《朱子語録》閭邱次孟謂“《陰符經》自然之道静數語，雖六經之言無以加。”楊重夫以爲《陰符經》無此語。此正楊所見爲李本，而閭邱所言非李本，多少固不同也。不審道人何以從李氏三百言之説，而用非李氏三百之本，乃獨自出心裁，别其經傳，則非末學之所能知也。唐吴筠《守神篇》引《陰符經》曰：“經冬之草，覆之不死，露之見傷，火生於木，禍發必尅，精生於身，精竭而死。”今傳《陰符》惟火生於木二句，餘均不見。則即閭邱之本，亦復少於吴筠所見者，遑論李氏，則《陰符》異本多矣。而道人所云，“聞人誦此《經》作精生於炁，情動必潰”，乃略與吴筠引合，亦足異哉？道人未必讀吴筠書，而聞人所誦，則固古本《陰符》也。山谷云“《陰符經》即筌之作”，清代四庫館臣以爲口實，亦未必然。以吴筠固非後於李筌者也，而本復不同。《神仙感遇傳》言：“李筌號達觀子，居少室山，至嵩山得《黄帝陰符本經》。開元中爲江陵節度副使，御史中丞。筌有將略，作《太白陰經》十卷，又作《中臺志》十卷。”此明著筌爲開元間人，四庫館臣殆未考耳。《集仙傳》言“筌仕至荆南節度副使、仙州刺史”，正與《感遇傳》合。今傳《太白陰經》前有筌《自叙》及《進書表》，并有結銜，與《仙傳》殊異，而其爲一人固不疑也。

《中臺志》十卷，見《郡齋讀書志》，敦倫卷子本又有《閫外春秋》十卷殘本，前有天寶二年筌自上表，又自稱少室山布衣，而本作李荃，筌、荃爲隸變之差，仕隱亦先後之别，固自燎然，乃乾隆間爲《提要》者既失考於先，而嘉慶間修《全唐文》者又列兩李筌，復大謬於後，世之論者乃或踵之，益滋異説。是李筌其人既多參差之辭，而《陰符》之書復多不同之本，此論古之所以多誤解者也。抄本後復有《達磨胎息經》，亦爲羅氏所無，後題子還作，胎息書傳自昔，而稱子還作，亦未審其故，則亦仍舊存之。别有青羊宫刻《陰符經》碑，後附道人跋文，與《自序》義亦合，并存卷末，以道人文傳者未多，不以複爲嫌也。陳清覺、張清夜、穆清風三人者，皆來自武當，今蜀之道冠，皆三家之法嗣，而自牧道人重開武侯祠、青羊宫兩道場，其迹更偉。今既得其書，三復校正，劉丈豫公謂宜付二仙庵刻之，收入《道藏》。因録清本，俾顯其傳者得有以究其旨義，考求文獻者，固將有取於是也。歲在丙戌九月十八日蒙文通校後記。

原載《圖書集刊》第八輯，四川省圖書館一九四八年六月編印，兹據整理。

校理道書簡議四則

《河上公老子章句》校订二卷

《河上公章句》僅有天禄琳瑯藏南宋本，及鐵琴銅劍樓南宋本、《正統道藏》本，而世德堂六子本爲最下。兩南宋本文字時多刊落，復有誤字，兹於唐據强、顧兩家所引，於宋據梁迥序《集注》本，益以諸家徵引之文，至若《羣書治要》、《意林》引《河公注》皆已及其半，而《一切經音義》、《文選》李注、《太平御覽》各書所引亦不少，薈集校正，不僅可補兩宋本之訛失，而唐本之舊庶可見之，增益文句，無慮百事。巴黎所藏敦煌卷子《河上公章句》下經幾備，以與校本對看，十符其九，信《河上公章句》以此爲最佳之校本也。

《老子王弼注》校訂二卷附陸德明《老子音義校正》一卷

王《注》世無善本，四庫本從張之象三經晉注録出，張本雖有晁、熊兩跋，但誤字奪句全與《正統藏》同，是張所據乃《道藏》本，非宋元舊刊，《道藏》本固有晁、熊二跋也。浙江局刻云：據華亭張氏本，亦僅據浙江聚珍本，非依張氏本也。武英殿本校以《永樂大典》，仍不能佳。至《古逸叢書》集唐字《老子》王《注》，僅依日宇佐美惠考訂，而日人之本亦不外依於《道藏》，世傳王《注》不過如此，王《注》竟無善本可言。檢《正統藏》有《老子四家集注》，全載王《注》，未知集者誰氏，首有梁迥序文，作於元符六年，則此獨爲北宋本,自高於一切王《注》本。諸本義不安處,此本文句皆異,視浙刻溢出注文頗多,校以劉惟永《集義》所載王《注》,一一能合,洵王《注》之最佳本。兹從《集注》録出,而以宋人《老子》著述所徵王《注》校之,亦間取《道藏》王《注》之是者著於篇。《古文舊書考》云:有嘉禎二年鈔本,則在南宋時,亦將求以校正,俾成王《注》最佳校本。彭耜有《道德經音義》備取陸氏《釋文》,前此校《釋文》者皆未取彭書,兹校一過,備録異同,以資考證。

《遂州本〈老子〉校文》

《正統藏》有《老子次解》一卷,不著撰人名氏,篇首有《序》言:先者經過遂州,見龍興觀石碑上鐫《道》、《德》二經,與今本又别,字多差錯,事既異同,義皆向背,云云。今以與敦煌所存《老子》十數本校之,知此即所謂張係師本也。此本文僅五千,異字復多,敦煌所寫既多,訛奪難以校正,此爲歷久治敦煌《老子》者一大難事。今得此本,則於訛字之與異文、奪文之與損字,一一可辨,正統本訛失,亦得依敦煌辨之,五千字本之真,於此可以復見。

《玄言新記明老部》二卷

清唐《志》有《玄言新記道德經》、《玄言新記明莊部》各書,此卷爲敦煌卷子本,巴黎國民圖書館所藏,首有叙文,略舉老子事迹,及經義大旨,題顔伷字師古名字,豈以此卷爲顔監所作:卷中僅言每章相次之故,體同於《成玄英疏》之《序诀》,始《道經》一章終十二章爲一卷,始十三章終廿四章爲二卷,始二十五章終卅七章爲三卷;始《德經》一章終十三章爲第四卷,始十四章爲五卷,第二十章以下闕,似爲疏王弼之《注》者,《日本見在書目》有《老子義疏》八卷,王弼;宜即此書,其爲師古作否,則不能考。陸德明亦疏《老子》

王《注》,惟卷帙稍多,不與此合。此書以前四卷章數計之,則八十一章似爲七卷或八卷也。一一訂其訛奪,删其羨文,亦庶乎可讀也。下經二十章以下原闕,《正統藏》中有趙志堅《道德經疏義》六卷,前三卷已佚,第四卷佚第九章以下,唯第五卷爲完書,第六卷復佚第三十八章,此當即杜光庭所稱法師趙堅作《講疏》六卷者也,人名、書名、卷數皆合。惑者不察,列之宋人,誤也。此唐人佚著,每章之首亦言相次之故,今爲録出,合於前篇之後,以皆唐人之書而俱不完,特合而存之,以備法式。又强思齊《纂疏》每章之前皆有儷文一則以贊全章宏旨,八十一首完整無闕,念其伏而未發,不可棄置,并爲録出,以附於前編之後,以《玄言新記明老部》之名,固可以被以此篇而無嫌也。原文作者不可考,《隋志》有《道德經章門》一卷,劉遺民撰,未審即此篇否?

【編者附記】此"簡議"爲先君長四川省圖書館報上級請校理八種道書時所擬,與《校理〈老子成玄英疏〉叙録》篇末所列"得書八種"之目全合(具體名稱或稍異),然此八書前四種已先後完成刊布,後四種則雖成而尚未刊布,"十年浩劫"初,紅衛兵來家抄走稿件高達尺餘,後竟不知下落。既而先君子棄養,亦無法清理所損種類。幸此"簡議"稿尚存,言雖簡略,大綱具在。苟有有意於此校事者,此稿或猶可供參考也。原稿計為書八種,前四種既已成書,故僅布其餘四稿於此。

蒙　默

二〇一一年五月於四川大學竹林村

治佛道雜語

歐陽先生嘗言：讀俱舍三年猶未能通，於滬上見沈乙庵，沈謂：君當究俱舍宗，毋究俱舍學。歸金陵，覓俱舍前諸書讀之，又覓俱舍後諸書讀之，又覓與俱舍同時他家諸書讀之，讀三月而俱舍之義燦然明白。蓋自前後左右之書比較研讀，則異同自見，大義頓顯。大師讀俱舍之法，用於他書，何獨不然。

魏晉的佛學，完全是印度佛教與中國思想相結合的產物，故與印度之佛教異。唐人覺其非印度之教義，玄奘親往印度求法，所取回者爲真印度佛教，但與中國條件不相適應，再傳之後遂絕，而所流行者仍爲中國化之佛教——天臺、華嚴等宗，及至禪宗出現後與中國思想之結合愈緊密，而竟完全取代前此佛教各宗。

周秦性道之辯不議空有，自印度思想入諸夏而六代論空有者紛紛，釋氏之徒以空自高而斥儒爲有，儒之願者亦以有自詡，而斥釋氏之空、老氏之無。於是儒墮負而不可救也，惟孫盛作《老聃非大賢論》，以爲"中賢第三等之人，去賢有間"。其曰："崇無既失之矣，崇有亦未爲得。"超有無以立論，自能深契儒家之旨，其度越時流遠矣。盛又作《老子疑問反訊》曰："《道德經》云：常無欲以觀其妙，常有欲以觀其徼，此兩者同出而異名，同謂之玄。因謂宜有欲俱出妙門，同謂之玄，若然以往，復何獨貴於無欲乎？"據《老》以折無，洵千載之神解也。自頃歐洲思想入中國，而唯心、唯物之論張，以唯物自誇者,恒斥中國舊説爲唯心。兹二者誠無獨有偶,相映成趣。乃今之學人亦頗有以唯心自詡而斥唯物者,使安國(孫盛)處今日,知必超心、物以立論而會其同,所應反訊者希止十數端哉!吾知今後必有孫盛其人,拭目俟之也。

《管子·心術》上言:道在天地之間也,其大無外,其小無内,故曰不遠而難極也。《楚辭·遠游》亦言:道可授兮不可傳,其小無内兮其大無垠,無滑而魂兮彼將自然,壹氣孔神兮於中夜存,虛以待之兮無爲之先。凡此皆形容道體之辭,後來儒者恒用之,而實則此語源於名家。《天下》篇:"惠施曰:至大無外謂之大一,至小無内謂之小一,無厚不可積也,其大千里。大同而與小同異,此之謂不同異,萬物畢同畢異,此之謂大同異。名家、道家旨各不同,倘言道者借用之耳。名家言之爲一種概念,道家言之則爲一種實體,以概念爲實體,此其所以每恍忽而不可究詰者也。"

米丁《辯證唯物論》批判"石子亦有思想",批判是對的,但必先懂得"石子"如何"亦有思想",才能批判得深,批判到點子上。如今能有幾人真正懂得"石子亦有思想"?

《吕覽》、《淮南》、《管子》三書都是黄老派,而又有其差别,這也還是北方、南方、東方三個地區三派黄老,當然《管子》高些。《管子》已詳於制度,下開今文學。《莊子》是部叢書,但終是以南方派爲中心,與黄老無關。所謂黄老派,不是先有黄老學,田、慎、尹、宋去治黄老之學,而是在稷下互相影響,才形成這一派,漢代才稱他們爲黄老學。不是道家而雜取各家,是來自各學派的人合流而形成黄老學派,以前只看出黄老派與楊朱之關係,後來看出與墨家也有關係。

老子、孔子之學(實指黄老和西漢今文學)何以能在漢代戰勝百家之學，這是一個大問題，從這裏看孔、老，似乎比專就孔、老哲學思想看，更有着落。衡論學術，應該着眼于那一時代爲什麽某種學術得勢，原因在哪裏？起了什麽作用？這才是重要的。只從現代的觀點來衡量、批判，脱離了歷史，便會成空論。論宗教也須如此，多從作用上論。論作用也不能只談爲統治階級服務，哪有不爲統治階級服務的學術和宗教？只看到這點是不够的。儒家（今文家）之戰勝百家，就在於它汲取了百家之長，道家（黄老）也是這樣，都可説是雜家勝利了。司馬談所言正是説明漢初所謂黄老是什麽，這也説明了《吕覽》的主旨所在。《淮南》就和《吕覽》精神不同，雖然《吕》之精不如《淮南》，但合於一世之用則高於《淮南》。

一般都説道家是没落階級的思想，漢王朝是新興階級的政權，黄老之學却在漢初受到統治階級的重視而大盛，這是殊爲值得注意之事。道家中原有部分是齊人，有部分是楚人，齊人田駢之流（接子、慎到等），“貴因”是其中心思想。司馬談説，道家以虚無爲本，以因循爲用，因時爲業，因物與合，都是專注意客觀條件。北方道家楊朱之流不肯拔我一毛而利天下，所謂“我”，即指主觀。才加主觀一毛，即足以害天下。楊朱非不治天下，而是反對以主觀爲治。《莊子・天下篇》説田駢、慎到“無建己之患，無用智之累”，就是反對主觀，反對唯心。處士横議，百家争鳴，從道看來都是“建己”、“用智”，不符合客觀實際，而要“泠汰於物，以爲道理”。司馬談説“實不中其聲（名）者謂之窾，窾言不聽，奸乃不生”，就是要名實相符，實事求是。這是黄老之學，不是莊子之學。

曩偕餘杭章先生遊無錫，小住三數日，幾於無所不論。一日談次，先生論及孔、佛優劣，謂：“孔子不過八地菩薩耳，未易與釋迦齊量。”余請其所以，先生曰：“孔子不解阿賴耶識。”余舉慈湖之言以問,慈湖謂“目之出色,耳之出聲,鼻之出香,舌之出味,心之出物”,因問慈湖解前六識否?先生曰然。但宋時佛家書未盡亡佚,楊氏殆猶及見。余復舉陽明事以問,弟子有問天地萬物一體義者,陽明指道旁冢曰:“此人既死,此人之天地萬物安在?”陽明解第八識否?先生曰然。余復舉象山言,“宇宙即是吾心,吾心即是宇宙”,此是第八識否?先生曰然。孟子言“萬物皆備於我”,宜亦第八識也。先生慨然曰:“孔子固解阿賴耶識也。”余請益於先輩者多矣,毋固毋我,未有如餘杭先生之可感者也。

歐陽先生氣度恢宏,很能容人。熊十力原跟先生學,後來不同意先生的一些看法,先生雖不同意,但覺也還説得有些道理,就讓他説去,也讓他繼續住在内學院。當時熊體虚多病,經常要炖烏龜來喫,而内學院的規矩則是喫素食,老先生雖知道他喫烏龜有違院規,却也只當不知。熊後來頗有成就。没有這樣的老師,教不出這樣的學生。

很多人的學問,大概在三十歲上下就把規模大致定下來,這以後只是在深和細上面有所發展。我在五十歲之後才開始研究道教,也還能開拓一個方面,頗有所獲,主要是由於從前在理學上下的功夫比較深,一接觸便能提出問題,方法上其實也就只還是搞經學的那些,不外求家法、考遺説、輯佚、校勘而已。

《老子》王弼本,近代無善本。以浙江書局刊行二十二子本爲最通行,浙刻謂從華亭張氏本者,明萬歷間張之象也。乃校其文字,則直從聚珍本出,而又非武英殿原本,所據者則覆刻聚珍也。浙覆刻視原本奪誤頗多,二十二子一一與之符合。於時局中校者如黄式三諸前輩,頗多碩學通才,不知何以疏失如此。四庫本《提要》謂從張氏三經晉注録出,故浙局從四庫本乃徑謂依華亭張氏本，殆欺人語耳。張本未見，不知果善否？四庫本有熊克跋，熊又從宋晁氏本出，而其奪誤皆同於《正統道藏》，正統本實有晁、熊二跋，豈張本直從《道藏》出，以晁跋故，致後人疑爲出南宋本歟！但分章而無一章二章各行爲異，豈又張氏據晁跋而增之耶！王《注》以宋四家集注爲善，雖亦有羨奪誤字，然足以是正浙本者不可縷數。依校一過，改正遍于書眉，故知張氏從正統出也。四庫館臣又言校以《永樂大典》，則宋本也，何以校後仍奪誤如許，則最可異。王《注》以《集注》本校之，尚可略得宋本之面目，而《老子》經文之王弼本則絕不可見。謝守灝、董思靖言王弼《經》之字數，二家皆相符，乃今本《道德經》文無一足王本字數者，即傅奕古本亦不足王本之數，惟誠多於唐人所傳損字河上公本而已。傅氏既稱古本，何以仍爲損字本，至舍王弼本不用，誠不可解。就王《注》研之，知王《注》往往同於他家經本，今王《注》本之《經》絕非舊貫則可决也。以《道藏》各《經》皆爲無學羽流妄依他經擅改，故王氏經、注多不相應，其甚者又復依經以改注，致經既非而注又不辭，殊可笑也。見王弼之《經》，陳景元、范應元、劉惟永諸家書所舉者，皆爲其實，惜又略而不盡。畢氏秋帆所爲《古本老子考異》，其言王弼本作某者，直從近世通行之本，真夢囈也。疑王氏分《道》、《德》爲二經者，錢氏已辯之；謂王氏不分章節者，吾友無錫蔣君已辯之；苟由程大昌之言論之，則宋時王《注》已有章名。由巴黎國民圖書館所贈敦煌《老子疏義》卷子影片考之，知唐時王《注》亦有章名，皆取章首文字爲名耳，是王無章名之説亦非。居今日而校輔嗣注，直同暗中摸索。至黎蓴齋《古逸叢書》所謂唐卷子本，則以海東覆浙本爲據，更爲下駟。余因校王《注》已久，兹猶未有定也。

方戎、夏兩民族爲儒、法兩思想，起新故兩勢力之激争，道家以極端之破壞論、懷疑論錯於其間,《莊子》曰"剖斗折衡,而民不争",《老子》曰"法令滋彰,盗賊多有",則無所事"明法";曰"民不畏死,奈何以死懼之",則無所事"嚴刑";曰"以道佐人主者,不以兵强天下","夫樂殺人者,則不可以得志於天下",則無所事"强兵";曰"不貴難得之貨,使民不爲盗","絶巧棄利,盗賊無有",則無所事"富國";此皆所以非訾法家者也。曰"大道廢有仁義,智慧出有大僞","絶聖棄智,民利百倍,絶仁棄義,民復孝慈",曰"不尚賢,使民不争",曰"絶學無憂",此以非短儒墨也。東西兩文化新故之争方激,南方民族起而兩排之,"我無爲而民自化","見素抱樸,少施寡欲",彌亂於未形,救敗於未然,欲反諸淳古之世,一川之隔,一林之障,其民老死不相往來。許行亦楚産也,至欲"并耕而食饔飧而治",廢君臣上下,故無事聖王。與儒墨東方之化殊,與法家西方之治亦别。"誹堯舜","小湯武","薄仁義",法家以仁義爲迂闊於事情而鄙之,道家又以其煦煦孑孑而小之,故仁義者東夏與異民族學術之大限也,其所以"薄仁義"者不同,又南北學術之辨也。

統血氣、心知以言性,統本心、放心以言心,則曰善可也,曰未善亦可也。此荀卿所由有"性惡"之説。……夫卿之説,既以性爲惡也,則仁義烏乎出?故以性惡論荀卿之學,則不足以盡荀卿,卿之所由立,在《解蔽》篇之言心。……其言曰:"人何以知道?曰心。心何以知?曰虚壹而静。心未嘗不臧也,然而有所謂虚,心未嘗不滿(楊注:'滿當作兩'是也)也,然而有所謂一。心未嘗不動也,然而有所謂静。……虚壹而静,謂之大清明。萬物莫形而不見,莫見而不論,莫論而失位。……明參日月,大滿八極,夫是之謂大人。"荀氏不信本心之善,而疑心之不足恃,必先有以理其心,然後可以察萬物而稽治亂。荀卿之學於是乎入於道家之學也。其引《道經》

曰“人心之危,道心之微”,荀氏宗《道經》,雜人、道于一心以言心,宜其自疑其心之不足以出仁義,必先虛静以持之,而後察物明……荀氏之所事,正老氏之所謂“希”、“夷”,而莊生之所謂“死灰”者也。斯胥由荀氏不知本心之良,并人、道以言心,徒見洞洞爥爥之心靈,而未見至賾不亂心之理。……夫人心未嘗不動也,而欲以静持之,此道家之謬也。……荀氏曰:“空石之中有人焉,其名曰觙,其爲人也,善射以好思,耳目之欲接,則敗其思,蚊虻之聲聞則挫其精,是以闢耳目之欲而遠蚊虻之聲,閒居静思則通,思仁若是,可謂微乎?”此正荀氏之入於道家者也。《易·乾》文言曰“閑邪存誠”。誠者我所固有,閑邪而誠自存,故孟子亦嘗言養心、養氣也。而養之則“無以饑渴之害爲心害”,毋之“梏亡”而已也,此孟子之養氣。“寡欲”,此孟子之養心也。若荀子者,必將無欲而後已。欲無,已欲也,聞無,已聞也。荀氏養心之説,於是視孟子之説若尤精而實大粗,則已遠於孔子之傳而入於老氏之域。《莊子·天道》篇:“萬物無足以鐃心者,故静也。水静則燭鬚眉,平中準,大匠取法焉。……夫虛静恬淡寂寞無爲者,天地之平而道德之至,故帝王聖人休焉,休則虛,虛則實,實則倫矣;虛則静,静則動,動則得矣。”曰倫、曰得,莊生之言美矣,而終不足以明庶物、察人倫。荀卿曰虛、曰静,於是庶物明、人倫察而仁義立,此又荀學出於道家而高於道家者也。(摘自《儒學五論·儒家哲學思想之發展》)

老聃以“仁義,人之性欤”难孔子(《庄子·天道》),此雖不必即孔老之事,要爲道家之難儒家。則後之儒者,必思所以答老而申孔,然后始足以救儒。哲命之説既鄰于宗教,故儒者紛紛然起而言性。孟子曰“性善”、曰“義内”,性非善,義非内,則仁義將失其依據,有“率天下而禍仁義”之憂。則倡性善之説,有勢之不容已者。

（摘自《儒學五論·儒家哲學思想之發展》）

《管子》書有《心術》上、下及《内業》一篇目，亟言性道之旨。其所汲汲以論者，曰心、曰意、曰知、曰物、曰止、曰定、曰静、曰虚，皆《解蔽》所常論，殆作者與荀氏相先後。……其持論之旨要，殆亦由道家之旨而入於儒家者乎！其言："天曰虚，地曰静，乃不伐。"又言："必知不言爲無之事，然後知道之紀。"又言："虚者萬物之始也，故曰可以爲天下始。"是皆道家之旨也。其曰："道在天地之間也，其大無外，其小無内，故曰不遠而難極也。"尤與屈原《遠游》之言符同……此宜爲《心術》之篇義所自出，是道家誠楚人之旨也。……又曰："義者各處其宜也；禮者，因人之情、緣義之理而爲之節文者也。"其要歸乎禮義，故曰道家而入乎儒者也。……其曰："恬愉無爲，去智與故，其應也非所設也，其動也非所取也，過在自用，罪在變化。是故有道之君，其處也若無知，其應物若偶之，静因之道也。"其解曰："因也者，舍己而以物爲法者也，感而後應，非所設也，緣理而動，非所取也。過在自用，罪在變化，自用則不虚，不虚則忤於物矣，變化則爲生，爲生則亂矣。……君子之處也若無知，言至虚也；其應物也若偶之，言時適也。……故物至則應，過則舍矣。舍也者，言復於虚也。"此其精義之不刊者，有不須防檢安待窮索之趣，頗似明道程氏之旨。……《莊子·天下》篇言慎到："棄知去己，而緣不得已，泠汰於物，以爲道理。"文義頗合於此静因之道。豈管書有取於慎到之言耶！……管書立論雖以心爲主，而不以四端、良知、良能言心，則學雖近於孟子，而其端緒究異。是其學接於孟氏而義未至，論類於荀卿而旨尤高，則以仍本於道家之説，而有窺於儒者之真，殆遠紹公孫尼子之徒《樂記》之説，多與明道之旨相表裹。（摘自《儒學五論·儒家哲學思想之發展》）

曰“形而上者謂之道,形而下者謂之器”。此正子思、孟子以來言性所欲發而未得者,《繫辭》乃明言之,此其所以爲卓絶精微者耶!道家以有形爲粗邇,荀氏聆其説,故有己爲物役、重己役物之論,正由不知形上、形下之無間。“有物有則”,形下之謂物,形上其則也。唯物之有則,故踐形、盡則之謂聖人,豈以物爲外而足以累乎心耶!“宇宙即是吾心,吾心即是宇宙。”言物則莫非所知,所知則莫不皆物,知、物不可離,則安得以知爲物累,因遣物以澄知,是誠道家之妄,而《心術》、《解蔽》之惑也。法家者流,以較量於事物之際,而未達人心本然之理,故滯於有。道家者流,以物誘爲累,遂遺物而游心於虚無之鄉,不達宇宙、吾心之不可二,故淪於無。荀卿之學,源于法家,性惡之論,察物之説,皆法家之言,此儒之鄰於法者也。《管子·心術》源於道家,雖歸於禮義,有合於儒家,而裁物、使物之論,終不免心與物對,此儒之鄰於道者也。儒家之高於道家,孟子之高於荀卿,端在是耳。由本心、誠意之説,於四端之善擴而充之,火始然,泉始達,以極于放之四海而準,此儒家之正義,所謂“自誠明”也。明道曰:“與其是外而非内,不如内外之兩忘,兩忘則澄然無事,……尚何應物之累。”是由道家物累之説而一變至道,此猶同歸而殊途之義,所謂“自明誠”也。入聖之學,原有二途,故由道家可進於儒學之正,而法家終不免世俗之見,則道家固優於法而於儒爲近也。(摘自《儒學五論·儒家哲學思想之發展》)

天地萬物一體之義發于名家,《天下》篇謂惠施:“泛愛萬物,天地一體也。”此不過沿“至大無外,至小無内”之思想推至天地一體耳。彭蒙、田駢、慎到因之,“齊萬物以爲首”。莊周齊物之意曰:“天地與我并生,而萬物與我爲一。”此則由名家一轉而爲道家。而與我之義獨重。至孟子曰“萬物皆備於我”,則由道家一轉而爲儒家,變“與我爲一”之義爲“備於我”。始之爲我與物間,繼之爲物具於我;始之爲辯家之語,繼之爲體德之言,至楊慈湖言:“目之出色,耳之出聲,心之出物。”陽明至指道旁冢謂:“其人既死,其人之天地萬物何在?”而陸象山謂“宇宙即是吾心,吾心即是宇宙”,發明孟子之意可謂精到無遺。

宫室與羞惡皆氣也,能辯理與欲者本體也。愚夫婦只是從氣血上去,羞惡之心却慊然放過;聖人是從本體上去,從理上去,戰勝了血氣之私。此見本體不染一塵、不舍一法,徹乎心氣而不落在心氣裏。

不思善,不思惡,一團血肉,和泥土一般。充滿天理,即是本色。要作即作,是如此即如此,是謂其動也直。

釋氏言三業清净,意未誠,己未克,則終不能合寂然之體。

盡心知性,知不善即改之,則盡心也。改得盡,則知性也。未知性之前,唯有改過之工,既知性之後,亦唯有改過之工。過在心上,即從心上改,過在身上,即從身上改。知過即改,改盡便没事,即是本來面目。

氣之流行,本無善無不善,只本體之自然而已,即此是本來面目。

溪聲是廣長舌,山色是清静身,此色界之説也;無山無水,此無色界之説也。以無極而太極、太極本無極觀之,却只是一事。盈天地間莫非理也,便覺身空。

心無一物,是謂勿助;必無一物不體,是謂勿忘。釋氏所謂不着一塵、不舍不法者也。

聞見所不能及,語言所不能及,思慮所不能及,此之謂打破空虛。存者,存此而已。無聲無臭,而極至之理周洽無間。從心無欲,息息不離,起心動念,摇手舉足,盡從本源處來。體如此,用亦如此,此之謂玄關一竅,周充無際,是爲是非關頭。

有物有則,則於物上見,理於氣上見,形上於形下見。“則”是有條理的意思,是節文的意思。若把理也看成空無,非所敢知也。延平言理會分殊,陽明言感寂,是儒家正義,所謂性也。

能所問題是朱陸異同的重要問題,應從能所、理氣來解釋,心是能知,物是所知。

“天生烝民,有物有則”,此孟子誦孔子之説,而爲性善作根本者也。有物而後有則,宋人衍之爲道不離器,即形上,即形下,初非有二,於理氣之説尤詳言之。此與耶教、佛教之論迥殊,而與馬列無所違。

清初學者瞭然于王學末之弊,究未達於宋明之論之非,此真印度之論、禪宗之説誤之耳。

人能無動而非静,便是大本立,便是性體流行,釋家所謂露體真常。

日用所接無非物,而本心之好惡形焉,此即性也。率性盡性皆於此著工夫(禪似於好惡處不著力而只以靈明者爲心)。陽明門下以知過爲良知,改過爲致知。此正聖門切要處,不可謂之禪學(禪要離妄緣似即改過意)。

心之官則思,而曰不思善、不思惡,何耶!

禪者每言性,言聖人與凡夫同。然人倫性也,禪者棄人倫,果爲性乎?其迥異於凡夫審矣。又其言敲空作響、擊木無聲之類,亦非凡夫之常情,其説悖矣,正所謂彌近理而大亂真者,非歟?自宋明諸儒出而性道之旨明,則禪者固有以啓之,不可誣也。乃禪者不能决去舊習,而宋儒乃能决之,顧亦時時染於禪者之言未能滌去,徒滋後學者之疑,安得一一取其是而决其非歟! 儒者之學,各有得力處,各不相同,禪者亦然,其織毫之間固難矣,但提得大端,亦自有益。

禪宗喜説光明寂照,從而遣去是非,冤親平等,證明此是心宗,不是性宗。

只如説枯椿是法身邊事,非枯椿是法身向上事,可見向上事正是指無山無水好愁人,至此只是光明寂照,更有何事,這是甚麽心情。

我有一機瞬目視伊,是語言道斷不由文字,是體露真常。

滿街都是堯、舜,這是實見得性善,實見得人皆可以爲堯、舜。善只是本來面目,可以説無善。若説無善無惡,連惡也無了,這是法身向上事,這是儒釋之辨。

雖聖人亦有所不知焉,亦有雖不能焉,這是儒學。一了一切了,只見得心體而已,此亦必無之事。儒學是進進不已無止境,佛學真是形而上學。

從氣質之性以明義理之心,此性學也。皮膚脱落盡,唯有一真實,此心宗也。理是人所認識。

率性盡性之學,自子思、孟子、延平、程、朱是一致的。象山所謂於人情世事物理上用功,亦是如此。所謂灑掃應對之微,即精義入神之妙。釋家要於事上覷,亦是此理。

净字最好,一切還他本色,工夫即不落聲臭。

邇來所好,偏在理學,亦偶涉宗門,略探禪儒之辨。羅整庵所謂心之靈與性之理,其區界大端在此,至其委曲,未易一二數也。

宋明儒皆辟禪,但其弊處(如强調先天論)亦正自禪來。陳乾初《禪障》一篇，因其素於禪疏，故義未透，於宋明儒之難處，亦不無小失，立言之難，不其然乎？

道家和神仙家的關係，在《漢書・藝文志》，神仙、房中都屬於方技，是和道家不相干的。道教史上占有重要地位的葛洪，在所著《抱朴子》一書中，就是儘量詆毁莊子，又認爲誦《道德經》也是徒勞。説文子、莊子、關尹"永無至言"。尤其力排齊生死之説，謂"其去神仙已千億里也"，即據仙道之論。……晚周神仙之術也分三派，行於三個地區，秦漢方士和莊子是本不相干的，神仙和道家合流是後來的事。

《晉書》言：林邑"人性兇悍，果于戰"，扶南"喪葬、婚姻，略同林邑"，是可以測扶南、林邑之所以强。《隋書》記林邑喪葬言："男女截發，隨葬至水次，盡哀而止，歸則不哭。每七日然香散花復哭，盡七七而罷。至百日、三年亦如之。"七七、百日之禮，中國所無，則林邑、扶南之俗。然魏、齊之世，君臣之際已習行之，明載《北齊書・孫靈暉傳》。則西南民族以扶南、林邑之强而北遷，巴氐、巴蠻以深入於中夏，扶南、林邑之俗且亦以之傳播於中國，至於今不改。《李特載記》言："漢末，張魯居漢中，以鬼道教百姓，賨人敬信巫覡，多往奉之。值天下大亂，自巴西之宕渠遷于漢中楊車坂。"後李特、李蕩并死，李流繼統部衆，"士衆饑困，涪陵人范長生率千餘家依青城山……資給流軍糧"，故流軍復振。《李雄載記》復言："雄以范長生嚴居穴處，求道養志，欲迎立爲君而臣之，長生固辭。"後雄迎之，"拜丞相，尊曰范賢"，"尊爲天地太師"。張陵亦居青城者，見賨人與天師道關係如此。魯以五斗米號"米賊"，而《晉書・懷帝紀》載：永嘉三年，"五斗叟郝索聚衆數千爲亂，屯新豐"。叟亦西南之族，豈五斗之教源於賨叟，故李氏始終崇此道耶！又奚止以蠻、氏之故,因槃瓠之名,遂傳盤古之説,而後漢族以自附益己哉!蓋七七、百日之俗,非中國、印度之禮,道教主之。倘道教即賨叟之教,以南族北上,因得入於中國歟!

附録一　《老子徵文》序言

四十年代後期，先君輯校成玄英《老子義疏》、李榮《老子注》，又輯校嚴君平《道德經指歸》佚文，校正河上公《老子注》、王弼《老子注》。成、李《疏》、《注》輯校既竟，見二書所用經文與傳世各本皆不能合，驚駭於《老子》書傳本滋多、差異之甚。於是刻意求之，力圖恢復成、李二家之《經》而後止，乃校《經》之難，竟倍於校《疏》之與《注》也。具詳《校理〈老子成玄英疏〉叙録》（載《圖書集刊》第七期），此不贅及。於考論中，見六朝時有所謂張係師本者，傳云出自張道陵，係據河上公本删損字句以求合於五千之數（實爲四千九百九十九）；書益詰詘，句讀爲難。或遵或否，而世遂有損字本與不損字本之殊。開元注《老》，嫌其損略過甚，於是取舊本稍益二百餘字，又或擅增字句（二十章"而貴食母"，增爲"而貴求食於母"）。政和作注，又依開元，於是二《注》經文遂以帝王之重爲舉世所遵。《老子》古本傳者日鮮。而羽客者流實多依損字本爲説，雖賢如成、李，亦皆未能免俗，因而成、李解經遂或有令人憾其有未諦者存乎其間。先君因念治《老》宜有可以依據之古本，而古本已不可得，此清世以來治《老》者之所以校事紛紛也。於是擬據開元以前未損字之本，蒐其遺文，章益其句，句益其字，意復其舊。遂勾稽所見，以《正統道藏》王弼本爲底本，列開元前諸子及經、史注、疏所引《老子》遺文，擇要存之，并隨文略予校補，成書二卷，題爲《老子徵文》，雖不可言已復柱下之舊,然其異同之間,可供學人治《老》之參考者多矣。一九五七年初夏,先君應中國科學院歷史研究所第一所之邀赴京,時值"向科學進軍"號召之後,科研之要求甚亟,顧頡剛先生以出版事相商,先君遂舉《周秦少數民族研究》、《古地甄微》、《先秦史學史》、《老子王弼注校本》及本稿與科學出版社簽約。嗣因《古地甄微》須作地圖,索回補作。而《老子《王》注》及本編原稿皆以正統藏王《注》本爲底本,然究其實則經文仍多依御注本,而非昔日王弼之舊。蓋自御注流行,後世之傳寫鋟刻《老子》舊注者,率多依御注本改易經文,道藏王《注》亦即如此,故不宜用作底本。而傳奕之《道德經古本篇》、范應元之《老子道德經古本集注》,雖非先秦之舊,或可以當魏晉古本則無疑也;且其與舊王本頗多相合,以傅、范爲底本當賢於以道藏王本爲底本也(説詳《〈老子〉王弼本校記》叙録),遂亦索回改作。嗣以風雲丕變,人事擾攘,又無助手襄助,數稿遂乃束之高閣,俱以逾期爽約而罷。今冬默遵先君遺意進行整理,以傅本爲主參以范本改易正文,於原稿之增易處皆一仍舊貫,衹於徵文略有補充更改而已。并作"凡例"以説明之。一九七三年,湖南長沙馬王堆漢墓出土大量西漢早期帛書,中有《老子》甲、乙二種,此乃真古本也,不幸而先君已於一九六八年棄養,不克見此瓌寶。不審見此帛書後將對本稿作若何處置也。默整理《徵文》既竟,乃舉以與二種帛書相校,時賢所稱帛書之勝者,固多歷歷在目也。如高亨先生所强調指出之第二十一章,坊本作"自古及今,其名不去,以閱衆甫",帛書作"自今及古"(見《試讀馬王堆漢墓中的帛書〈老子〉》,載《文物》一九七四年十一期),帛書固佳,然檢《徵文》,得傳奕、范應元二家古本皆作"自今及古"。據范應元言:"嚴遵、王弼同古本,一本作'自古及今'。"則作"自今及古"者尚有嚴、王二本也，唯世人不察耳。又日本學者金谷治所艷稱之帛書《老子》第三十八章無“下德爲之而有以爲”句，以爲前此學者圍繞此句之紛争可予決斷，然以未見“没有此句的版本”爲憾。檢《徵文》，則《韓非子·解老》之無此句固赫然在目也。又第三十章“果而勿强”句前帛書有“居是謂”三字，使“果而勿强”成爲總結此上數語之總結句，亦爲金谷所稱美，然范應元古本固作“是謂果而勿强”也。又第十五章“古之善爲士者”，帛書作“古之善爲道者”，金谷謂“最單純明快”（并見所著）《關於帛書〈老子〉》，譯文載《道家文化研究》第三輯）。然傅奕古本及《後漢書·黨錮傳注》所引固并作“古之善爲道者”也。是皆帛書《老子》之佳善處固未可獨美於前者也。又第七十三章，帛書無“是以聖人猶難之”句，檢《徵文》，嚴君平《道德經指歸》、易州及遂州龍興觀碑亦皆無此句。然《河上公注》及《王弼注》并明解此句，是此句之有當在魏晉以前，諒漢世必别有有此句之本。又如七十一章，嚴遵、河、王、傅、范等諸本在“知不知尚矣，不知知病矣”下皆有“夫唯病病，是以不病”二句，而帛書《老子》甲、乙種皆無之，然王符《潛夫論·思賢》篇已明引“老子曰：夫唯病病，是以不病”。是漢世别本《老子》固有此句也。又三十章“大軍之後，必有凶年”，帛書二種并無此句。然陸德明《經典釋文·老子音義》出“凶年”，案《釋文》作於陳世（用吴承仕《經典釋文·序録疏證》説），所用《老子》爲王弼《注》，則陸所見王本固有此句。且《漢書·嚴助傳》《魏相傳》并稱“軍旅之後，必有凶年”，雖未明稱《老子》，然以“臣聞”出之，是固用前賢語也。顔師古以爲引《老子》，是也。是漢魏之世固當有不同於帛書甲、乙二種之别本《老子》也。《漢書·藝文志》道家載有四家《老子經傳》，當亦猶説《詩》之有齊、魯、韓、毛，説《春秋》之有公羊、穀梁、左氏、鄒氏、夾氏也，不僅傳説不同，其經文亦不盡相同也。經本既各不同，則必有彼是而此非、或此是而彼非者，固未可一概論也。故帛書之甲、乙二種《老子》未必盡勝於傳世各本也。如第三十八章“上德無爲而無以爲”，帛書二種皆同，坊刻河、王二本亦同。檢《徵文》，《韓非·解老》作“上德無爲而無不爲”，傅、范二古本并同《韓非》。范應元且言：“韓非、王詡、王弼、郭雲、傳奕同古本，河上公作‘上德無爲而無以爲’。”核以王《注》，則王本固當作“上德無爲而無不爲”。且以道家理論案之，《老子》第三十七章固明言：“道常無爲而無不爲。”《莊子·知北遊》亦言：“爲道日損，損之又損，以至於無爲，無爲而無不爲也。”若作“上德無爲而無以爲”，則難爲其解説也。故許抗生《帛書〈老子〉注釋與研究》於此句徑捨帛書而取傅奕。又第三十六章“將欲廢之，必固興之”，帛書二種并作“將欲去之，必姑與之”。考此句之上下文作“將欲歙之，必固張之；將欲弱之，必固强之”；“將欲奪之，必固與之”。帛書與諸本同。歙之、張之，弱之、强之，奪之、與之，辭義皆兩兩相反，“去之”與“與之”雖亦可通，但不如“廢之”、“興之”辭義明顯；且此“與之”與下句“奪之”、“與之”語句相重，以致學者解説爲難，故許抗生君釋此章時亦用傅奕及通行本之“廢之”、“興之”爲説。又第六十四章“千里之行始於足下”，帛書作“百仞之高始於足下”，嚴君平《道德經指歸》、遂州龍興觀碑并同帛書。然世本多作“千里之行”，《河上公注》“從近至遠”，則作“千里之行”者固亦晉前古本。且案上句作“合抱之木生於毫末，九層之臺起於累土”，若再言“百仞之高”，豈不與“九層之臺”語義重複。是又帛書之不如世本也。其他隻言片語之增減差異，傳世諸本較帛書明暢通達者更不可以屈指數。是帛書之出固大有助於研究《老子》，然帛書之與傳世諸本互有短長優劣，固未可以軒輊其間，則此《徵文》所蒐集開元前異同引文一千數百條，固於世之治《老子》者不無裨益也。

前既疑漢時有不同於馬王堆帛書之别本《老子》，於整理《徵文》中又屢見不載於世本《老子》(世本《老子》與帛書《老子》，除文字差異及其中數章編次不同外，基本相同)之佚文，而其事益顯。如《韓非・解老》，固釋《老子》書之最古者，篇内每段之末例引《老》句以爲結語，而其中一段末云："故得之以死，得之以生，得之以敗，得之以成。"不見於世本《老子》。王先慎《集解》以爲"蓋佚文也"，王氏之言是也。又劉向亦漢世之治《老子》者，《漢書・藝文志》道家於《老子鄰氏經傳》、《老子傅氏經説》、《老子徐氏經説》三書後載有"劉向《説老子》四篇"，此書雖已不存，亦足明劉氏爲治《老》宿學。故其所述《説苑》、《新序》中明徵《老子》至於七次，獨《説苑・敬慎》篇所載："老子曰：得其所利必慮其所害，樂其所成必顧其所敗。人爲善者天報以福，人爲不善者天報以禍。"數語爲世本《老子》所無，當亦佚文也。又作於西漢之《鹽鐵論》，三引"老子曰"，其中一則爲世本所無。作於漢末之《牟子理惑論》，明引"老子"達二十三則，而不見於世本者多至三則。當皆佚文也。此等佚文辭高義古，與傳世《老子》相近，且可探考他事，是此漢世之别本《老子》，於研究《老子》關係亦大。因并輯之附於《徵文》之末，以供學者參考。

蒙　默　整理後記

一九九七年十月

載《老子徵文》，臺北萬卷圖書有限公司

一九九八年九月出版，兹據整理。

附録二 《晉唐〈老子〉古注四十家輯存》整理後記

《古注四十家輯存》一帙，係就先君未竟遺稿補輯整理而成。遺稿略作於一九四八年，僅就陸德明《經典釋文》、李霖《取善集》、趙秉文《集解》、劉惟永《集義》、董思靖《集解》、范應元《古本集注》諸書所引各家遺文鉤稽排比鈔爲一帙，原擬書名爲《老子古注補》，蓋以補任真子李榮《道德經集解》也。緣先君以題名顧歡之《道德真經注疏》非顧歡所作，而爲李榮之《集解》，説詳《輯校〈老子〉李榮注跋》，此不贅引。故遺稿於顧書所引各家一無所録，殆即《跋》文所謂“録出以補任真子之書”者也。後以此任真之書全録《河上公注》及《成玄英疏》，河公之《注》既已另行校訂，成公之《疏》亦復别輯單行，而此書所引復又不完，且此書雖有《正統道藏》本及嘉業堂刻本，然皆非易得之物，無寧將晉唐各家并輯爲一帙之爲愈也。故又將該書所引各家取其姓氏批注於遺稿眉端，如“王”、“顧”、“節解”、“王”、“張”、“羅”之類，所擬書名亦易爲《晉唐〈老子〉古注四十家輯存》。此次整理即遵後一方案，除就顧書進行補輯外，又從他書輯得若干條。除原書尚存之河上公、王弼、陸希聲、王真、李約各家外，計得晉唐遺文四十七家、近六百條。以各家所用經文不同，難於統一，本輯姑用《正統藏》中之王弼《注》本爲正文，各家注文分别列於所釋經文句下。又另對所輯各家略作考釋,并將各家遺文章次附索引於後,以便檢閲。

魏晉而還,《老》學大盛,詮解注釋之多,幾與五經之家相媲。自《隋書·經籍志》、《經典釋文·序録》所載,及杜光庭《道德真經廣聖義·序》所録,魏晉以下至唐開元御注、御疏,凡八九十家。此時不僅注家衆多,且其流派亦盛。杜光庭謂:松靈仙人、孫登、陶隱居、顧歡,皆明理身之道;羅什、圖澄、梁武帝、竇略,皆明事理因果之道;孟智周、臧玄静、諸糅、劉進喜、成玄英、蔡子晃、黄玄賾、李榮、車玄弼、張惠超、黎元興,皆明重玄之道;何晏、鍾會、杜元凱、王輔嗣、張嗣、羊祜、盧裕、劉仁會,皆明虚無理家理國之道(《廣聖義》卷五《宗趣指歸》),而張係師、葛仙公者流之言仙道者尚未及焉。誠所謂百家争鳴流派紛陳蔚爲大觀者也。然自唐宋而後不數百年間,除河、王、陸、李數家之書流傳後世外,嚴遵之《指歸》、李榮之《注》,皆佚其半,今兹所輯四十七家遺文見於唐後諸書者,或僅數條、十數條、數十條不等,其逾百條者止《節解》一家而已。他之四十餘家則已無可考見,凋殘零落,至可憫嘆。然僅此存者,於數百年間三教并轡之軌,互相滲透之迹,羽流依旁《老》書之情狀,成《疏》、李《注》立論之淵源,皆可以窺見一斑,則於研尋《老子》古説者不無裨益焉。

蒙　默　整理後記

一九九九年二月

附:諸家考略

《老子節解》 《隋書·經籍志》(以下省稱《隋志》)道家著録《老子節解》二卷,不著撰人。陸德明《經典釋文·序録》(以下省稱《釋文序録》)《老子》有《節解》二卷,自注:"不詳作者,或云老子所作,一云河上公所作。"《唐書·經籍志》及《新唐書·藝文志》(以下省稱兩《唐志》)皆著録《節解》二卷,并無撰人。杜光庭《道德真經廣聖義序》(以下省稱《杜序》)著録《節解》上下,"老君尹喜解"。《宋史·藝文志》著録葛玄《老子道德經節解》二卷。張君相三十家《道德經集解》列"十七《節解》",在杜弼後、張憑前。是《節解》撰人時代自來無定說,老君、尹喜之說固不可信,河上之說亦不可據。案《節解》遺文皆屬仙法長生之道,河上《章句》亦主行氣、愛精、養神以求長生,與《節解》頗爲相近,河公既爲《章句》,似不當再作《節解》。案道家自三張而後轉入神道,則《節解》之作上不得早於漢末,下不能晚於陳隋,謂葛玄,或得其實。

《内解》 《隋志》著録"梁有老子《道德》二卷,巨生《解》,亡。"《釋文序録》有巨生《内解》二卷,自注云:"不詳何人。"當爲一書。文廷式《補晉書藝文志》云:"《真誥·握真輔第一》'張生頓首'。注云又見係師注《老子内解》,皆稱'臣生稽首'。此'巨生'或即'臣生'之誤。"案"係師"爲張魯,是《内解》或爲張魯所作。《杜序》以爲"尹喜以内修之旨解《經》"。尹喜之說不可從,"内修之旨"則得其實也。李霖《道德真經取善集》引有"類解"一條,或即《内解》之誤,姑附於此。

想爾　《釋文序録》著録《想余注》二卷，自注："不詳何人，一云張魯，或云劉表。"《隋志》不載。《杜序》作《想爾》二卷，自注："三天法師張道陵所注。"諸書所引皆作"想爾"，殆"想余"爲"想爾"之訛。然究爲張陵或張魯所作則莫能定。唐初釋法琳《辯正論》已有張道陵注五千文之説，且引其文，是此説此源亦早，或是此書始作於陵而完稿於魯。敦煌所出《想爾注》殘卷（始第三章終第三十七章）饒宗頤先生已有《老子想爾注校箋》行世，然所輯佚文略有漏遺，故本輯仍存此一家，敦煌殘卷則不録也。

王弼　魏人，附《三國志・鍾會傳》，《注》引《弼傳》："弼注《老子》。"《隋志》、《釋文序録》并皆著録，書今存。然坊本經、注皆有訛誤竄亂，已非其舊，今録其爲唐宋人所見者，以供校核。《三十家集解》列"三王弼"。

何晏　三國魏人，附《三國志・曹爽傳》。《隋志》著録"梁有《老子道德論》二卷，何晏撰，亡"。晏作《道德論》亦見《世説新語・文學》篇。《杜序》著何晏名，不載書名卷數。《唐志》同《隋志》、《新唐志》著録"何晏《講疏》四卷，又《道德問》二卷"。與隋、唐志不同，《通志・藝文略》又只載《道德論》二卷，疑《新志》有誤。《三十家集解》列"四何晏"。

郭象　《晉書》有傳，載其注《莊子》，書今存，然不載注《老子》事。《隋志》、《釋文序録》亦未著録。《杜序》載郭象一家，但無書名卷數。《三十家集解》列"五郭象"。

鍾會　三國魏人，《魏志》有傳，但只載其父繇著《老子訓》，不載會注《老子》事。然《隋志》、《釋文序録》皆著録"《老子道德經》二卷，鍾會注"。兩《唐志》同。《杜序》有鍾會一家，無書名卷數。《三十家集解》列"六鍾會"。

羊祜　魏晉時人,《晉書》有傳,載其"著《老子傳》"。《隋志》著録"梁有《老子道德經》二卷,晉太傅羊祜《解》"。《釋文序録》著録"羊祜《解釋》四卷",兩《唐志》皆著録"羊祜《注》二卷",又《解釋》四卷。《杜序》載"羊祜《注》四卷",又略不同。《三十家集解》列"八羊祜"。

孫登　東晉人,附《晉書・孫楚傳》,謂其"少善名理,注《老子》行於世。"《隋志》著録孫登《道德經注》二卷,《音》一卷。《釋文序録》著録孫登《集注》二卷,自注:"字仲山,太原中都人,東晉尚書郎。"《杜序》有隱士孫登一家,無書名卷數,謂登:"字公和,魏文、明二帝時人。"此蓋涉與嵇阮同時之前一孫登而誤。《三十家集解》列"七孫登",在羊祜前,亦誤。兩《唐志》皆有孫登《老子注》二卷。

鳩摩羅什　《杜序》有沙門羅什一家,謂"本西胡人,符堅時自玉門關入中國,《注》二卷"。《出三藏記集》、《高僧傳》、《晉書》皆有羅什傳,爲佛教名德,然并不載其注《老子》事;《隋志》、《釋文序録》亦未著録,而兩《唐志》又皆載羅什《注》二卷,故或疑其爲僞書。然就其遺文論之,則與什公之論畢竟空義相合,似又不可謂必非什公之作也。《三十家集解》列"九羅什"。

僧肇　羅什弟子,亦佛門名德。《杜序》謂"沙門僧肇,晉時人,《注》四卷"。然《隋志》及《釋文序録》皆未著録,且兩《唐志》亦不載,獨金時趙秉文《道德真經集解》引用數條。而其遺文又有同於僞托僧肇之《寶藏論》者,學者因謂肇公之《老子注》亦爲僞書。然其書當僞在唐世宗門盛行之際,姑録存之。

陶弘景　南朝齊梁間人,《杜序》謂"梁隱居陶弘景,武帝時人,《注》四卷"。《梁書》、《南史》皆有傳,然并不載注《老子》事。《隋志》、《釋文序録》亦未著録。而兩《唐志》并著陶《老子注》四卷,《三十家集解》列“十三陶弘景”。

盧景裕 《魏書·儒林傳》有傳,稱其嘗注《老子》。《隋志》著録“《老子道德經》二卷,盧景裕撰”。《新唐志》著録“盧景裕、梁曠等注《老子》二卷”。《杜序》有“范陽盧裕,後魏國子博士,《注》二卷”。李霖《取善集》亦作盧裕,顧歡《注疏》多引盧曰,《三十家集解》列“十盧裕”,當皆景裕也。

劉仁會 《杜序》“後魏伊州梁縣人《注》二卷”。《隋志》、《釋文序録》皆未著録。兩《唐志》亦不載。《三十家集解》列“十一劉仁會”。

顧歡 《南齊書》有傳,謂“删撰老氏,獻《治綱》一卷”。《隋志》著録《義綱》一卷、《義疏》一卷;《釋文序録》著録顧歡《堂誥》四卷,自注:“一作《老子義疏》。”《義綱》或即《治綱》,當爲《堂誥》之一篇,兩《唐志》著録“顧歡《道德經義疏》四卷、《義疏治綱》一卷”。《杜序》稱《注》四卷。《三十家集解》列“十二顧歡”。《正統藏》有顧歡《注疏》八卷,大量引用開元御注及成玄英《疏》,顯不得爲歡書。阮元《四庫未收書目提要》以爲張君相《道德經集解》。然該書所引各家,與晁公武《讀書志》所列君相書三十家不同,當亦非君相之書,顧書所引各家皆稱其姓,而於李榮獨稱“榮曰”,宜爲李榮《集解》。(倫敦大英博物館藏敦煌寫本中有歡《義疏》殘卷(S.4430)起七十章至八十章共一三二行,與遺文相合。唯字迹多不清,釋讀爲難,讀者可自查閱。)

松靈仙人 《杜序》有松靈仙人一家,謂“隱青溪山,無名氏年代”,亦不載書名卷數。隋、唐志及《釋文》并皆不載。《三十家集解》列“十四松靈仙”,在顧歡、陶弘景之後,裴處恩、杜弼之前,當亦南北朝人。

裴處恩　《杜序》:"晉人,河東裴處恩,《注》二卷。"然《隋志》、《釋文序録》并未著録,兩《唐志》亦不載,《三十家集解》列"十五裴處恩",序杜弼前、松靈仙後。

杜弼　《北齊書》有傳,謂"中山人,性好名理,探味玄宗,注《老子道德經》二卷",并載其上書表。《隋志》未著録,《釋文序録》云"北學有杜弼《注》",不言卷數。《杜序》謂弼《注》二卷,與《傳》合,然以弼"秦人,京兆",則誤。《三十家集解》列"十六杜弼"。

張憑　《晉書》有傳,簡文帝嘆爲"勃窣理窟"者也。《釋文序録》著録張憑《老子注》二卷,自注:"字長宗,吴人,東晉司徒左長史。"《隋志》著録"梁有《老子道德經》二卷,張憑注,亡"。兩《唐志》并著録"《老子》二卷,張憑注"。《杜序》謂"宋人,河南張憑,字長宗,明帝太常博士",時代、籍貫、仕履皆誤;又謂"《老子注》四卷",亦與諸書不同。《三十家集解》列"十八張憑"。

梁武帝　《梁書》有本紀,載其"造制旨《老子講疏》"。《隋志》有《講疏》六卷,《釋文序録》亦著武帝一家,但無書名卷數。兩《唐志》并著録"梁武帝《講疏》四卷,又《講疏》六卷"。《杜序》但稱"《注》四卷,證以因果爲義"。《金樓子·著書》篇有《孝子義疏》十卷,當爲《老子講疏》之訛。敦煌寫本出《講疏》三章,亦足珍也,此不録。

梁簡文帝　《梁書》有本紀,稱其"善言玄理;所著《老子義》二十卷行於世"。《釋文序録》著梁武帝父子,無書名卷數。《隋志》著録"《老子私記》十卷,梁簡文帝撰"。兩《唐志》同。《杜序》稱"梁簡文帝蕭綱,作《道德經述義》十卷",書名又異。

張嗣　《杜序》:"清河張嗣《注》四卷,無年代。"《隋志》著録

“梁有《老子道德經》張嗣《注》二卷,亡”。是嗣當在梁前。《釋文序録》著録張嗣《注》二卷,序東晉西中郎將、豫州刺史袁真後、張憑前,宜亦東晉人。《三十家集解》列“十九張嗣”。

大孟 《杜序》謂“梁道士孟安排,號大孟。作《經義》二卷”。或謂孟安排乃纂《道教義樞》者,爲唐高宗武后時人,不得爲梁道士。《道學傳》載:“梁武帝天監二年,置大小道正,平昌孟景翼時爲大道正。”是大孟當爲景翼。《隋志》著録“梁有《老子》孟氏《注》二卷”。姚振宗疑即大孟。《三十家集解》列“二十一大孟”。《雲笈七籤》及李霖《取善集》并引大孟。

孟法師 《雲笈七籤》卷四十九《玄門大論三一訣》并引大孟法師及孟法師,是此孟法師當即小孟。《杜序》:“梁道士孟智周,號小孟,《注》二卷。”《隋志》著録“《老子義疏》五卷,孟智周私記”。新《唐志》同,舊《唐志》作四卷。《三十家集解》列“二十二小孟”。

臧玄静 《杜序》云:“梁道士臧玄静,字道宗,作《疏》四卷。”然《隋志》、《釋文序録》皆未著録,兩《唐志》亦不載。《三十家集解》列“二十臧玄静”。《七籤》卷五載王遠知“從宗道先生臧矜(《唐書·王遠知傳》作臧兢)傳諸秘法”。是矜爲名,玄静(或作靖)爲字,宗道則號也。《七籤》卷六又稱臧靖法師從太平周法師諱智響者稟業。“周智響”當爲“孟智周”之誤,即小孟也。故《杜序》又稱“孟智周、臧玄静皆明重玄之道”,“孟智周、臧玄静以道德爲宗”。是玄静宜爲智周弟子。成玄英《義疏》獨舉“臧公”,宜成又爲臧氏弟子。

宋法師 《御覽》六六六引《道學傳》:“宋文同字文明,吴郡人,梁簡文時。”《杜序》稱“法師宗文明,作《義泉》五卷”。“宗”當爲“宋”之誤。《隋志》、《釋文序録》、兩《唐志》皆未著録。《三十家集解》列“二十四宋文明”。

劉進喜　《杜序》載:“隋道士劉進喜,作《疏》六卷。”《隋志》、《釋文序録》、《舊唐志》并未著録。《新唐志》載道士劉進喜《老子通諸論》一卷、又《顯正論》一卷,惟不載《老子疏》。《三十家集解》列“二十六劉進喜”。

蔡子晃　其人與著作皆不詳。《三十家集解》列“二十七蔡子晃”。序劉進喜後、成玄英前。杜光庭《廣聖義》卷五《宗趣指歸》序蔡在成玄英後、黄玄賾、李榮前,《集古今佛道論衡》載道士蔡晃講道論“獨秀時英”,參與貞觀十二年御前抗論。當亦唐初人。

成玄英　《舊唐志》著録《老子》二卷,成玄英注。《新唐志》載:“道士成玄英注《老子道德經》二卷,又《開題序訣義疏》七卷,《莊子》三十卷,《疏》十二卷。”自注:“玄英字子實,陝州人,隱居東海。貞觀五年,召至京師,永徽中流郁州。書成,道士元慶遣文學賈鼎就授大義,嵩高山人李利涉爲序。唯《老子注》、《莊子疏》著録。”《杜序》云“道士成玄英作《講疏》六卷”,書名、卷數皆又不同。《三十家集解》列“二十八成玄英”。《莊子疏》今存,《老子疏》亦另輯得完書,《老子注》佚,唯得遺文二條。

車惠弼　《杜序》:“道士車弼,作《疏》七卷。”序任真子李榮前。《三十家集解》列“二十九車惠弼”。序成玄英後,當亦與成、李同在太宗、高宗時。其書兩《唐志》未見著録。

張君相　《杜序》:“岷山道士張君相,《集解》四卷。”兩《唐志》作張道相《集注》四卷。晁公武《讀書志》及王應麟《玉海》俱載岷山道士張君相《三十家道德經集解》。《宋志》作“《老子道德經三十家》六卷,唐道士張君相《集解》”。是君相即道相,《集解》即《集注》也。《史記·老子列傳》張守節《正義》引張君相云云,則君相乃開元前人。《三十家集解》共集二十九家，而君相自爲一家也。

王曰　顧歡《注疏》多引"王曰"，皆與王弼不同，多言仙道，疑即《杜序》所稱"道士王玄辯作《河公釋義》十卷"者，唯此《釋義》兩《唐志》皆未著録。《杜序》列玄辯在魏徵、傅奕後，李榮、成玄英前，宜亦唐太宗、高宗時人。

徐素法師　《七籤》卷四九引"徐素法師"。《杜序》有"道士徐邈《注》四卷"。未知是一人否？而徐邈即王遠知弟子徐道邈。

李榮　唐初綿州巴西人，《杜序》載任真子李榮《注》上下二卷，已另别輯成書。顧歡《注疏》所引"榮曰"共三條，與榮《注》全同，唯編排稍異，或似别是一書。兩《唐志》載有任真子《集解》四卷，或顧書即任真子《集解》，故書中獨稱"榮曰"。謹録存於此。

太平光師　姓氏、時代、著作皆不詳，唯見引於趙秉文《集解》，第一章初引稱"太平光師曰"，以下皆只稱"光曰"。或以"光曰"爲司馬光，然與司馬光《道德經論》無一同者，此説非是。

孫思邈　兩《唐書》皆有傳，謂其"善談《莊》、《老》及百家之説，自注《老子》、《莊子》，撰《千金方》三十卷，行於代"。《千金方》今存，唯所注《老》、《莊》，唐宋時皆未見著録。遺文一條。

吴筠　兩《唐書》皆有傳：入嵩山依潘師正爲道士，傳正一之法，大歷三年卒，有《文集》二十卷（今《道藏》僅存三卷）。兩《唐志》皆著録其《神仙可學論》及《玄綱論》，今并存《道藏》，唯不見其注《老子》事。權德輿謂"近古遊方外言六義者，先生實主盟焉"。故杜光庭以"吴子"、"吴先生"稱之。

陳曰　顧歡《注疏》引"陳曰"，不著其名。阮元以爲"陳榮"，然唐道家學者只任真子李榮，而無陳榮，阮説誤。此"陳曰"或當爲陳嗣古，兩《唐志》皆載陳嗣古《老子注》二卷，殆爲唐人。

志琮　年代著作不詳。《隋志》:"梁有《老子幽易》五卷,又《老子志》一卷,山琮撰,亡。"未知"志琮"即此"山琮"否? 唯山琮亦僅見於此,始末不詳。

陸德明　陳末唐初人,兩《唐書》有傳。著有《經典釋文》,今存,中有《老子音義》一卷。《新唐志》著録《老子疏》十五卷,今佚。

楊孚　《隋志》地理類著録"《異物志》一卷,後漢議郎楊孚撰"。明區大任《百越先賢志》謂:"孚字孝元,南海人,章帝朝舉賢良對策上第,拜議郎。……著爲《南裔異物志》。後爲臨海太守;復著《臨海水土記》,世服孚高識,不徒博雅。"然東漢無臨海郡,臨海初置在孫亮太平二年,上距章帝末已百七十餘年,大任之説顯誤。且亦不載孚傳《老子》事。范應元《古本集注》三引揚孚,未知其即此後漢議郎否?

陳韶　見范應元《古本集注》引,其人無考。疑爲程韶之誤。以范書固嘗誤"臧玄静"爲"張玄静"也。《釋文序録》載:"程韶《集解》二卷,鉅鹿人,東晉郎中。"《隋志》著録"梁有《老子》二卷,晉郎中程韶《集解》,亡"。《唐志》亦著録程韶《集解》二卷。

王尚　《釋文序録》著録"王尚《述》二卷",自注:"字君曾,琅邪人,東晉江州刺史。"《隋志》:"梁有東晉江州刺史王尚述《注》二卷,亡。"當是一人。兩《唐志》有王尚《注》二卷,是《隋志》誤以"尚述"爲名。

李奇　年代著作皆不詳。顏師古注《漢書》引李奇,《叙例》謂奇南陽人,序鄧展、文穎前,當亦東漢末人。

應吉甫　應貞字吉甫,魏晉間人,《晉書》有傳,謂其"善談論,以才學稱"。然不載其有關《老子》事。《弘明集》載宋昭之《難顧道士〈夷夏論〉》云:"昔應吉甫齊孔老於前,吾賢又均李釋於后。"

是吉甫或有關涉《老子》之論著。

阮籍　魏晉間人，附《三國志·王粲傳》，《晉書》有傳，稱其“博覽群籍，尤好《老》、《莊》”。與嵇康等齊名，“曠達不羈，不拘禮俗”。著有《達莊論》、《道德論》及《通老子論》。

董遇　《三國志·王肅傳》注引《魏略》有遇傳，漢魏間人，“遇善治《老子》，爲作訓注”。《釋文序録》、《隋志》、兩《唐志》皆未著録，當是亡佚已久。

載《道書輯校十種》，二〇〇一年八月
巴蜀書社出版，兹據整理。

蒙文通先生學行簡譜*

1894 年(清光緒二十年)

農歷九月十八日生於四川鹽亭縣石牛廟農村祖宅,名爾達,字文通,以字行。

1899 年(清光緒二十五年)

滿五歲入私塾,所肄《四書》、《五經》及古詩文,至老猶能成誦。

1906 年(清光緒三十二年)

伯父公甫公任成都府學教授,隨同至成都讀高等小學。

1908 年(清光緒三十四年)

考入四川高等學堂附屬中學丙班。

略在是年,姑表胡君示以《輶軒語》、《書目答问》及《四庫總目提要》,先生讀而好之,乃取《说文》及兩《經解》批閱,遂萌治學之念。

1910 年(清宣統二年)

四川仿湖北之例,设立存古學堂。

次年,考入存古學堂,以保路運動事起,是年未能入學。

1912 年

元旦,中華民國成立。四川成立軍政府。存古學堂改爲國學

---

* 本篇由蒙默先生撰寫。

館,附屬於四川國學院。劉師培任國學館長,聘廖季平來教经學,次年秋,劉離職返回江蘇。

1914 年

國學館改名四川國學學校,廖季平任校長。廖氏學凡六變,是時已進入四變,大講天人之學,且雜以六緯岐黃,先生對此頗不以爲然。

在校主要學習《説文解字》、《十三經注疏》、前四史、《昭明文選》、《宋儒學案約編》,方法是點書、抄書、做札記。

1915 年

撰《孔氏古文學》,辨舊史與六經之别,以呈廖氏,廖氏嘉之,以刊於《國學薈編》,於是先生治國學之志益篤。

曾學傳教理學,宗陸象山,先生頗受其影響。

1916 年

是年結業返回鹽亭,结婚。次年,長女紹章生,小字曰藝生,宜因當時先生自學以六藝爲主故。

1918 年

鹽亭三河鄉人楊生庵號太虛,早年出入釋老,後翻然有悟於孔孟之道,一以宋明理學爲歸而棄其舊學,居籠子寨設館授徒,先生可能於是年就楊氏受學,當亦側聞佛道之事。

1919 年

北京爆發五四運動,成都學界起而響應,成立少年中國學會成都分會,先生同學多人參加。

秋,來成都任省成聯中國文教員,同時任教者多爲舊友。

1921 年

秋,去渝任教於重慶聯中。同去者有彭雲生、楊叔明、唐迪風等舊友,迪風之子君毅就讀聯中。據其回憶,先生第二年教該班國文,多講宋明儒學之義。

1922 年

秋,撰《近二十年來漢學之平議》,深受廖氏贊賞。嗣改寫爲《經學導言》,此文不僅議論頗異舊説,且系用白話成,顯受當時新文化影響。

1923 年

秋,去金陵,適宜黄歐陽竟無先生年前正式成立支那内學院,今年又試辦"研究班",先生乃就歐陽受唯識法相之學,入學僅五月即提出研究論文《中國禪學考》,刊於《内學》第一輯。

1925 年

住内院一年,1924 年秋,仍返渝任教於第二女子師範學校。本年受成都佛學院聘返蓉,任教二年。《唯識新羅學》或始作於此時。

1927 年

承廖季平乙卯春所示旨意,作《古史甄徵》,初提古民族、古文化三系之説;嗣改订《经學導言》爲《经學抉原》,推儒學之歸魯學爲正;又作《天问本事》,明《天问》之學爲楚學而《山经》其義疏。

秋,受張瀾聘任國立成都大學教授。同時任教於成大中文系者有吴虞、吴芳吉、李劼人、劉咸炘、劉復、盧前、彭雲生、唐迪風諸人。次年,兼成都師範大學、公立四川大學中國文學院教職。友朋興辦敬業學院,推唐迪風爲院長,先生任史學系主任,因國民黨政府不予立案,未數年即停辦。

吴虞不時與先生談論佛學,并及竟無大師與内院事,後虞亦多讀内典。

1929 年

秋,踐師門五年之約再至金陵,住内院,遂留任中央大學教授。《古史甄微》、《经學抉原》并在南京《史學雜誌》刊布、連續刊載年餘始畢。又與繆鳳林討論三皇五帝問題,并撰《中國開紀於東方考》、《論秦焚書與古文佚经》、《古史甄微後序》等文,1933 年,商務印書館印行《古史甄微》、《经學抉原》時皆以補入二書。二書於京滬公開發行,在學林產生較大影響。

1930 年

秋,返川,再任教於成都大學。

次年秋,因反對四川軍閥强行合并成都三大學而憤然離去。至開封,任教於河南大學,時盧前、邵次公皆在河大。

1932 年

五月,廖季平逝世,先生應各方之約撰文紀念廖氏,計有《井研廖師與近代今文學》、《廖季平先生與清代漢學》、《井研廖師與漢代今古文學》三文,各文除彰顯廖氏學外,對各地窳陋學風亦有所諷諭。

1933 年

初春,访章太炎先生於蘇州,適無錫國專來請章老講學,章囑同往,相處十餘日,請益良多,亦談儒佛事。

三月,曾有函致湯錫予,言及欲作之文有:《周秦之民族與文化》、《西北戎狄之遷徙》、《周時漢民族之南遷》、《西北民族之思想與法家》、《荀子與法家》等,暑期,因倪哲生之約寫有《周秦民族與思想》。

秋,任北京大學史學系教授,授課有"周秦民族與思想"一門,印有講義,主要内容爲民族遷徙之考論,後寫爲《犬戎東侵考》、《秦爲戎族考》、《赤狄、白狄東侵考》、《中國古代民族遷徙考》,發表於《禹貢》,值美人歐文·拉鐵摩爾訪華,見此數文,其後寫《中國的邊疆》,多取其說以入書。

在北大期間,據錢穆《師友雜憶》所記,湯錫予、熊十力時任教哲學系,錢賓四與先生同在史學系,四人時相聚談。據李誕回憶,北大當時有"歲寒三友"之説,"就是錢穆、湯用彤和蒙文通三位先生,錢先生的高明,湯先生的沈潛,蒙先生的汪洋恣肆,都是了不起的學問家"。據楊向奎回憶,他知道蒙先生長於佛學是聽熊十力先生說。

1935 年

春,先生父君弼公及妻馬秋淥、次女、次子、三子皆自川來平。秋,改任河北女子師範學院教授,校在天津,家屬仍居北平,先生每周往返於平津間,與諸人交往如故。

次年,四川大學校長任鴻雋因事來平,來家聘先生返川大,先生允之而不果行,翻於初秋全家移津。

1937 年

《漢儒之學源於孟子考》、《儒家哲學思想之發展》載於無錫《論學》月刊第三、第四期,此二文爲先生儒家思想日趨成熟之開始,到结集爲《儒學五論》時始最後定稿,已是七年之後,经兩次較大之修改補充。

《唯識新羅學》載於北平《微妙聲》第七輯,此文頗得竟無大師贊許。

盧溝橋事變前夕,竟無大師集内院門人講晚年定論,先生及湯錫予、梁漱溟自平津南下,彭雲生亦自成都往。甫講畢而盧溝衅起,後寇侵日深,大師乃率院衆入蜀,建支那内學院蜀院於江津。

抗日事起，先生返津率家人经青島輾轉返蓉，時已十月底，於是任教於四川大學。

1938 年

初春，竟無大師在江津召門人爲人日大會，先生及彭雲生、曾義甫皆自蓉赴會。

本年先生寫作最多，嘗言：一載以來，於民族史補綴稍充，而思想則寫有《漢儒之學源於孟子考》，有《儒家哲學之發展》，有《非常異義之政治學説》及《解難》，有《墨學主派及來源》，另有《秦之社會》，并《中國史學史稿》，及他之雜述，合十四五萬言。“方今外患日烈，如火如荼，書生致命，力僅此耳，詎謂有裨，但自奮也！”

1939 年

去冬國民黨任命黨棍程天放來任川大校長，全校罷課反對，程久久不能接任，至本年初始復課，教師朱光潛、張真如、魏時珍等多人離職他去。程爲便於控制將學校遷至峨眉，先生亦隨校至峨眉，家屬返回鹽亭農村。去峨眉後，教師中時有登金頂之游，先生始終未去，是先生雖治佛典，而并不信佛拜佛，對此宗教聖地并無興趣。

程接任後，欲拉攏先生請出任歷史系主任，先生鄙其爲人，堅拒之，程頗悲恨，以在課堂批評時政爲借口而將先生解聘，先生遂於 1940 年秋轉至内遷三臺之東北大學任教，《儒家政治思想之發展》發表於東北大學之《志林》第二期。

1940 年

竟無大師以涅槃之義说《中庸》作《中庸傳》，寄油印本與先生，并函。

1941 年

友人郭有守任四川省教育廳長，力挽先生出長省圖書館，固辭不許,乃留蓉任事,東北大學課務请賀昌群先生代。來蓉後,初兼教金陵大學課,後改兼華西大學。

時省圖初創,又值國難,得書不易,庋藏未富,先生大力搜求,數年之間,入藏近十萬册,復設研究輔導部,集同仁以舊本、舊抄檢校古籍,達二十餘種。又創《圖書集刊》以刊研究所得,前後計出九輯,載文七十餘篇,數十萬言。

1943 年

二月,竟無大師逝世於江津,逝前二十日猶函致先生亟言振興儒學最勝極最勝三事,仍盛言儒佛通事,見其希望先生“繼志述事”期望之殷。

秋,四川大學自峨眉遷返成都,先生又兼川大教授。

1944 年

仍任職省圖,兼教華大、川大,暑後川大未續聘,但學生來家要求上課,先生以學校不致聘,可不到校上課,然身爲教師,學生之請,不可固辭,遂同意學生來家上課。後川大校長黄季陸來家堅請致聘,乃仍兼川大。

《漢代之經濟政策》載於《说文月刊》第四卷,合訂本。論漢代经濟政策集中爲重農抑商、限田限奴婢,於是奠定二千年國策之基礎。

是年結集所作論儒學諸文爲《儒學五論》,由成都路明書店出版。本論五篇爲:《儒家哲學思想發展》、《儒家政治思想之發展》、《漆雕之儒考》、《浮丘伯傳》、《論墨學源流與儒墨匯合》;廣論四篇爲:《周代之商業》、《秦代之社會》、《漢代之經濟政策》、《宋明之社會設計》,最後爲《自序》。本論首二篇闡明儒家内聖外王之道,次三篇言漢儒吸取先秦諸子各家之長以成此新儒學;廣論四篇述此儒史相資之故。又有《題辭》二千言以輔《自序》之未盡，且言："是編之作，無事非究古義，亦無事非究將來"，"且徒明學，亦足興治。"是此編不僅爲先生學術之階段性總結，而其深刻之現實意義亦昭然若揭也。

1945 年

因赴營山而讀《抱朴子·内編》，從而引發續讀道書之興趣，爲此後連續數年開展道家研究之濫觴。本年作《晚周仙道分三派考》顯即受啓發於《抱朴子》之《微旨》篇。因考晚周仙道而重讀周漢諸子幾遍，於周漢道家别有所見，於是作《楊朱考》、《黄老考》。二文成，因欲探索道論之究竟，進而求於《道藏》之各家《老》注，乃見千數百年道教思想演變之迹宜若可尋，且與中土佛氏宗門盛衰相關涉。然其説雖略可考，而其書則頗缺失，於是乃就諸書輯而出之。殊料初輯之《老子成玄英疏》、《老子李榮注》，核以敦煌殘卷，竟皆并得完編，繼又續輯《嚴君平道德指歸論佚文》、《晉唐〈老子〉古注四十家輯存》、《王介甫〈老子注〉佚文》三書，并又校理出《老子河上公章句校本》、《老子王弼注附音義校本》、《遂州本〈老子〉校文》、《老子章門》、《校理陳景元〈老子注〉》、《新校張清夜〈陰符發秘〉》，又整理重編《陳景元〈莊子注〉》，并皆可資研究道家發展變化之迹。此外，先生又寫爲《校理〈老子成玄英疏〉叙録》、《輯校〈老子李榮注〉跋》、《陳碧虚與陳摶學派——陳景元〈老子〉〈莊子〉注校記》、《〈陰符發秘〉校後記》、《坐忘論考》等文，不僅記其輯校整理之甘苦，并亦論其學術内涵及學脈源流，頗多發前人之所未發，數年之間，積稿百萬餘言。

1946 年

《輯校成玄英〈道德經義疏〉》，由四川省立圖書館石印爲六卷本。

《圖書集刊》第七輯本年十月出版,載有先生《校理〈老子〉成玄英疏叙録》,劉咸炘(鑒泉)未刊稿《道教徵略》上中二卷亦載本輯。

次年,《輯校李榮〈道德經注〉》由四川省立圖書館石印爲四卷本。

1948 年

《圖書集刊》第八輯六月出版,載有先生《輯校〈老子李榮注〉跋》、劉咸炘《道教徵略》下卷、《道德指歸論》佚文、謝無量《陰符發秘序》(附《校後記》)、楊润六《自别道人别傳》、先生《陳碧虚與陳摶學派》、《王介甫〈老子注〉佚文》、《玄言新記明老部》(敦煌卷子)、《道家三考》——《坐忘論考》、《楊朱學派考》、《晚周仙道分三派考》。《楊朱學派考》系合《楊朱考》、《黄老考》而成,二考原載1946 年《靈巖學報》創刊號,因該刊印數太少,故重載於此。

1949 年

四月,辭四川省圖書館館長職,仍任華大、川大教職。年初,四川省成立四川省通志館,聘先生爲纂修,手稿《四川歷代盛衰與户口登耗考》、《前後蜀州縣及十節度考》宜皆作於本年,應《通志》之需也。

十二月,不再兼川大教職。

《圖書集刊》第九輯十一月出版,載先生《法家流變考》。對先秦學術流派提出新看法,與班固九流及司馬談六家之分皆不同。

《經學遺稿》丙篇疑作於本年,此稿於"經學"提出一新界説,與一切舊説不同。

《理學札記》始記於本年冬月,次年續寫,其主要部分或皆在次年。

1951 年

仍任華大哲史系教授。

與成都文史界友人共辦成都《工商導報》副刊《學林》雙周刊,先生本年在該刊發表四文,《對殷周社會研究提供的材料和問題》爲先生論殷周社會制度重要論文。

1952 年

本年高校進行教育改革,調整院系,華大哲史系并入川大歷史系,先生此後專任川大歷史系教授。

致書張表方,表示通過新中国成立後二年之學習,其哲學思想已由信從陸象山,轉變爲認同王夫之、陳乾初諸家以日生日成言性,提出擬研究儒家哲學,於中國文化之揚棄稍致力焉。然此議竟不果行。

1953 年

此數年間,考論戰國以後單位面積農産量之發展,以及秦漢以來賦役制度之演變,後寫爲《中國歷代農産量之擴大和賦役制度及學術思想的演變》一長文(約八萬餘言),從生産力、生産關係以及上層建築、意識形態等方面對秦後二千年歷史進行一全面宏觀考察,指出"秦以來二千年中國歷史就其巨大變化來看,可以唐前唐後分爲兩大段;就其顯著段落來看,可以魏晉、中唐、晚明分爲四段"。對我國封建社會内部分期提出一獨具特識、打破王朝體系之分期意見,爲先生"史以觀變"歷史觀之代表作。此文斷續五年始寫成,發表於《四川大學學報》(社科版)1957 年第 2 期。

1954 年

是年始開展北宋變法有關問題之研究,斷續寫至 1957 年猶未完。1957年春,曾以《北宋財經與熙豐變法》爲題爲川大歷史系高年級作專題講授,此文以變法實效作爲評論準則,其説與時賢皆異,後整理爲《北宋變法論稿》,收入《蒙文通文集》第五卷《古史甄微》中。

1955年

是年爲川大歷史系高年級講《古地甄微》,并油印講義,此爲新中國成立後首次講授此課,亦爲先生最後一次講授此課,顧頡剛《當代中國史學》中曾説:"蒙文通先生對古代沿革地理的貢獻亦很大。"譚其驤亦曾函稱:"亟盼先生能廣收門徒,爲新中國建立新學科(引者按:指歷史地理學)而努力,豈不盛哉!"1962年川大曾擬招收歷史地理研究生,雖有人報考但未被録取。

1956年

夏,赴京出席高校歷史教學大綱研討會,此爲新中國成立後先生第一次晉京。曾去北大看望卧病老友湯錫予先生,暢談竟日甚歡。其别後所開拓之道家研究,意必爲談論之議題。

十一月,接中國科學院歷史研究所第一所副所長尹達來函稱:"歷史研究所擬請先生担任專任研究員,曾和高教部商談多次,高教業已同意。"

1957年

初夏赴京,住歷史研究所一所。曾以"農産量"一文爲主要内容作學術報告,效果頗好。嗣"整風"開始,先生以初到,未參加"鳴放",安排與顧頡剛先生同去青島療養。在青島曾與湯老函討論魏晉玄學問題。

五月,湯老在中科院哲社學部委員會書面發言稱先生"對唐宋的思想發展也極有研究,特别注意了過去向未被人注意的那些思想家”,意其所指必包括道家者成玄英、李榮、司馬承禎、陳摶、張無夢、陳景元諸人。

科學出版社來約稿,先生因以《周秦少數民族研究》、《古地甄微》、《先秦史學史》、《老子王注本校正》、《老子徵文》數稿與簽約,除周秦民族一稿如期出版外,餘書後皆爽約。

1958 年

上半年,學校開展資産階級學術思想批判,先生爲批判重點,批判所指即“農産量”一文,誠所謂時地變易則是非顛倒也。

接着,學校又開展“社會主義大躍進”,多項集體科研上馬,先生獨被允獨自進行科研,先生儘平素所蓄大力寫作,得文稿多篇。1959 年全校開“大躍進科研成果展覽”,先生合其舊稿得三十餘件一并展出,以其數量之多受表彰。巴蜀史諸稿後合爲一長達五萬字之《巴蜀史的問題》,刊載《四川大學學報》1959 年第 5 期。曾以之爲歷史系開“地方史專題講授”,1962 年又寫《略論〈山海經〉的寫作時代及其産生地域》(載上海《中華文史論叢》第一輯,1962 年 6 月),提出古代巴蜀歷史是獨立於中原之外之歷史,巴蜀文化是與中原文化傳統不同之“獨立文化”。

熊十力先生寄來新著《體用論》,并函云:“八九年未通音問,想猶相憶也。我今衰矣,住世能久否不可知,昨有一書,平生吃苦所究之一大問題在其中,有此而《新論》可廢。”

青城山道士易心瑩法師出席北京全國道協會歸,因會中以道教史之任付諸蜀道會而來訪,先生因有《道教史瑣談》之作,然後竟渺無下文。此文至 1980 年始由《中國哲學》(第四輯)發布。

1959 年

應山東開孔子討論會之邀,撰《孔子和今文學》,先生謂此文爲其研究今文學之總結，以經今文學乃先秦儒家與先秦諸子互相影響吸收各家之長而形成之新儒家，認爲“爲兆民”是孔子學説的最高原則，漢代今文學正是從這一原則擴充出去的。其理論以“革命”、“素王”、“平等”爲核心，提出井田、辟雍、封禪、巡狩、明堂等一整套理想制度，并皆有其“微言大義”。先生於前兩年皆受批判，孔子是奴隸主階級思想家之觀點，當時已基本確立，漢代今文家早已被人們淡忘，而先生竟在此時出來表彰孔子、講今文學理想，充分體現其經學情結之强烈。

1960 年

夏，寫《成都二江考》，考唐代之流江、郫江，即漢代之江與沱，二江雙流過郡下，乃有七橋之勝。今之沱江古名湔水，名之爲沱乃清儒之誤，深嘆何乃以訛傳訛竟不可扭也。

1961 年

去年，山東開孔子討論會，先生只寄去論文而未出席。本年春《孔子討論文集》第一輯出版，收入《孔子和今文學》，而文首加一“編者按”，特別指出：“本文所論證的‘孔子思想的根本是爲兆民’等論點還值得商榷。”當時風氣，可見一斑，未號召進行批判，亦云幸矣。

中科院歷史所來蓉召開“中國歷史初稿”討論會，先生在會上兩次發言，頗引聽衆關注，一次發言受《歷史研究》約稿寫爲《從宋代的商税和城市看中國封建社會的自然經濟》，另次發言受《光明日報》約稿寫爲《周秦學術流派試探》，并有特點，與時賢看法不同。

1962 年

年初，先大父君弼公逝世，享年九十。是後先生嘗言：雙親在日不覺老，雙親去，始有衰感矣。

夏，歷史系62級畢業待分配期間，系上以先生與昭觉寺方丈有舊，請先生帶學生游昭覺寺，方丈慈青法師親自接待，爲學生介紹昭覺寺歷史掌故，并參觀所藏字畫，亦偶爲學生言及佛理。

1963年

年初，參加有關單位召開之孔子座談會，先生作《孔子思想進步面之探討》發言，認爲孔子承認天地事物都有其自然規律，孔、孟都認爲人性有待於發展。宋儒論人性時有先天論傾向，而韓嬰則有發展論看法，陳乾初在講性善時發揮了發展論理論，比宋儒深刻。

三月，洪廷彦來信請教"三世"問題，先生用魯人國際關係不斷擴大爲釋，并談宋明理學問題。先生此時續寫《理學札記》，止於1965年元旦。其大旨略見於本年致酈衡叔函。

十月，赴京出席中國科學院哲學社會科學學部委員擴大會議，閉幕後毛澤東、劉少奇、周恩來等中央領導接見先生等學者，并與全體出席人員合影，先生被安排在前排就坐。會後，先生曾在歷史研究所小住，并去北大看望湯錫予先生，時湯老仍因風痺未愈，未出席會議，先生前往，二老仍暢談終日。不幸湯於次年三月病逝。

1964年

秋，越南河内綜合大學陳國旺致函先生及徐中舒、鄧少琴先生。請教越史疑義，先生以其事涉國際，未可以平素所知率爾答之，於是乃深研越史，見近世國際之言越史者頗多奇談怪論，乃一一加以研討進行駁斥。自本年下半年起學校全面開展"四清"運動，先生處境日益困難，但從未中斷其越史研究。次年，越史研究亦仍在進行，然借閱圖書已生困難。及冬，"四清"運動不名而終。然舒緩不過三月，"文化大革命"又始，再後被打進牛棚，先生白天被迫"勞改",夜晚歸家仍繼續其越史研究。至 1968 年春,先生日益消瘦,吐痰不盡,至七月,已感吞食困難,至醫院診視,經診斷爲食道癌晚期,且身體虛弱,已不可治矣。至八月一日晨,先生乃含恨逝世。幸越史研究已於五月基本完成,然尚未及進一步整理遂乃擱置。"文化革命"結束,人民出版社訪先生遺稿,經整理題爲《越史叢考》以付之,1983 年三月由人民出版社出版,得到學術界高度評價。李一氓同志在《讀越史叢考》一文中説:"這本書没有自命爲愛國主義著作,在叙述中也没有侈談愛國主義,而前後十二節始終貫串着愛國主義精神。""他不是爲歷史考證而考證,不是抽象的考證,更不是炫耀博學的考證。在着筆時,他必然懷有維護中國民族崇高利益的歷史學家的責任感。""蒙文通教授這個《越史叢考》之所以好,就好在這裏。抽象的愛國主義是没有的。"

蒙文通先生論著要目

(一)專著

1.《古史甄微》 商務印書館,1933 年 3 月出版,上海。

2.《經學抉原》 商務印書館,1933 年 2 月出版,上海。上海人民出版社,2006 年 8 月重編出版。

3.《周秦少數民族研究》 龍門聯合書局,1958 年 7 月出版,上海。

4.《越史叢考》 人民出版社,1983 年 3 月出版,北京。

5. 輯校成玄英《道德經義疏》 四川省圖書館,1946 年石印,成都。

6. 輯校李榮《道德經注》 四川省圖書館,1947 年石印,成都。

(二)論文集

1.《儒學五論》 路明書店,1944 年 11 月出版,成都。廣西師範大學出版社,2007 年 5 月简化字重排出版,桂林。

2.《巴蜀古史論述》 巴蜀書社,1987 年 7 月出版,成都。

3.《蒙文通文集》第一卷《古學甄微》 巴蜀書社,1987 年 7 月出版,成都。

《蒙文通文集》第二卷《古族甄微》 巴蜀書社,1993 年 4 月出版,成都。

《蒙文通文集》第三卷《經史抉原》 巴蜀書社,1995 年 9 月出版,成都。

《蒙文通文集》第四卷《古地甄微》 巴蜀書社,1998 年 3 月出版,成都。

《蒙文通文集》第五卷《古史甄微》 巴蜀書社,1999 年 8 月出版,成都。

《蒙文通文集》第六卷《道書輯校十種》 巴蜀書社,2001 年 8 月出版,成都。

4.《中國哲學思想探原》 臺灣古籍出版社,1997 年 10 月出版,臺北。

5.《中國史學史》 世紀出版集團上海人民出版社,2006 年 5 月出版,上海。

6.《先秦諸子與理學》 廣西師範大學出版社,2006 年 5 月出版,桂林。

7.《川大史學·蒙文通卷》 四川大學出版社,2006 年 8 月出版,成都。

編者後記

先君子晚年治道家言，頗自喜能在暮歲猶得開拓此一新局面，雖未竣工而積稿已逾百萬言。前整理遺稿時，曾集其所存輯校諸道書稿爲《道書輯校十種》，既已由巴蜀書社印行，讀者見之也。先君於已成各書咸有《叙録》或《序言》略言其旨意及校理之事。唯《老子徵文》及《晉唐〈老子〉古注四十家輯存》尚未定稿，故缺；默於整理時皆嘗寫“整理後記”略言其事。《老子徵文》1998年在臺北出版時，编輯部竟將愚所寫“後記”改題爲“序言”置诸编首，或以所言尚非謬也。今編此“散論”，除收録先君論佛道諸單篇論文外，亦并收録校理諸書之《叙録》、《序言》，以其皆先君道論之遺文也。而《徵文》、《輯存》則無之，乃以默所寫“整理後记”附録編後，以備此二輯之事，非敢擅以狗尾而續貂也。另《治佛道雜語》系取自《蒙文通學記》之《治學雜語》，并又鈔取他文中之言及佛道者，以并皆先君佛道之論，故亦集而呈諸讀者。又愚之整理此集，已際神衰目眊之年，幸小兒懷敬時多襄助，乃克完工，謹附及之。

蒙　默

時年八十又五，記於四川大學竹林村

二〇一一年六月